教育部人文社会科学研究一般项目研究成果
教育部国家级新文科项目建设成果

以"春蚕的蜕变"作为书名,寓意着幼儿园教师专业发展是一段成长和蜕变的辛勤旅程,也表达了作者对广大扎根一线并努力成长、无私奉献的幼儿园教师们崇高的敬意。

幼儿园教师专业发展系列丛书

丛书主编　顾荣芳

臧蓓蕾　著

春蚕的蜕变

幼儿园教师专业发展阶段及路径研究

南京师范大学出版社

图书在版编目(CIP)数据

春蚕的蜕变：幼儿园教师专业发展阶段及路径研究／臧蓓蕾著.—南京：南京师范大学出版社，2022.10
（幼儿园教师专业发展系列丛书／顾荣芳主编）
ISBN 978-7-5651-5416-4

Ⅰ.①春…　Ⅱ.①臧…　Ⅲ.①幼教人员－师资培养－研究　Ⅳ.①G615

中国版本图书馆CIP数据核字(2022)第137623号

书　名	春蚕的蜕变——幼儿园教师专业发展阶段及路径研究
丛 书 名	幼儿园教师专业发展系列丛书
丛书主编	顾荣芳
丛书策划	徐益民　张　莉
作　者	臧蓓蕾
责任编辑	徐文娟
出版发行	南京师范大学出版社
地　址	江苏省南京市玄武区后宰门西村9号（邮编：210016）
电　话	(025)83598919(总编办)　83598412(营销部)　83598312(邮购部)
网　址	http://press.njnu.edu.cn
电子信箱	nspzbb@njnu.edu.cn
照　排	南京开卷文化传媒有限公司
印　刷	南京玉河印刷厂
开　本	787毫米×1092毫米　1/16
印　张	14.5
字　数	280千
版　次	2022年10月第1版　2022年10月第1次印刷
书　号	ISBN 978-7-5651-5416-4
定　价	49.00元

出 版 人　张志刚

南京师大版图书若有印装问题请与销售商调换
版权所有　侵犯必究

目录

第一章 绪 论 ······ 001

第一节 研究背景 ······ 001
一、教师专业发展的历史进程 ······ 002
二、教师专业发展的现实转向 ······ 004
三、幼儿园教师专业发展的问题聚焦 ······ 007

第二节 文献综述 ······ 011
一、教师专业发展的本质属性——本体的探寻 ······ 011
二、教师专业发展的具体特点——认识的衍生 ······ 015
三、教师专业发展的行进博弈——价值的求索 ······ 023
四、教师专业发展的研究理路——方法的嬗变 ······ 033
五、文献综述小结 ······ 036

第三节 研究设计 ······ 040
一、整体研究思路及框架 ······ 040
二、整体研究目的 ······ 043
三、整体研究内容 ······ 043
四、核心概念界定 ······ 044
五、整体研究方法 ······ 048

六、整体研究过程 ……………………………………………………… 052

第二章　幼儿园教师专业发展阶段及路径的模型建立与现状特点 …………… 053

第一节　幼儿园教师专业发展特质问卷的编制与模型建构 ……………… 053
　　一、幼儿园教师专业发展特质初始问卷的编制与修订 ……………… 053
　　二、幼儿园教师专业发展特质问卷的编制及修订 …………………… 066
　　三、幼儿园教师专业发展特质问卷结构的验证性因素分析及模型验证
　　　　……………………………………………………………………… 072

第二节　幼儿园教师专业发展阶段及路径的实然描述 …………………… 085
　　一、专业理念与态度维度发展阶段及路径描述 ……………………… 086
　　二、专业知识维度发展阶段及路径描述 ……………………………… 088
　　三、专业能力维度发展阶段及路径描述 ……………………………… 090

第三节　幼儿园教师专业发展维度及其各发展阶段的现状特点 ………… 094
　　一、幼儿园教师专业发展各维度的现状特点 ………………………… 096
　　二、专业理念与态度维度发展阶段的现状特点 ……………………… 108
　　三、专业知识维度发展阶段的现状特点 ……………………………… 110
　　四、专业能力维度发展阶段的现状特点 ……………………………… 112

第三章　幼儿园教师专业发展阶段及路径变化的动态历程 ………………… 116

第一节　基于扎根理论探究专业发展阶段及路径变化 …………………… 116
　　一、研究目的 …………………………………………………………… 116
　　二、研究对象 …………………………………………………………… 117
　　三、研究方法 …………………………………………………………… 118
　　四、研究工具 …………………………………………………………… 119
　　五、研究过程 …………………………………………………………… 120

第二节　基于各维度核心特质变化的专业发展阶段及路径的动态图景 … 121
　　一、专业理念与态度维度的变化 ……………………………………… 121
　　二、专业知识维度的变化 ……………………………………………… 126

三、专业能力维度的变化···130

第四章　幼儿园教师专业发展阶段及路径的影响因素·······················145

第一节　扬帆起航——个人影响因素···145
　　一、个人态度是专业发展之船的发动机···145
　　二、个人状态是专业发展之船的操作台···148
　　三、个人能力是专业发展之船的推助器···151

第二节　曲径通幽——微观影响因素···155
　　一、角色转变是专业发展之路的通行证···155
　　二、"重要他人"是专业发展之路的引导者···160
　　三、关键事件是专业发展之路的指向牌···165

第三节　砥砺前行——中观影响因素···169
　　一、环境与氛围是专业发展之林的行进条件··169
　　二、机会与平台是专业发展之林的畅通捷径··170
　　三、理念与管理是专业发展之林的方位导航··171

第四节　披荆斩棘——宏观影响因素···172
　　一、社会期待与社会地位的悬殊··172
　　二、社会轻视与大众认知的困扰··174
　　三、实际付出与媒体形象的偏差··175
　　四、编制制度与职称体系的失衡··177

第五章　幼儿园教师专业发展阶段及路径的改善策略·······················180

第一节　个人层面的改善策略··180
　　一、提升反思实践能力··180
　　二、强化终身学习理念··185
　　三、完善个人职业素养··187

第二节　组织层面的改善策略··191
　　一、信息化辐射——互联网平台促学习···191

二、社群化帮扶——共同体模式促发展 ……………………… 193
　　三、精细化引领——针对式辅导促提升 ……………………… 197

第三节　社会层面的改善策略 …………………………………………… 200
　　一、完善制度建设 ………………………………………………… 200
　　二、提供资源支持 ………………………………………………… 205
　　三、加强文化倡导 ………………………………………………… 207

第六章　研究反思与展望 …………………………………………………… 210

第一节　研究反思 ………………………………………………………… 210
　　一、关于研究视角——特质化的归属与差异 ………………… 210
　　二、关于研究方法——多元化的探究和思考 ………………… 211
　　三、关于研究意义——自主化的尝试与推进 ………………… 211

第二节　研究展望 ………………………………………………………… 212
　　一、研究内容的深入和细化 …………………………………… 212
　　二、研究模型的验证和补充 …………………………………… 213
　　三、研究结果的应用和完善 …………………………………… 213

附　录 …………………………………………………………………………… 214
　　附录一　幼儿园教师专业发展特质问卷（正式版） ………… 214
　　附录二　幼儿园教师专业发展访谈提纲 ……………………… 218

参考文献 ………………………………………………………………………… 220

后　记 …………………………………………………………………………… 227

第一章
绪 论

第一节 研究背景

教师作为一种特殊的职业,在人类的历史上源远流长。从人类社会早期的"能者为师"到原始社会中的"长者为师",再到中国古代社会的"以吏为师"、古希腊时期"智者派"的盛行,教师与人类文明的发展息息相关。荀子明确提出"尊师"之说,认为"国将兴,必贵师而重傅;贵师而重傅,则法度存。国将衰,必贱师而轻傅;贱师而轻傅,则人有快,人有快则法度坏",他强调教师的重要地位,认为"天地者,生之本也;先祖者,类之本也;君师者,治之本也"。① 然而,古代中西方的教师专门化程度低,尚未出现将教师作为专门职业的入职标准。随着社会的发展和教育的制度化,教师职业进入了专门化阶段。1681年,法国基督教兄弟会神甫拉萨尔在兰斯开办"基督教学校修士学院",训练小学教师。这是世界上最早的师资培训学校,开世界师范教育的先河。法国早期的师范学校为欧美国家树立了典范,为英美等各国家所效仿。在我国,梁启超是近代中国主张创立师范学校的第一人,盛宣怀于1897年在上海创办南洋公学,设立师范学院培养教员。这是中国近代最早的官办师资培养机构。教师这一职业逐渐从兼职发展成一个专职的工作。②

1966年,联合国教科文组织与国际劳工组织在《关于教师地位的建议》中指出:应该把教师职业作为专门职业来看待。③ 此后,西方各发达国家的教师专业化运动迅猛开展。进入20世纪80年代以来,各国的教师教育体系、培养模式、教师资格和聘任制

---

① 孙培青,李国钧.中国教育思想史(第一卷)[M].上海:华东师范大学出版社,1995.
② 陈文心,彭征文.教师专业发展[M].北京:北京师范大学出版社,2016.
③ 赵中建.国际教育大会第45届会议的建议[J].外国教育资料,1997(6):3.

度都进行了大规模的改革。1986年美国卡内基教育和经济论坛（Carnegie Forum on Education and the Economy）、霍尔姆斯小组（The Holmes Group）相继发表了《国家的准备：面向21世纪的教师》《明日之教师》两个报告，明确指出："第一，国家的成果取决于高质量的教育；第二，成功的关键在于建立一支与担当此任务相适应的专业队伍，即一支受过良好教育的教师队伍。"[①]1996年，联合国教科文组织召开的第45届国际教育大会以"加强变化世界中教师的作用"为题，再次明确将专业化作为改善教师地位和工作条件的策略，倡导提高教师质量、保障教师的权利与经济报酬，引起了国际社会的广泛关注。[②]

伴随教师专业主义思潮和教师发展主义思潮的兴起，关于教师专业发展的研究也不断增加，并由此带来两条研究的线索：教师专业化研究和教师专业发展研究。二者可以分别从群体与个体、外在与内在两个维度上加以区分：教师专业化强调的是教师群体的、外在的专业性提升，而教师专业发展则注重教师个体的、内在的专业性的提高。[③] 近年来，强调个体的、内在的专业性提高的教师专业发展研究成为研究的新焦点。

一、教师专业发展的历史进程

教师这一职业的形成经历了从个别化到制度体系化的转变过程。[④] 中国古代实行"官师不分，以吏为师"的制度，近代以来，随着学校的兴办和师范教育的兴起，教师专业逐渐进入了制度化和规范化时期。在历史发展的长河中，教师的角色、教师的类型以及教师专业发展的方式都在随着时代的变迁而发生变化。

（一）道德榜样—经验型教师—言传身教

在古代社会，人们已经认识到教师的重要作用。古代的教师往往起到道德榜样的示范作用。《学记》有云，"大学之礼，虽诏于天子无北面，所以尊师也"，即表示尊师重道，师者可以免去朝见君王的礼节；《吕氏春秋·劝学》提出，"疾学在于尊师""事师之犹事父也""尊师则不论其贵贱贫富矣"。孔夫子被尊为圣人，苏格拉底提出"美德即知

---

① 姜勇，严婧，徐利智.国际学前教师教育政策研究[M].上海：华东师范大学出版社，2012.
② 陈文心，彭征文.教师专业发展[M].北京：北京师范大学出版社，2016.
③ 叶澜，白益民，王枬，等.教师角色与教师发展新探[M].北京：教育科学出版社，2001.
④ 王晓莉.教师专业发展的内涵与历史发展[J].教育发展研究，2011(18)：38-47.

识",古代东西方的先贤们通过言传身教,树立了师者的榜样,是"三人行,必有我师焉"的谦逊,是"学而不厌,诲人不倦"的勤恳,是"师者,所以传道授业解惑也"的尽责;是苏格拉底循循善诱的"产婆术",是柏拉图在《理想国》中对真理的追寻,是亚里士多德"吾爱吾师,吾更爱真理"的执着。然而,古代教师一开始并不是一个专门的职业,大多是一种个别化的教育。教师以自身的学识和经验教导学徒,并一代代传承,逐渐形成学术派别。古希腊的"智者学派"、中国古代的"儒家学派"等都是通过"学徒制"的方式传递思想知识的。

(二) 工具理性—技术型教师—职业训练

随着近代学校的出现、班级授课制的形成,教师逐渐成为一门专门的职业。工业革命、技术革命为人类社会带来了前所未有的巨大生产力。生产技术的大发展折射到教育领域,技术理性成为教育领域的主要意识形态。马克斯·韦伯将合理性分为价值理性和工具理性,工具理性关注达到具体目标的手段和工具的合理性,追求结果的最大功效。[1] 工具理性支配下的教师被视为知识的搬运工,教学被分解为相应的程序。"能力本位"的理念将以职业技能训练为主的师范教育形式推向高潮,教师成了教学的机器,失去了自我批判和反思的意识。没有自我、没有思想的教师,恰如柏拉图的"洞穴之人",是尼采所谓的"哲学木乃伊"。波兹曼对技术垄断提出警惕,[2]海德格尔追问技术的本质,[3]芬伯格强调对技术的控制、利用和引导,塑造"可选择的现代性",[4]哈耶克对自由社会秩序的追求都在促使人们反思工具理性。[5]

(三) 人本关怀—反思型教师—自主发展

工具主义缺乏人本的温度和关怀,忽视人自身价值的存在。随着对技术和工具理性的反思,以及女性主义、关怀理论、人本理论的兴起,教师自身的价值和意义被展现,人们意识到教师不是传递知识和技能的工具,教师本身也是有思想、能反思的人,强化教师作为人的能动性和主动性,弱化教师作为学生学习中介的工具性和被动性。索尔蒂斯(Soltis)、闵家胤将教育哲学分为个人的教育哲学、公众的教育哲学和专业的教育

---

[1] Weber M. Economy and Society: An Outline of Interpretive Sociology[M]. California: University of California Press, 1978.
[2] 波兹曼.技术垄断:文明向技术投降[M].蔡金栋,梁薇,译.北京:机械工业出版社,2013.
[3] Heidegger M. The Question Concerning Technology[M]. New York: Harper & Row, 1977.
[4] 安德鲁·芬伯格.可选择的现代性[M].陆俊,等译.北京:中国社会科学出版社,2003.
[5] 弗里德利希·冯·哈耶克.自由秩序原理[M].邓正来,译.北京:生活·读书·新知三联书店,1997.

哲学三类。① 教师也有自身的教育哲学,教师个人理论正在从实践中不断萌发。② 在这一过程中,教师个人的反思被赋予了重要意义。舍恩(Schon)提出"反思性实践者",认为反思性思维对教师的重要性在于"反应—行动",其循环包括:实践、练习中及练习后的反思以及反思对进一步实践的循环效应。③ 在教师发展方面,自20世纪以来,各个发达国家逐渐用"教师教育"逐渐取代了"师范教育"的概念,用"教师专业发展"取代"教师培训",更加强调教师职业的专业性、开放性和多元性。④

二、教师专业发展的现实转向

随着教师专业发展领域的革新和发展,教师专业发展在汲取各种理论流派的精华后,逐渐展现出新的发展样貌,具体表现在专业发展方式的自主建构、发展理念的实践对话、发展样态的多元动态。

(一)从被动灌输到自主建构

最初,教师职业发展被期望是一个由外而内的过程。在这个过程中,行为改变或专业成长所需的信息来自外部权威,教师通过讲座、阅读、演示和来自同行、主管、导师或顾问的口头建议等方式被动接收。后来,专业发展的理想进展被认为是一个由内而外的过程,在这个过程中,每个人都有责任通过与受人尊敬的同事合作,通过不断学习和实践,以及深思熟虑的个人目标设定来指导自己不断地成长和提高。⑤⑥

教师是有能力的学习者、反思者,教师的专业发展是自主建构的过程。终身学习理念、成人学习理论、人本主义、建构主义、后现代理念的兴起,从不同的侧面为这一趋势添加了注脚。终身学习不仅仅是一种口号或概念,而是一种个人的行为模式和习惯。终身学习是个人增强能力,获得其人生历程中所需的全部知识、价值、技能与理解,并能

---

① 乔纳斯·索尔蒂斯.论教育哲学的前景[J].闵家胤,译.国外社会科学,1984(3):8-12.
② 徐冰,姜勇.教师个人理论与教师专业成长[J].全球教育展望,2004(8):52-56.
③ Schon D. The Reflective Practitioner: How Professionals Think in Action[M]. New York, NY: Basic Books, 1983.
④ 邓三英,姚少怀.从教师专业发展的视角看我国教师教育的历史变迁[J].湖南师范大学教育科学学报,2009(4):90-92.
⑤ Helm J H. Energize Your Professional Development by Connecting with a Purpose: Building Communities of Practice[J]. YC Young Children, 2007(4): 12.
⑥ Wesley P W, Buysse V. Building the Evidence Base Through Communities of Practice[J]. Evidence-based Practice in the Early Childhood Field, 2006: 161-194.

在所有的角色、情境中有信心、创造力地加以应用的持续过程,其目的是发展个人的潜能。① 成人学习论是说明成人学习现象和指导、改进成人学习方法的理论架构。克罗丝(Cross)提出成人即学习者特性模式,他认为成人的学习会受到生命现象和发展阶段的影响,多为部分时间、自动的学习。② 成人学习往往是非正式和偶发的,是在某种情境中发生的,是工具、情境、人际交往三者的相互交流。③ 美国幼儿教育协会认为,所有的专业发展都应该使用基于成人学习的证据实践,将研究、理论和实践联系起来,并且应该考虑成人学习者的背景。④ 成人学习理论能够说明教师专业发展的动机,可以帮助教师更好地对自身的学习发展进行规划。人本主义理论重视人的尊严、价值和潜能。人本心理学家马斯洛(Maslow)的需要层次理论(Need-Hierarchy Theory)强调人类的动机是由多种不同性质的需求而组成的。教师专业发展具有不同层面的意义,专业发展所带来的成就感是激励教师不断前行的动力。建构主义学习理论认为,教师是意义的建构者,是认识活动的主体。后现代主义理论强调开放的、过程的、建构的理念,主张教师专业发展是一个自主的、唤醒的、反思的过程,将教师专业发展看作自觉、主动的过程。

(二) 从理论学习到实践对话

考特根(Korthagen)认为,理论与实践的长期分离是教师专业发展之路的阻碍。从理论到实践的方法被命名为"专业发展 1.0 时期",这一方式在过去的几十年占据了主导地位。近年来,研究者开始思考将二者的关系进行颠倒,即将实践与理论联系。这一转变的根本原因是对教师自身如何学习和发展问题的关注转向。许多学校和教育机构开始在教师教育课程中将实践放在中心地位,将学习的重点转向工作的实践场所。这种转变被称为"专业发展 2.0 时期",其特点是教师教育机构和学校建立密切的伙伴关系。然而,如何将实践经验与理论联系起来是此时期必须面对和解决的问题。考特根基于教师的学习,试图将理论和实践相结合,给予教师个人更多的中心地位,并将其称为"专业发展的 3.0 方式"。在这种方式中,教师的专业发展与个人方面是相互交织、密

---

① Longworth N, Davies W K. Lifelong Learning[M]. London: Kogan Page, 1996.
② Cross K P. Adults as Learners: Increasing Participation and Facilitating Learning [M]. San Francisco: Jossey-Bass, 1981.
③ 雪伦·B.梅里安.成人学习理论的新进展[M].黄健,等译.北京:中国人民大学出版社,2006:63.
④ National Association for the Education of Young Children and National Association of Child Care Resource & Referral Agencies. Early Childhood Education Professional Development: Training and Technical Assistance Glossary[M]. Washington, DC: Author, 2011.

切相关的。①

教师专业发展的理念从崇尚理论的学习,在实践中运用理论,到注重实践的重要意义,将实践与理论对接,再到真正将二者联系起来,越来越重视教师个人在其中的作用。这一发展过程中,现象学和后现代理论深刻影响了教师教育领域的改革和实践。现象学既强调实践,也重视反思,关注生活经验,倡导以实践的方式建构教育,鼓励对教师教学智慧和思想的培养。现象学的多种视角将其各种形式定位于实证主义(胡塞尔)、后实证主义(梅洛庞蒂)、解释主义(海德格尔)和建构主义范式(伽达默尔)。② 悬置、还原的思维方式,体验、反思的研究方式给予了教师专业发展新动向,是胡塞尔对生活世界的回归,是海德格尔对存在本身的探寻,是伽达默尔对理解本质的感悟,是范梅南对教学机智的思索。教学不是教师向学生灌输的过程,而是教师和学生的一种对话、一种生活方式。知识不是静态的,而是动态生成的,是通过体验、理解和主动建构而获取的。由此也带来了教师角色的后现代转变,教师的角色"不再是原因性的,而是转变性的","教师是内在于情境的领导者,而不是外在的专制者。发展这种新角色是教师和教师教育计划必须面临的一个挑战"。教师是"学习者社区之中一个平等的成员","更少地体现为有知识的教师教导无知的学生,而更多地体现为一群个体在共同探究有关课题的过程中相互影响"③,教师自身也在实践和对话的过程中不断成长。

(三) 从单一线性到多元动态

1. 教师专业发展取向的多元化

教师专业发展的多元化带来了纷繁多样的理论与实践,可以归纳为以下三种取向:理智取向(Intellectual Approach)、实践—反思取向(Practical-Reflective Approach)和生态取向(Ecological Approach)。理智取向强调知识的获取,认为教师专业发展的主要方式是通过培训让教师获得基本的专业知识;实践—反思取向主张教师通过自身的实践与反思而获得个人的成长,注重教师专业发展的过程性和体验性;生态取向则重视教师所处的环境,强调教师文化、群体信念的重要性。④ 不同取向各有侧重,但又相互

---

① Korthagen F. Inconvenient Truths about Teacher Learning: Towards Professional Development 3.0 [J]. Teachers and Teaching, 2017(4): 387 - 405.
② Racher F E, Robinson S. Are Phenomenology and Postpositivism Strange Bedfellows? [J]. Western Journal of Nursing Research, 2003(5): 464 - 481.
③ 小威廉·E.多尔.后现代课程观[M].王红宇,译.2版.北京:教育科学出版社,2015.
④ 郭平,熊艳.教师专业发展概论[M].成都:西南交通大学出版社,2017.

联系与补充。

2. 教师专业发展内涵的多元化

仅从社会学的不同视角来看教师专业发展,便会推演出多元的理解。[①] 功能主义理论认为,专业是社会分工的需要。由于社会分工任务和需要的不同,需要有特定技能的人担任不同的工作,教师专业发展是指教师在复杂多变的环境和强迫性学习氛围中所经历的正式和非正式的学习。[②] 解释论者对教师专业发展理解为,教师个体成为教师职业的一员,能够有效地完成其角色的变化过程,包括认知、行为和情感的变化。[③] 符号互动理论认为,教师专业发展是一个持续的、伴随工作的、贯穿整个职业生涯的学习过程。[④] 批判理论认为,教师专业发展是教师独自或与他人不断学习、发展专业思想、技能和知识的过程,教师能够批判性地学习和发展,教师不是知识与技能的容器,而是推动变革的强大力量。[⑤] 教师专业发展内涵理解的多元化,推动了教师角色、教师自主发展、教师专业化理论的建构。

三、幼儿园教师专业发展的问题聚焦

(一) 幼儿园教师专业发展——聚焦研究群体

幼儿园教师作为教师群体中的重要组成部分,其专业发展既有教师群体的共性,也有自身的独特性。幼儿园教师面对群体的特殊性和自身境况的现实性都对教师专业发展提出了挑战。幼儿具有怎样的发展特点,怎样满足幼儿的发展需求,如何促进幼儿的健康发展,都对幼儿园教师群体的专业素质提出了复杂的要求。然而,目前我国幼儿园教师尚存在学历低、待遇低、流动率大等现实问题,专业发展任重而道远。我国教育部2014年发布了《教育部关于实施卓越教师培养计划的意见》,提出"卓越幼儿园教师培养。适应学前教育改革发展要求,构建厚基础、强能力、重融合的培养体系,培养一批热

---

① 朱旭东,周钧.教师专业发展研究述评[J].中国教育学刊,2007(1):68-73.

② Fullan M G. The Limits and the Potential of Professional Development [J]. Professional Development in Education: New Paradigms and Practices, 1995(1): 253-267.

③ Lacey C. The International Encyclopedia of Education[M]. Oxford and New York: Pergamon Press, 1985: 4073-4084.

④ Collinson V, Ono Y. The Professional Development of Teachers in the United States and Japan[J]. European Journal of Teacher Education, 2001(2): 223-248.

⑤ Day C. School Reform and Transitions in Teacher Professionalism and Identity[J]. International Journal of Educational Research, 2002(8): 677-692.

爱学前教育事业、综合素质全面、保教能力突出的卓越幼儿园教师"。2019年,《国务院关于学前教育事业改革和发展情况的报告》提出加强教师队伍建设,并指出,到2018年底,我国共有幼儿园园长和专任教师287万人,庞大的幼儿园教师群体亟需科学的专业发展。

近年来,教师被认为是教育成功改革的关键因素。[1][2]幼儿园教师的专业发展与幼儿的健康成长、教师自身的发展密切相关。对于教师来说,专业发展能够支持、改进教师的教学质量。[3]例如,教师与幼儿的互动和教学策略会在专业发展的过程中不断改变和提升。[4][5]对于幼儿来说,教师专业发展能够提升儿童的成绩,[6]幼儿园教师的专业发展是幼儿经验获取质量的关键。[7]然而,一味地扩大培养规模和加大培训力度只能从表面缓解师资不足的现实窘境,并不能有效地从根源处提升教师整体的专业素质。如何有效地促进幼儿园教师专业发展仍然是理论和实践层面亟须思考和解决的问题。

(二)幼儿园教师专业发展阶段和路径研究——聚焦研究领域

教师专业发展阶段和路径的研究一直是教师专业发展的重要方面,是认识教师专业发展特点,促进研究教师专业发展的切入点。教师专业发展阶段理论整体上可以分为周期论、阶段论和循环论三种取向。周期论以教师的年龄或教龄为划分依据,探讨教

---

[1] Desimone L M. Improving Impact Studies of Teachers' Professional Development: Toward Better Conceptualizations and Measures[J]. Educational Researcher, 2009(3): 181-199.

[2] Fore G A, Feldhaus C R, Sorge B H, et al. Learning at the Nano-level: Accounting for Complexity in the Internalization of Secondary STEM Teacher Professional Development[J]. Teaching and Teacher Education, 2015, 51: 101-112.

[3] Phillips D, Austin L J E, Whitebook M. The Early Care and Education Workforce[J]. Future of Children, 2016(2): 139-158.

[4] Han H S. Professional Development that Works: Shifting Preschool Teachers' Beliefs and Use of Instructional Strategies to Promote Children's Peer Social Competence[J]. Journal of Early Childhood Teacher Education, 2012(3): 251-268.

[5] Hamre B K, Pianta R C, Mashburn A J, et al. Promoting Young Children's Social Competence Through the Preschool PATHS Curriculum and My Teaching Partner Professional Development Resources[J]. Early Education & Development, 2012(6): 809-832.

[6] Hamre B, Hatfield B, Pianta R, et al. Evidence for General and Domain-Specific Elements of Teacher-Child Interactions: Associations with Preschool Children's Development[J]. Child Development, 2014(3): 1257-1274.

[7] Martinez-Beck I, Zaslow M. Introduction: The Context for Critical Issues in Early Childhood Professional Development[M]// In Zaslow M, Martinez-Beck I(Eds.). Critical Issues in Early Childhood Professional Development, Baltimore: Brookes, 2006.

师在不同任教时期的特点,例如佩特森(Peterson)①将教师专业发展分为初期(20—40岁)、中期(40—55岁)和后期(55岁以后)三个阶段;阶段论认为教师职业生涯发展的历程中有显著的个体差异,因而提出以发展目标阶段来划分的职业生涯发展框架,例如麦克唐纳(McDonald)提出教师专业发展的四个阶段,分别为转换阶段(Transition Stage)、探索阶段(Exploring Stage)、创新与实验阶段(Invention and Experimenting Stage)、专业教学阶段(Professional Teaching Stage);②循环论则认为教师职业生涯发展不仅是个人的行为,而且关涉到发展个体所在环境中面临的各种环境变化,将专业发展看作动态的、复杂的、循环的非线性过程,例如费斯勒(Fessler)认为教师职业生涯的发展是一个可循环、可重生的动态发展系统,并提出了八个发展时期,分别为职前时期、导引时期、能力建立时期、热切成长时期、挫折调整时期、稳定停滞时期、生涯低落时期以及退休时期。③ 周期论与阶段论提出了教师专业发展的目标和历程,而循环论则解释了教师专业发展的可逆性和变化性。

关于幼儿园教师专业发展阶段及路径的研究相对较少,卡茨(Katz)认为幼儿园教师专业发展阶段可以分为求生阶段(Survial)、强化阶段(Consolidation)、求新阶段(Renewal)和成熟阶段(Maturity)。④ 范德(Vander Ven)则从成人发展、生态系统与终身学习的角度,提出幼儿园教师专业发展可以分为新手阶段(Novice)、萌发阶段(Initial)、获知阶段(Informed)、统整阶段(Complex)和影响阶段(Influential)。我国有学者从问题关注的视角建构幼儿园教师专业发展的阶段,认为幼儿园教师从一个阶段发展到另一阶段是通过筛选到关注的反复循环而实现的。⑤ 整体而言,相比于其他阶段的教师专业发展阶段和路径研究,我国关于幼儿园教师专业发展阶段和路径的研究依旧较少。

(三) 基于成长需求的幼儿园教师专业发展阶段及路径研究——聚焦研究问题

从理论层面来看,教师专业发展阶段及路径研究依旧呈现模糊化的特点。纵观教

---

① Peterson A R. Teacher's Changing Perceptions of Self and Others Throughout the Teaching Career: Some Perspectives From an Interview Study of Fifty Retired Secondary School Teachers[C]. Meeting of the American Educational Research Association, San Francisco, California, 1979.

② McDonald J H. Career Ladder and Career Alternatives Teachers[M]// Burke P J, Hoideman R J (Eds.). Career-long Teacher Education. Illionis: Charles C. Thomas, 1985.

③ Fessler R. A Model for Teacher Professional Growth and Development[A]. Career-long Teacher Education[C]. Springfield IL: Thomas C C, 1985.

④ Katz L G. Developmental Stages of Preschool Teachers[J]. The Elementary School Journal, 1972(1): 50-54.

⑤ 张世义,顾荣芳.从问题关注的视角构建幼儿园教师专业发展的阶段[J].学前教育研究,2013(4):57-63.

师专业发展理论,可以发现,学者们从不同的角度关注教师的专业发展,既有从教师知识、经验和技能发展方式的角度,也有从教师关注对象变化的角度。教师专业发展研究的关注点主要集中在两个方面,第一是教师专业发展是什么,即本体论的研究;第二是如何实现专业发展,即方法论研究。① 从已有研究来看,研究内容丰富多样,并且在方法上呈现多元的趋势。但是研究成果多而杂,缺乏有效的统整,实证类研究较少,有论无证现象普遍,对教师专业发展阶段及路径并没有清晰具体的阐释。许多研究"论多证少",甚至"有论无证",思辨性研究较多,难以产生教育生产力。② 此外,许多研究将"阶段"及"路径"概念混用,使教师专业发展界定路径研究本身更加模糊。

从实践层面来看,教育实践层面亟需针对性的指导。教师专业发展阶段及路径研究对幼儿园教师专业发展具有重要的指导意义,然而传统经验性、描述性的阶段和路径阐释并不能为不同水平的教师专业发展提供直接的支持和帮助。纵观世界各个国家的教师专业发展政策,美国颁布了《优秀教师标准》和《初任教师标准》,初步为不同水平的教师提出了不同的发展要求,反映了教师专业发展的趋势。我国虽出台了《幼儿园教师专业发展标准(试行)》,但是从文件本身来看,并没有对各个层级的幼儿园教师提出相应的指导意见,只是一些笼统的职业发展要求。我国有必要针对不同发展阶段的幼儿园教师制定不同的专业发展标准,而非笼统的专业标准,由此有关不同层次和水平幼儿园教师专业发展的广泛和深入研究都十分必要。

随着对教师专业发展阶段和路径研究的深入,理论研究和教育实践本身都对此提出了进一步的要求。考特根认为,教师的专业发展涉及认知、情感和动机三个维度,与教师自身具有重要关联。如果我们想要促进教师的学习,我们就必须考虑他们的思想、情感和需求。③ 教师专业发展建立在自我意识水平的提升以及个性自由与解放的基础上,④因此对于教师专业发展的研究应当从教师的发展需求着手。只有以教师自身需求为起点,了解和把握教师专业的特质属性,才能更好地促进教师的专业发展。因此,本研究将基于幼儿园教师的专业成长需求,把握幼儿园教师专业发展的独特性,建构幼儿园教师专业发展的模型,描述与展现幼儿园教师专业发展阶段及路径,探寻教师专业发展阶段及路径的影响因素与改善策略,从而切实促进幼儿园教师专业发展。

---

① 朱旭东.教师专业发展理论研究[M].北京:北京师范大学出版社,2011.
② 吴永军.我国教师专业化研究:成绩、局限、展望[J].课程·教材·教法,2007(10):64-70.
③ Korthagen F. Inconvenient Truths about Teacher Learning: Towards Professional Development 3.0[J]. Teachers and Teaching, 2017(4): 387-405.
④ 魏建培.教师专业发展理论与实践[M].北京:科学出版社,2016.

第二节 文献综述

关于教师专业发展的文献数量较多,研究者根据目前初步的文献阅读,从教师专业发展的本质、具体特点、作用、影响因素、现实困难与挑战、促进策略、相关政策、研究方法等各个方面展现已有研究成果,并从本体论、认识论、价值论和方法论四个维度进行梳理与总结。

一、教师专业发展的本质属性——本体的探寻

(一)教师专业发展的内涵

长期以来,教师专业发展的定义并不清晰,"专业成长""教师发展""专业发展"等表达方式交互使用。理解教师专业发展的意涵,首先需要厘清"专业"与"发展"的内涵。

1. 教师专业发展的"专业"之维

关于"专业"的定义,最早是以利伯曼(Lieberman)提出"专业"的八种特性——独特且重要的社会服务,提供服务所需的智能,长期的特定训练,个别与集体实践者的自主性,实践者的专业责任,无私的服务奉献,自我管理的组织及专业伦理准则等为叙述的依据。[①] 教师是否是一项专业工作,常常颇受争论。20世纪60年代,国际劳工组织和联合国教科文组织的《关于教师地位的建议》,描述了专业的特点:"教师工作应被视为一种专门职业。"[②]

关于教师"专业"的探讨主要集中在"专业"内涵的辨析界定、教师"专业性"的理解和教师"专业化"的历史发展三个方面。首先,研究层面对教师"专业性"的界定不断更新,影响着教师专业发展的内容与方式。[③] 有学者认为,教师的专业内涵包括三个维

---

① 范振伦.与政策对话:国民小学教师专业发展的峰与谷[D].台北:台北教育大学,2013.
② [日]筑波大学教育学研究会.现代教育学基础[M].钟启泉,译.上海:上海教育出版社,1986.
③ 王晓莉.教师专业发展的内涵与历史发展[J].教育发展研究,2011(18):38-47.

度,分别为"教会学生学习、育人和服务"①。1974 年,霍伊尔提出"专业主义"(Professionalism)和"专业性"(Professionality)两个概念。② 学者们逐渐倾向于用"Professionalism"来表示专业工作的根本要求和性质,③用以区分在探讨教学与专业之间的关系问题中所对应的两种不同含义,这一研究路向最初是在教师专业化的框架内诞生并得以展开。

其次,对教师"专业性"的理解,可以从纵向和横向两个方面来探讨。从纵向来看,哈格里夫斯将教师的"专业性"划分为四个阶段,分别为前专业时期、自主专业时期、同专业时期、后现代专业性时期。④ 从横向来看,哈格里夫斯和古德森对教师"专业性"的概念进行了概述,提出了五种专业性:需求科学确定性的古典型专业性、强调共享合作的灵活型专业性、注重个人实践的实践型专业性、突破限制的扩展型专业性以及后现代专业性。⑤

再次,有学者探讨了世界教师"专业化"的理念及其制度的历史发展。从历史看,教师教育体现了从"专业化"走向"反专业化",再到"专业化"的趋势;国际教育界关于教师"专业化"的探讨交织着现代主义与后现代主义思潮的冲撞。从制度层面看,教师"专业化"的实现是一个漫长的奋争过程,⑥各国教师"专业化"的观念与制度的确立都走过了艰辛的历程。

2. 教师专业发展的"发展"之维

已有研究对"发展"的理解呈现多样化的样态。有从"发展"的本质进行的探讨,例如认为发展是一个时间概念或是一个变化概念,教师专业发展具有时间性,但时间性并不等于发展,正如经历并不等于经验。发展包括外在的和内在的,外在是形式,内在是本质。⑦ 有学者对"发展"和"学习"两个概念进行了辨析。陈向明认为"发展"概念是一种"缺陷模式"的表达,他试图区分"发展"与"学习",主张将教师的发展学习看作是社会

---

① 朱旭东.论教师专业发展的理论模型建构[J].教育研究,2014(6):81-90.
② Hoyle E. Professionality, Professionalism and Control in Teaching[J]. London Educational Review,1974(2):13-19.
③ Evans L. Professionalism, Professionality and the Development of Education Professionals[J]. British Journal of Educational Studies,2008(1):20-38.
④ Hargreaves A. Four Ages of Professionalism and Professional Learning[J]. Teachers and Teaching,2000(2):151-182.
⑤ Hargreaves A, Goodson I. Teachers' Professional Lives: Aspirations and Actualities[M]// Hargreaves A, Goodson I(Eds.). Teachers' professional lives. London: Falmer Press, 1996.
⑥ 钟启泉.教师"专业化":理念、制度、课题[J].教育研究,2001(12):12-16.
⑦ 朱旭东.论教师专业发展的理论模型建构[J].教育研究,2014(6):81-90.

建构的、动态的、情境化的,寻找教师学习空间的灰色地带与"第三空间"。① 还有学者对不同理念下的发展观进行了比较。姜勇指出,传统教师专业发展观认为教师发展是其在外部力量的培养下不断成长的过程,忽视了教师在自我成长过程中的主观能动性。② 后现代主义认为教师发展是能动地建构、实现和超越自我的过程。

3. 理解"教师专业发展"

对"教师专业发展"的理解建立在对教师专业化的肯定以及对发展内涵阐释的基础上。朱旭东和周钧认为目前关于教师专业发展概念的理解有多种角度,第一是从群体和个体的角度来解释,第二是从社会学角度,包括功能主义者、解释社会学、符号互动理论者以及批判理论者等社会学流派的观点。③ 综合已有研究,学者们关于教师专业发展的界定主要有以下两个方面。

一方面,部分学者从教师专业发展的要素进行界定。哈格里夫斯和富兰认为教师专业发展包括教师的目的、教师自我理解、教师工作情境的生态变化以及教师之间的工作关系。④ 他们认为教师专业发展可以从知识与技能的发展、自我理解和生态改变三个方面来理解。⑤ 此外,哈格里夫斯认为除了知识、技能等技术维度,教师发展还应该包括道德、政治和情感维度。⑥ 伊文思提出了三位综合模型,从行为、情意、认知发展三个维度共十一个方面来理解教师专业发展。⑦ 伊文思还指出教师发展最基本的是态度和功能上的发展。⑧

另一方面,部分学者从教师专业发展的过程性对概念进行界定。贝尔和吉尔·伯特将教师发展看作个人、社会和专业发展的一个互动过程。⑨ 戴(Day)也认为教师专业发

---

① 陈向明.从教师"专业发展"到教师"专业学习"[J].教育发展研究,2013(8):1-7.

② 姜勇.论教师专业发展的后现代转向[J].比较教育研究,2005(5),67-70.

③ 朱旭东,周钧.教师专业发展研究述评[J].中国教育学刊,2007(1):68-73.

④ Hargreaves A, Fullan M. Professional Capital: Transforming Teaching in Every School[M]. New York: Teachers College Press, 2012.

⑤ Speck M, Knipe C. Why Can't We Get It Right? Professional Development in Our Schools[M]. Thousand Oaks, CA: Corwin Press, 2001.

⑥ Hargreaves A. Development and Desire: a Postmodern Perspective[M]// Guskey R, Huberman M (Eds.), Professional Development in Education: New Paradigms and Practices. New York: Teachers College Press, 1995.

⑦ Evans L. The 'Shape' of Teacher Professionalism in England: Professional Standards, Performance Management, Professional Development and the Changes Proposed in the 2010 White Paper[J]. British Educational Research Journal, 2011, 37(5): 851-870.

⑧ Evans L. What Is Teacher development?[J]. Oxford Review of Education, 2002(1): 123-137.

⑨ Bell B, Gilbert J. Teacher Development as Professional, Personal, and Social Development[J]. Teaching and Teacher Education, 1994(5): 483-497.

展是一个过程,包含所有自然的学习经验和有意识组织的各种活动。[1] 他认为教师专业发展是一个以教师为变革主体,审视、更新、延续其对教学的心理承诺,并且在职业生涯的各个阶段与儿童、青少年和同事批判地获取和发展知识、技能、规划与实践的过程。国内也有学者有类似观点,卢乃桂、钟亚妮认为可以把教师专业发展理解为"教师不断成长、接受新知识,从而提高专业能力的过程"[2]。

(二) 教师专业发展的理论基础

杨秀玉提出,教师专业发展理论在成人发展理论的基础上,通过借鉴社会学、心理学及生命科学等学科领域的相关方法与成果,建构了一套系统的探究教师在职前、职后整个职业生涯过程中发展规律的理论体系。[3]

教师专业发展的理论经历了不断发展的过程。随着专业化概念的提出,教师专业的理论分析经历了从体制模式到权利模式,再到历史发展模式的转变。[4] 初期的体制模式阐明了专业知识的价值;权利模式强调专业化为权力斗争的过程,包括市场控制权、与服务对象的关系控制权等,落实为具体的支配关系并加以制度化;历史发展模式认为应考察专业化在具体历史文化背景、经济制度、社会结构中呈现的样态。

教师专业发展理论具有不同的研究取向与视角。有学者将教师专业发展理论归纳为理智取向、实践—反思取向和生态取向。理智取向强调科学知识对教师专业发展的作用,实践—反思取向注重教师的自我反思和实践,而生态取向则更关注教师专业发展的文化、经济等生态背景的关系。[5] 三种取向为教师专业发展的理论探讨提供了不同的视角,搭建了教师专业发展的理论基础。卢乃桂、钟亚妮从认识论、权力和理性三方面探究西方国家教师专业发展的理论基础,在借鉴哈贝马斯理论的基础上提出了诠释、批判和实证分析三种相互补充的理解视角。[6] 朱旭东和周钧认为教师专业发展的理论可以从宏观和微观两个方面进行梳理,宏观上可以分为现代主义和后现代主义的教师专业发展理论,区别在于认识论基础、专业伦理道德、专业自主性等方面的不同。[7] 微观上,教师专业发展由于目的、内容、阶段、作用等方面不同,形成了不同的理论取向。

---

[1] Day C. Developing Teachers: The Challenges of Lifelong Learning[M]. London: Falmer Press, 2002.
[2] 卢乃桂,钟亚妮.国际视野中的教师专业发展[J].比较教育研究,2006(2):71-76.
[3] 杨秀玉.教师发展阶段论综述[J].外国教育研究,1999(6):36-41.
[4] 王晓莉.教师专业发展的内涵与历史发展[J].教育发展研究,2011(18):38-47.
[5] 王建军.课程变革与教师专业发展[M].成都:四川教育出版社,2004.
[6] 卢乃桂,钟亚妮.教师专业发展理论基础的探讨[J].教育研究,2007(3):17-22.
[7] 朱旭东,周钧.教师专业发展研究述评[J].中国教育学刊,2007(1):68-73.

张晓蕾和黄丽锷归纳了三种教师专业发展的理论:心理学理论视野将教师专业发展看作从新手到专家的纵向过程;实践社群理论将教师专业发展看作从边缘走向中心的横向过程;文化历史活动理论将教师专业发展看作纵横交错、跨越与杂合的发展过程。①

二、教师专业发展的具体特点——认识的衍生

(一)教师专业发展的内容

关于教师专业发展内容的研究,大多数学者认为教师专业发展包括教师认知、情意和行为方面的发展。② 兰格认为教师专业发展指的是教师知识、体验与情意方面。③ 肖杰认为幼儿园教师专业发展的内容包括专业理念、专业知识、专业技能和职业道德。④ 专业理念主要指的是儿童观;专业知识主要指关于儿童的知识和教育内容的知识;专业技能包括教导儿童的能力和自我专业成长的能力;职业道德既包括热爱和理解儿童的责任感,也包括教师对职业的认同感和使命感等。利斯伍德认为,教师专业发展应当涵盖教师专业、心理、职业周期发展三个相互关联的维度。⑤

随着对教师专业发展内容的深入研究,除了上述传统的内容外,近年来学者们开始从各种不同的视角关注教师专业发展的其他方面内容。姜勇指出,教师的个人知识是教师专业的新转向,个体性、实践性、境遇性、对话性以及整体性是个人知识的重要特征,有助于教师认识到教学实践在专业成长中的作用。⑥ 阳泽、杨润勇认为自组织是教师专业发展的重要机制,并探究了自组织机制在推动教师专业不断走向高级演化过程中的重要作用、发生条件和主要模式。⑦ 姜勇从批判教育学视野中探讨了教师的精神成长。⑧ 批判教育学认为教师教育的核心是教师的精神成长,对教师"精神存在"的关注能够促进教师的意识觉醒,赋予教师发展自主权。此外,还有学者通过实证的方式,

---

① 张晓蕾,黄丽锷.纵横交错:教师学习与专业发展的三种理论视野[J].全球教育展望,2014(4):59-67.
② 韩佶颖,尹弘飚.教师动机:教师专业发展新议题[J].外国教育研究,2014(10):88-95.
③ Lange D L. A Blueprint for a Teacher Development Program[M]// Richards J C, David N. (Eds.). Second Language Teacher Education, New York: Cambridge University Press, 1990.
④ 肖杰.幼儿教师专业发展研究[J].教育探索,2011(6):112-113.
⑤ Leithwood K A. The Principal's Role in Teacher Development[J]. Teacher Development and Educational Change, 1992: 86-103.
⑥ 姜勇.论教师的个人知识:教师专业发展的新转向[J].教育理论与实践,2004(11):56-60.
⑦ 阳泽,杨润勇.自组织:教师专业发展的重要机制[J].教育研究,2013(10):95-102.
⑧ 姜勇.论教师的精神成长:批判教育学视野中的教师专业发展[J].中国教育学刊,2011(2):55-57.

以量化研究分析建构了教师发展的心理结构模型,试图探究教师专业发展与心理结构特点之间的关系。[1]

(二) 教师专业发展的阶段划分

1. 从教师专业发展阶段的研究历程来看

1969年,富勒提出教师关注阶段论,将教师专业发展阶段分为:教学前关注、早期生存关注、教学情境关注、关注学生。[2] 富勒具有开拓性的研究开启了教师发展理论研究的先河,对师资培育方面具有重要的参考价值。

20世纪70年代以来,卡茨提出了教师发展时期论,他从对教师发展历程研究的角度出发,提出了教师专业发展的四个阶段:求生存时期、巩固时期、更新时期、成熟时期。[3] 这对了解教师专业发展的不同阶段具有重要的理论意义。但卡茨没有对达到成熟阶段以后的教师再进行研究、划分和归类,而是理想地认为经验成熟的教师也在继续成长,没有变化。

20世纪70年代末80年代初,以伯顿、纽曼、皮特森、费劳拉为代表的学者们对教师专业发展开展了系统的研究,研究涉及的人数量多、分布广,他们通过严密的访问晤谈和数据处理,提出了教师生涯循环发展的理论框架。其中,伯顿的综合研究提出教师专业发展可以分为求生存阶段、调整阶段、成熟阶段。[4] 与卡茨的研究一样,这一时期的研究局限依然是未对教师成熟期之后的发展进行研究。

20世纪80年代以来,费斯勒通过访谈、典型案例研究,基于对成人发展与人类生命发展阶段等相关理论,提出了动态的教师生涯循环论,展现了教师在整个教学生涯中的发展与变化的真实图景。他的教师职业生涯发展周期模型将教师专业发展分为八个阶段:职前教育阶段、引导阶段、能力建立阶段、热心和成长阶段、生涯挫折阶段、稳定和停滞阶段、生涯低落阶段、生涯退出阶段。[5] 费斯勒借用社会学的方法,对教师成熟阶段之后的发展进行了研究,使教师整个教学生涯的发展、变化研究更为完整。这一理论

---

[1] 朱敏,高湘萍.教师专业发展的自我心理结构模型研究[J].教师教育研究,2017(1):56-62.

[2] Fuller F F. Concerns of Teachers: A Developmental Conceptualization[J]. American Educational Research Journal, 1969(2): 207-226.

[3] Katz L G. Developmental Stages of Preschool Teachers[J]. The Elementary School Journal, 1972(1): 50-54.

[4] Burden P R. Teachers' Perceptions of the Characteristics and Influences on Their Personal and Professional Development[D]. Columbus: The Ohio State University, 1979.

[5] Fessler R. A Model for Teacher Professional Growth and Development[M]// Burke P J, Heideman R G. Career-Long Teacher Education, Springfield: Thomas C C, 1985.

框架将教师的发展回归到教师的现实世界中去,把教师作为发展的个体放入个人环境与组织环境共同交互作用的背景情境中,提出教师职业生涯是受多因素影响的动态变化的非线性的发展过程,为教师生涯理论的架构提供了一个较为完整的理论支撑。

同一时期的研究者还有司德菲,他依据人文心理学派的自我实现理论,提出了教师生涯发展模式。该模式被称为一种人文发展模式。司德菲对教师专业发展阶段进行了层次的分类:预备生涯阶段、专家生涯阶段、退缩生涯阶段、更新生涯阶段、退出生涯阶段。① 他所提出的"更新生涯阶段"对于费斯勒的研究是一种超越,指教师有可能度过低潮而继续成长,是比较完整和真实的历程。

20世纪90年代,加拿大学者利斯伍德提出心理发展、专业技能和职业周期三因素相联系的发展模式。该模式被称为"心理发展阶段论"。利斯伍德在归纳和分析已有阶段的基础上,突破了对教师专业发展单一维度分析的思维模式,认为应该从多维的角度来综合分析教师专业发展的阶段。他强调教师专业发展中专业知能、心理发展和职业周期之间的相互依赖关系,将教师发展过程划分为五个阶段,即职业生涯的开始、稳定、分化期、专业发展平台期、准备退休。②

从上述关于教师专业发展阶段理论的发展历程来看,一方面,学者们的研究是一个不断完善和超越的过程。从富勒对教师一个方面的关注,到卡茨、伯顿关注教师发展的全程,进行阶段描述,从卡茨、伯顿对教师成熟后缺少关注到费斯勒弥补不足,关注完整的职业生涯,从费斯勒关注教师发展生涯的停滞和退出,到司德菲关注教师生涯的动态更新,教师专业发展阶段的研究在逐渐深入。另一方面,关于教师专业发展阶段的研究具有跨学科的趋势,从社会学视角到心理学视角,通过借鉴相关领域的理论成果,教师专业发展阶段研究呈现综合化特征,从而使得教师专业发展阶段的研究在研究方法上、研究视野上、研究内容上和研究成果上不断被超越。

2. 从教师专业发展阶段划分的视角来看

(1) 关注视角

富勒开了教师发展理论研究的先河,提出了具有开拓性的教师问题关注发展的四个阶段:任教前关注阶段、早期生存关注阶段、教学情境关注阶段、关注学生阶段。教师在每个阶段有需要解决的主要问题,前一阶段的问题没有解决,就不会向后一阶段发展。肯威提出了"内外双旅程模式",强调对内部关注的变化。伯曼强调前台环境和后

---

① Steffy. Teacher Career Development Pattern[J]. Teacher Development,1990(3):29.
② 叶澜,白益民,王枬,等.教师角色与教师发展新探[M].北京:教育科学出版社,2001.

台环境的重要性,他认为教师问题关注的变化不仅仅发生在个体层面,同时也是在个体与组织环境的相互作用中发生的;卡克马克则从"自我关注、教学关注、学生需要关注、一般性关注"的视角来划分。①②

(2) 职业生涯发展视角

伯顿认为教师发展需要经过求生阶段、调整阶段和成熟阶段。费斯勒提出了教师生涯发展动态论,将教师生涯发展分为八个阶段。舒尔则从教师的知识、经验和技能的获得角度,将教师发展分为新手阶段、中间阶段与高水平阶段。柏林纳则以教师经验的形成为考察依据,提出教师发展经历了新手、进步的新手、胜任、能手与专家等五个阶段。③ 舒伯(Super)认为职业生涯发展是一个历程,而不是单一的事件,他将职业生涯分为成长、探索、建立、维持和衰退等五个阶段。④ 德雷夫斯(Dreyfus)提出了一种专业发展阶段模型,教师作为学习者通过一系列阶段进行学习,这些阶段被定义为新手、高级初学者、胜任者、熟练者和专家。在这些阶段的变化过程中,学习者从具体的、规则控制的方法到灵活使用计划,再到直觉流畅地使用策略。⑤ 范德将教师由新手到专家的发展过程进行了概念化,将专业发展与职业发展、教师在不同岗位上必须承担的角色以及有效的实践所需的监督联系在一起。⑥

欧洲委员会认为教师专业发展是一个持续终身的过程,这个过程从职前教育就已经开始,一直持续到退休。第一个阶段是教师在初始教师教育阶段的准备阶段,也就是那些想成为教师的人掌握基本的知识和技能的阶段,称为职前教师教育阶段;第二阶段是作为教师独立迈出的第一步,是与现实对抗的第一年,成为学校的一名教师。这个阶段通常被称为入职阶段(新手教师,毕业后的 3—5 年);第三阶段是在职教师教育阶段,是那些克服了最初挑战的教师继续专业发展的阶段。⑦ 台湾学者王秋绒将教师发展分为师范生阶段、实习教师阶段和合格教师阶段。⑧ 钟祖荣细化了教师发展的四阶段理

---

① 张世义,顾荣芳.从问题关注的视角构建幼儿园教师专业发展的阶段[J].学前教育研究,2013(4):57-63.
② 张世义,袁芳芳.幼儿教师问题关注的类型与特点[J].学前教育研究,2011(4):9-14.
③ 姜勇,阎水金.教师发展阶段研究:从"教师关注"到"教师自主"[J].上海教育科研,2006(7):9-11.
④ 陈文心,彭征文.教师专业发展[M].北京:北京师范大学出版社,2016.
⑤ Dreyfus H L, Dreyfus S E. Mind Over Machine: The Power of Human Intuition and Expertise in the Era of the Computer[M]. New York: Free Press, 1986.
⑥ Vander Ven K. Pathways to Professional Effectiveness for Early Childhood Educators [J]. Professionalism and the Early Childhood Practitioner, 1988: 137-160.
⑦ Niemi H. Teacher Professional Development in Finland: Towards a More Holistic Approach[J]. Psychology, Society & Education, 2015(3):279-294.
⑧ 王秋绒.教师专业社会化理论在教育实习设计上的蕴义[M].台北:师大书苑有限公司,1991.

论,将教师专业发展划分为六阶段,即适应期、熟练期、成熟期、发展期、创造前期和创造后期,经过这些阶段,新教师依次成为合格教师、熟练教师、成熟教师、骨干教师、专家教师和教育家。①

(3) 教师自主视角

姜勇和阎水金以"教师自主"为新视角,揭示了教师发展的五个阶段,分别为新手——动机阶段、适应——观念困惑阶段、稳定——行动缺失阶段、停滞——缺乏动力阶段,以及更新——动机增强阶段。② 杨文提出,当前幼儿园教师专业发展阶段划分主要存在以外在、人为的标准划分,而忽视教师专业发展内在的、个体差异的问题,并根据教师发展的内在连续性、个体差异性将幼儿园教师专业发展划分为知识积累、知识检验、知识内化和转化三个阶段。③

综合上述关于教师专业发展阶段研究的梳理,可以发现:在研究视角上,学者们试图从多个角度揭示教师专业发展各个阶段的特点,逐渐突破教育学领域,从心理学、社会学等多个视角切入。整体来看,教师专业发展阶段反映出的研究视角主要有注重教师专业发展的心理发展路向,强调教师专业发展的生物时间发展路向,社会化影响发展路向,以及以教师内在专业结构更新和改进为核心的教师"自我更新"路向。④ 在研究方法上,各种方法不断丰富,呈现出从单一到多样、渐进科学的趋势。在研究内容上,研究者关注的范畴领域在不断拓展,内容在不断深入,向更加微观具体的层面深入。研究成果呈现出百花齐放、不断超越的趋势。

(三) 教师专业发展的模式

1. 专业发展的模式类别

教师专业发展具有丰富多样的模式,学者对已有的专业发展模式类别进行了划分。科尔纳(Koellner)和雅各布斯(Jacobs)将专业发展分为两类——指定模式和自适应模式。⑤ 指定模式可以帮助教师学习特定的技能或教授特定的课程;自适应模式可以提高

---

① 钟祖荣.《易经》乾卦的过程思想与教师发展阶段理论[J].北京教育学院学报(社会科学版),2011(3):23-26.
② 姜勇,阎水金.教师发展阶段研究:从"教师关注"到"教师自主"[J].上海教育科研,2006(7):9-11.
③ 杨文.幼儿教师专业发展阶段划分中存在的问题及其应对[J].学前教育研究,2012(8):58-60.
④ 黄瑾.文化本质理论视野下的教师发展[M].上海:华东师范大学出版社,2013.
⑤ Koellner K, Jacobs J. Distinguishing Models of Professional Development: The Case of an Adaptive Model's Impact on Teachers' Knowledge, Instruction, and Student Achievement[J]. Journal of Teacher Education, 2015(1):51-67.

教师的能力,帮助教师在独特的环境中灵活应对一系列挑战。尽管自适应模式在当代有重要的价值,但科尔纳和雅各布斯认为,指定模式因其便于定量衡量而往往被优先选择。布兰斯福德等人区分了教师学习和发展的五种不同方式:教师从自己的实践中学习;教师与其他教师互动学习;教师向学校的教师学习,并在特定的教师培训项目中学习;教师自主报名参加研究生课程;教师在正式的专业工作之外学习教学。① 查斯洛(Zaslow)和马丁内斯-贝克(Martinez-Beck)也认为专业发展有五种传统的方式,分别为:① 正规教育;② 认证;③ 专业化在职培训;④ 辅导和/或协商互动;⑤ 实践共同体或大学学习小组。②

肯尼迪(Kennedy)提出了一个围绕教师持续专业发展(Continuing Professional Development,CPD)模式的框架,在这个框架中确定了九个关键的持续专业发展模式,并根据不同模式支持专业自主和变革实践的能力对其进行了分类。③ 九个发展模式分别是培训模式(The Training Model)、获奖模式(The Award-bearing Model)、缺陷模式(The Deficit Model)、层叠模式(The Cascade Model)、基于标准的模式(The Standards-based Model)、训练/指导模式(The Coaching/Mentoring Model)、共同体实践模式(The Community of Practice Model)、行动研究模式(The Action Research Model)和变革模式(The Transformative Model)。前四种模式属于传递模式(Transmission Model),第五到七种模式为过渡模式(Transitional Model),而最后两种模式为变革模式(Transformative Model),教师的专业自主性也随着模式的变化而不断增强。

2. 专业发展的具体模式

尽管需要创新专业发展模式,大多数教师的发展仍然使用过时的方法,缺乏长期的改进。④ 近年来,一些研究者通过实践研究,提出了多种具有实际价值的具体专业发展模式。

(1) 课例研究

课例研究是一种支持新手教师的特殊专业发展模式。⑤ 这种专业发展模式起源于

---

① Bransford J D, Brown A L, Cocking R R. How People Learn: Brain, Mind, Experience, and School, Expanded Edition[M]. Washington, D.C: National Academy Press, 2000.

② Zaslow M, Martinez-Beck I. Critical Issues in Early Childhood Professional Development[M]. Baltimore: Brookes, 2006.

③ Kennedy A. Models of Continuing Professional Development: A Framework for Analysis[J]. Journal of In-service Education, 2005(2): 235-250.

④ Reimers F M, Chung C K. (Eds.). Teaching and Learning for the 21st Century: Educational Goals, Policies, and Curricula from Six Nations[M]. Cambridge, MA: Harvard Education Press, 2016.

⑤ Coenders F, Verhoef N. Lesson Study: Professional Development (PD) for Beginning and Experienced Teachers[J]. Professional Development in Education, 2019(2): 217-230.

日本,①是一种有效的专业发展方式。在课例研究中,教师选择一个话题,计划和准备一节课(研究性课),一个教师实施研究性课,其他教师在课堂上观察学生,最后教师讨论他们的观察结果。许多研究发现,课例研究在教师专业发展项目中是有效的,②③并在新手教师培训项目中得到了成功运用。④⑤⑥ 有学者介绍了课例在我国在职教师教育中的运用,阐述了如何实施创新的课例模型,并对其对包括教师和研究人员在内的实践共同体的影响进行了研究。⑦

(2) 专业成长联动模式

克拉克(Clarke)和霍林斯沃思(Hollingsworth)提出了教师专业成长的联动模型(Interconnected Model of Teacher Professional Growth,IMTPG)。这个模型描述了四个领域的变化:个人领域(个人层面的变化,如知识、信仰和态度),实践领域(实验场所,所有纳入的研究都被认为是教师课堂行为的变化),结果领域(超越教师行为,如学生学习)、外部领域(如资源和学校环境的改变)。根据这个模型,变化可以发生在一个单一的领域,也可以通过反思和实践形成相互影响,导致一个连续的学习结果发生。例如,个人领域可以影响实践领域,因为教师尝试了一种教学形式。⑧

(3) PACKGE 模式

埃丁格(Edinger)⑨从理论上对在线教师专业发展的 PACKGE 模式进行了初步研

---

① Saito E. Key Issues of Lesson Study in Japan and the United States: A Literature Review[J]. Professional Development in Education, 2012(5): 777-789.

② Verhoef N C, Coenders F, Pieters J M, et al. Professional Development Through Lesson Study: Teaching the Derivative Using GeoGebra[J]. Professional Development in Education, 2015(1): 109-126.

③ Nami F, Marandi S S, Sotoudehnama E. CALL Teacher Professional Growth Through Lesson Study Practice: An Investigation Into EFL Teachers' Perceptions[J]. Computer Assisted Language Learning, 2016(4): 658-682.

④ Cajkler W, Wood P. Adapting "Lesson Study" to Investigate Classroom Pedagogy in Initial Teacher Education: What Student-teachers Think[J]. Cambridge Journal of Education, 2016(1): 1-18.

⑤ Bjuland R, Mosvold R. Lesson Study in Teacher Education: Learning from a Challenging Case[J]. Teaching and Teacher Education, 2015, 52: 83-90.

⑥ Leavy A M, Hourigan M. Using Lesson Study to Support Knowledge Development in Initial Teacher Education: Insights from Early Number Classrooms[J]. Teaching and Teacher Education, 2016, 57: 161-175.

⑦ Huang R, Bao J. Towards a Model for Teacher Professional Development in China: Introducing Keli [J]. Journal of Mathematics Teacher Education, 2006(3): 279-298.

⑧ Clarke D, Hollingsworth H. Elaborating a Model of Teacher Professional Growth[J]. Teaching and Teacher Education, 2002(8): 947-967.

⑨ Edinger M J. Online Teacher Professional Development for Gifted Education: Examining the Impact of a New Pedagogical Model[J]. Gifted Child Quarterly, 2017(4): 300-312.

究,并对研究结果进行了分析。该模式旨在促进资优教育教师在实践(Practice)、态度(Attitude)、协作(Collaboration)、内容知识(Content Knowledge)和目标有效性(Goal Effectiveness)方面的积极教学变革。结果表明,教师对该模式的有效性、充分性和整体质量感到满意。六个月的线上专业发展学习之后,教师在五个资优教育教学要素中均表现出较强的正向变化,使用该模式对教师资优教育产生了积极的影响。

(4) MTP模式

唐纳等人的研究发现,包括在线视频资源和网络中介咨询在内的一种教师专业发展方式"我的教学伙伴"(My Teaching Partner,MTP)顾问服务提高了幼儿园教师与儿童互动的质量。① MTP包括两个部分:① 访问与课堂评估评分系统的特定维度相关的高质量师生互动的视频样本,这是一种与积极的学生成长建立了联系的观察性评估;② 一个咨询过程,通过一个标准化的协议,提供定期的、多模式的、持续的、有针对性的反馈给学前班的教师,该协议的重点是审查教师的实践录像,使用课堂评估评分系统作为对教师行为的常见且可信理解的基础。研究的结果表明,MTP顾问服务是一种专业发展方法,可直接促进教师与儿童之间的互动,并与儿童入学准备情况建立已知的联系。

3. 专业发展模式的实践效果

教师专业发展模式能够有效地促进教师的专业发展。一方面,教师专业发展模式能够促进教师自身认知和能力的转变。研究人员设计并实施了一项为期一年的专业发展计划,重点支持教师评估和选择数字化学习内容,研究表明,教师对技术教学内容的认知随着时间的增加而增加,培训教师评估数字化内容是一个提高教师学习技术整合的有效专业发展模式。② 有研究者提出了一种基于大学伙伴关系和集体反思模型的教师专业发展方案,以解决智利在职教师教育的需要。研究者通过在智利实施的两个试点研究提供了模型的说明,研究发现这个方案在促进教师反思方面取得了成功,从而导致了他们实践的变化。③ 还有研究者通过一项随机对照试验,充分利用课堂互动(Making the Most of Classroom Interactions,MMCI)和我的教学伙伴MTP两种专业

---

① Downer J T, Locasale-Crouch J, Hamre B, et al. Teacher Characteristics Associated with Responsiveness and Exposure to Consultation and Online Professional Development Resources[J]. Early Education and Development,2009(3):431-455.

② Xie K, Kim M K, Cheng S L, et al. Teacher Professional Development Through Digital Content Evaluation[J]. Educational Technology Research and Development,2017(4):1067-1103.

③ Grau V, Calcagni E, Preiss D D, et al. Teachers' Professional Development Through University-School Partnerships: Theoretical Standpoints and Evidence from Two Pilot Studies in Chile[J]. Cambridge Journal of Education,2017(1):19-36.

发展模式来改善师幼互动。研究结果显示,与对照组相比,MMCI在情感支持和教学支持方面的后测成绩显著提高,在课堂组织方面的后测成绩略微提高,MPT在情绪支持方面的后测成绩显著提高。① 另一方面,教师专业发展模式还能为学校教学与改革提供助力。有研究者探讨教师学习小组(Teacher Study Group,TSG)作为一种专业发展模式,对阅读教学和学生成果的影响。通过对教学内容的课堂观察显示,TSG学校有显著的进步,TSG教师在词汇教学中也明显优于对照组教师。② 德拉格-塞弗森(Drago-Severson)提出的以学习者为导向的领导模式为传统的专业发展模式提供了一个有益的替代方案。该模式提倡通过关注差别化的、嵌入工作的专业发展来促进教师发展,以应对当代社会不断变化的环境。③

三、教师专业发展的行进博弈——价值的求索

(一)教师专业发展的作用

教育改革往往与教师的专业发展同步。④ 越来越多的研究表明,教师的持续发展和学习是提高学校质量的关键因素之一,⑤⑥也是影响教师政策有效性和教学实践的重要中介因素之一。⑦

教师专业发展的作用主要表现在对其自身和学生发展两个方面。首先,教师专业发展能够促进教师实践能力和专业理念的转变。教师专业发展的目标是支持、维持和

---

① Early D M, Maxwell K L, Ponder B D, et al. Improving Teacher-Child Interactions: A Randomized Controlled Trial of Making the Most of Classroom Interactions and My Teaching Partner Professional Development Models[J]. Early Childhood Research Quarterly, 2017, 38: 57-70.

② Gersten R, Dimino J, Jayanthi M, et al. Teacher Study Group: Impact of the Professional Development Model on Reading Instruction and Student Outcomes in First Grade Classrooms[J]. American Educational Research Journal, 2010(3): 694-739.

③ Drago-Severson E. Leading Adult Learning: Supporting Adult Development in Our Schools[M]. Teller Oak, CA: Corwin Press, 2009.

④ Sykes G. Reform of and as Professional Development[J]. Phi Delta Kappan, 1996(7): 464.

⑤ Darling-Hammond L. Reframing the School Reform Agenda: Developing Capacity for School Transformation[J]. Phi Delta Kappan, 1993(10): 752.

⑥ National Commission on Teaching and America's Future. Doing What Matters Most: Investing in Quality Teaching[M]. New York: Author, 1997.

⑦ Smith T M, Desimone L M, Ueno K. "Highly qualified" to do What? The Relationship between NCLB Teacher Quality Mandates and the Use of Reform-oriented Instruction in Middle School Mathematics[J]. Educational Evaluation and Policy Analysis, 2005(1): 75-109.

提高专业水平。① 研究人员考察了教学的复杂性和高效教师所需的技能,结果表明,专业发展可以改进教师指导幼儿的一些策略,以及他们与儿童之间的互动。②③④ 专业发展能够提高教师在不断发展的幼儿教育领域中继续学习的能力。高质量的专业发展整合了新的信息和学习机会,并为理解信息和将信息应用到课堂实践与教学策略中创造机会。⑤ 韩国的实践共同体案例研究探究教师在实践共同体中的专业学习及其对教师的影响。研究发现,专业学习能够帮助教师发展教学法和教师特征。⑥ 对中学科学教师的研究发现,参与持续、响应式专业发展的教师在提高对实施新教育改革的信心的同时,减少了忧虑。这种类型的专业发展可以改变教师的观念,并且改变与课堂教学的一些转变相对应。

其次,教师专业发展对学生的发展有重要作用,专业发展的预期目标是提升儿童的水平。⑦ 一方面,教师专业发展能够影响学生的学习。研究表明,教师是影响学生成功的最主要因素之一,⑧教师专业发展是提高学生成绩的关键之一。⑨ 韩国实践共同体的案例研究发现,教师在实践共同体中的专业学习能够对学生的学习产生影响。⑩ 在职

---

① Phillips D, Austin L J E, Whitebook M. The Early Care and Education Workforce[J]. The Future of Children, 2016: 139-158.

② Han H S. Professional Development that Works: Shifting Preschool Teachers' Beliefs and Use of Instructional Strategies to Promote Children's Peer Social Competence[J]. Journal of Early Childhood Teacher Education, 2012(3): 251-268.

③ Landry S H, Anthony J L, Swank P R, et al. Effectiveness of Comprehensive Professional Development for Teachers of At-risk Preschoolers[J]. Journal of Educational Psychology, 2009(2): 448.

④ Campbell P H, Milbourne S A. Improving the Quality of Infant—toddler Care Through Professional Development[J]. Topics in Early Childhood Special Education, 2005(1): 3-14.

⑤ Brown C P, McMullen M B, File N. (Eds.). The Wiley Handbook of Early Childhood Care and Education[M]. New York: John Wiley & Sons, 2019.

⑥ Yoon K. Professional Development and Its Impact on Teacher and Pupil Learning: A Community of Practice Case Study in South Korea[D]. University of Birmingham, 2017.

⑦ Yoshikawa H, Leyva D, Snow C E, et al. Experimental Impacts of a Teacher Professional Development Program in Chile on Preschool Classroom Quality and Child Outcomes[J]. Developmental Psychology, 2015(3): 309.

⑧ Rivkin S G, Hanushek E A, Kain J F. Teachers, Schools, and Academic Achievement[J]. Econometrica, 2005(2): 417-458.

⑨ Desimone L M, Smith T M, Hayes S, et al. Beyond Accountability and Average Math Scores: Relating Multiple State Education Policy Attributes to Changes in Student Achievement in Procedural Knowledge, Conceptual Understanding and Problem Solving in Mathematics[J]. Educational Measurement: Issues and Practice, 2005(4): 5-18.

⑩ Yoon K. Professional Development and Its Impact on Teacher and Pupil Learning: A Community of Practice Case Study in South Korea[D]. University of Birmingham, 2017.

教师的专业发展被认为是改善儿童学习体验的一种改变因素或"途径"。[①] 另一方面，教师在某些方面的专业发展能够对学生的某种能力发展产生影响。教师在专业技术方面的专业发展能够促进学前儿童的发展，研究者培训教师在教室中使用学习媒体，研究发现学习媒体的运用，例如视频，能够显著地增强偏远地区儿童在数字和英语字母方面的学习。[②] 研究者通过系统综述和元分析，发现高质量的短期的教师专业发展能够对学生的阅读成就产生影响。[③]

（二）教师专业发展的影响因素

影响教师专业发展的因素是复杂而多样的。凯尔克特曼（Kelchtermans）认为教师专业发展受到时间和空间两个维度情境的影响。[④] 空间情境包括组织、社会和文化环境等；时间情境由教师个人的教学生涯和生活经历构成。教师的专业发展不是发生在真空中，而是在特定情境影响下进行的，是教师和情境不断交互作用的结果。因而，教师专业发展的影响因素可以分为外部因素、中介因素和内部因素。

1. 外部因素

外部因素是指影响教师专业发展的外部情境，包括政策、社会、文化习俗等各方面。卢乃桂、钟亚妮探讨了教育政策环境对教师专业发展的影响，他们从国家和市场两个角度探讨教育政策环境对教师专业发展的影响。[⑤] 国家对教师专业发展的影响主要体现在制定各种有关教师和教学的规定与标准，市场对教师专业发展的影响主要表现在管理主义和工商管理模式等方面，国家监管和市场管理共同影响和改变了教师的专业性和专业发展的形式。朱旭东归纳了教师专业发展的环境，他认为教师专业发展受到环境的影响，学校文化和国家制度都会影响教师的专业发展。[⑥]

外部因素会影响教师的专业发展。卢乃桂、钟亚妮指出，全球化背景下的竞争社会

[①] Parker E A. The Implementation and Evaluation of Improvement in Professional Development for Teachers Teaching Character Education：An Action Research Study[D]. Capella University，2015.

[②] Ikram H. Effect of Teachers' Professional Development in Media Technology on Preschoolers Learning in Rural Settings [C]//EdMedia + Innovate Learning. Association for the Advancement of Computing in Education (AACE)，2017：509－513.

[③] Basma B，Savage R. Teacher Professional Development and Student Literacy Growth：A Systematic Review and Meta-analysis[J]. Educational Psychology Review，2017(2)：457－481.

[④] Kelchtermans G. CPD for Professional Renewal：Moving Beyond Knowledge for Practice [J]. International Handbook on the Continuing Professional Development of Teachers，2004：217－237.

[⑤] 卢乃桂，钟亚妮.国际视野中的教师专业发展[J].比较教育研究，2006(2)：71－76.

[⑥] 朱旭东.论教师专业发展的理论模型建构[J].教育研究，2014(6)：81－90.

情境会对教师的角色和身份产生影响。① 教师专业发展随着教育政策的改变而逐渐呈现出标准化趋势,教师被迫承担更多外来的压力和责任,顺从外在的强加要求,因而导致教师的自主权和创造性减少了。

2. 中介因素

中介因素是指若干作为中间环节的因素,它起到连接外部因素与内部因素的作用,因而这类因素在教师专业发展中亦发挥着重要作用。中介因素包括多个方面,例如学校、共同体等机构和组织,专家、同事、学生等相关人员,培训、教研等中介事件。

在组织和机构方面,弗曼-奈姆瑟(Feiman-Nemser)认为教师自身的学校教育对教师的发展有很大的影响,在教师教育过程中起到了过滤器的作用,对教师的学习产生影响。② 有研究认为,如果教师在他们的专业发展活动中共同学习,专业发展就会得到加强。③ 在相关人员方面,斯普罗特采用质性的、叙事研究的方法,通过对教师进行深度访谈发现,将学生作为专业发展的合作者、来自权威学者的支持、发展核心且持久的专业关系是促进教师专业发展的有利因素。④ 在中介事件方面,有学者提出不同类型的幼儿园课程审议对教师专业成长具有重要的影响,专家参与的课程审议能够帮助教师获取理论支撑,促进自我提升;教师之间的课程审议有利于教师对课程进行反思;家长参与的课程审议有利于丰富幼儿园的课程资源,帮助幼儿园教师顺利开展工作;幼儿参与的课程审议能够帮助教师从幼儿的视角看问题,真正做到从实际出发。⑤

3. 内部因素

内部因素主要是指教师自身方面对其专业发展产生影响的因素。卢乃桂、钟亚妮指出,教师专业发展的影响因素十分复杂,其中个人因素包括教师自身的专业经历、专业知识能力、情感和心理因素等。⑥ 来自个体自身的推动力和来自包括学校和社会等在内的系统推动力都会对教师专业发展产生影响。⑦ 郝敏宁提出,影响教师专业发展

---

① 卢乃桂,钟亚妮.教师专业发展理论基础的探讨[J].教育研究,2007(3):17-22.
② Feiman-Nemser S. From Preparation to Practice: Designing a Continuum to Strengthen and Sustain Teaching[J]. Teachers College Record, 2001(6): 1013-1055.
③ Thurlings M, den Brok P. Learning Outcomes of Teacher Professional Development Activities: A Meta-Study[J]. Educational Review, 2017(5): 554-576.
④ Sprott R A. Factors that Foster and Deter Advanced Teachers' Professional Development[J]. Teaching and Teacher Education, 2019, 77: 321-331.
⑤ 母远珍.幼儿园课程审议中的教师角色及专业成长[J].现代教育科学,2010(4):54-55.
⑥ 卢乃桂,钟亚妮.国际视野中的教师专业发展[J].比较教育研究,2006(2):71-76.
⑦ Grundy S, Robison J. International Handbook on the Continuing Professional Development of Teachers[M]. Maidenhead, England: Open University Press, 2004: 146-166.

的内部因素表现为教师狭隘的功利主义教育观;专业不自信,效能感低;教师对专业发展的认识和理解。①

教师个人在专业化和专业发展中发挥着主体作用。王坤庆认为,构建教师个人的教育哲学是教师专业发展的另一种视角。② 教师个人的教育哲学包括教育理念、教育观念和教师形象三个层次,个人教育哲学的建构能够促使教师达到专业发展水平的新境界。

教师的个性特征影响专业发展。拉什顿等人采用 Myers-Briggs 类型问卷(MBTI)和 Beiderman 风险承担量表(BRT)对美国佛罗里达州的58名教师进行了调查。③ 研究结果表明,偏爱外向(Extraversion)、直觉(Intuition)、感觉(Feeling)和感知(Perceiving)的教师(简称ENFP类型)通常是精力充沛、热情的人,他们过着自发的、适应性强的生活。ENFP类型是充满活力和热情的教师,他们往往是具有高度创造性的、有趣的、能够理解个人的需要并善于表达的,他们经常鼓励学生去发现未知的东西,更有可能被选择参加高效的领导团队。

(三)教师专业发展的现实困难与挑战

1. 个人方面

教师专业发展任重而道远,在个人方面存在的困难与挑战主要是教师个人的素质与意识问题。郝敏宁发现教师在专业发展方面存在职业压力、职业倦怠及心理问题,教师知识结构单一,教学能力、研究能力有待提高。④ 彭兵提出现阶段我国幼儿园教师专业发展面临的挑战主要有学历普遍偏低,社会认可度不高;专业自主意识不强,自主权较低;综合素质不高,从教能力差。⑤

有部分研究者针对特定教师群体面临的困难和问题进行了研究。张立新指出幼儿园初任教师专业发展中面临的主要问题有专业身份模糊、对职业的理解与认识浅显、专业知识偏狭和专业能力薄弱。⑥ 黄美玲研究了小学成熟型教师专业发展现状,发现教

---

① 郝敏宁.影响教师专业发展的因素分析:兼论促进教师专业发展的策略[D].西安:陕西师范大学,2007.
② 王坤庆.教师专业发展的境界:形成教师个人的教育哲学[J].高等教育研究,2011(5):22-28.
③ Rushton S, Morgan J, Richard M. Teacher's Myers-Briggs Personality Profiles: Identifying Effective Teacher Personality Traits[J]. Teaching and Teacher Education,2007(4):432-441.
④ 郝敏宁.影响教师专业发展的因素分析:兼论促进教师专业发展的策略[D].西安:陕西师范大学,2007.
⑤ 彭兵.我国幼儿教师专业发展政策回顾与展望[J].学前教育研究,2012(5):24-27.
⑥ 张立新.幼儿园初任教师专业发展问题与对策研究[D].长春:东北师范大学,2014.

师存在学科知识缺乏、教育理论知识不丰富、教学知识的低水平满足等困难。①

2. 机构方面

机构方面的困难与挑战主要是指教师职前培养的机构以及教师入职所在学校,在教师专业发展方面所面临的困难与挑战。

对于职前培养机构来说,黄绍文认为幼儿园教师职前教育还有待完善,科学合理的幼儿师范教育体系还没有完全形成,对幼儿园教师职前教育理论还缺乏深入研究。② 郝敏宁认为,教师教育(培训)体制落后,不能满足教师专业发展需求。③ 彭兵指出,教师培养课程设置不合理,职后教育滞后。④

对于教师入职所在学校来说,徐雄伟提出,当前民办高校师资队伍不合理,教师待遇不合理,教师的学术职业活动机会少。⑤ 黄绍文提出,幼儿园教师在职成长难以取得理想效果,一方面经济取向的幼儿园经营观念不利于幼儿园教师的专业成长;另一方面,超负荷的工作任务容易导致幼儿园教师产生职业倦怠,没有专业发展的成就感。⑥

3. 社会方面

社会方面的困难与挑战主要是指教师在社会整体中的地位待遇,以及社会大环境和文化传统在教师专业发展方面造成的困难。

在教师社会地位方面,许多学者都指出教师社会地位偏低,工资待遇不高。⑦ 黄绍文认为幼儿园教师的专业认同度在社会中并不高,因而对其专业发展产生了不良影响。⑧ 卢乃桂和王晓莉的研究也表明教师的社会地位与工资待遇偏低。⑨ 郝敏宁提出教师的专业地位、待遇和满意度不高。⑩ 可见,与其他行业相比,教师的整体社会地位和待遇偏低,这与教师的社会贡献不相符合。

在教师权利方面,不论是政策改革还是整个社会环境都未赋予教师充分的自主权。

---

① 黄美玲.小学成熟型教师专业发展的困难和对策[D].广州:广州大学,2016.
② 黄绍文.幼儿教师专业发展的现实困境[J].学前教育研究,2006(6):48-49.
③ 郝敏宁.影响教师专业发展的因素分析:兼论促进教师专业发展的策略[D].西安:陕西师范大学,2007.
④ 彭兵.我国幼儿教师专业发展政策回顾与展望[J].学前教育研究,2012(5):24-27.
⑤ 徐雄伟.上海市民办高校教师专业发展现状与实证研究[D].上海:上海师范大学,2015.
⑥ 黄绍文.幼儿教师专业发展的现实困境[J].学前教育研究,2006(6):48-49.
⑦ 彭兵.我国幼儿教师专业发展政策回顾与展望[J].学前教育研究,2012(5):24-27.
⑧ 黄绍文.幼儿教师专业发展的现实困境[J].学前教育研究,2006(6):48-49.
⑨ 卢乃桂,王晓莉.析教师专业发展理论之"专业"维度[J].教师教育研究,2008(6):1-6.
⑩ 郝敏宁.影响教师专业发展的因素分析:兼论促进教师专业发展的策略[D].西安:陕西师范大学,2007:18.

郝敏宁指出,教师的主体地位尚未确立,专业自主权受限制。① 卢乃桂和王晓莉认为教师自主权有限,教师在教育改革中始终是缺少自主权的角色,教师的自主权被限制在教室之内,教师往往只是改革的执行人而不是参与者。②

在文化传统方面,有学者指出,"教师专业发展""教师专业化"作为国外引入的概念,在我国的诠释和理解中必然会带上本土化的影子。受到传统心理习惯约束,社会转型与传统观念之间的张力为理解和接纳专业的维度提出了挑战。③

(四) 教师专业发展的促进策略

教师专业发展对教师的个人成长、社会文化教育的推行以及国家的发展都有重要的意义。因而,如何促进教师专业成长也是学者们关注的研究领域。近年来,越来越多的研究者从不同的角度为教师专业发展提出了促进策略。

1. 宏观层面策略

宏观层面的策略主要指的是国家在政策体制方面做出的宏观调整及实行相关的引导。一方面,有学者认为政府应该履行制度保障职能。④ 王延文指出应当改革我国现有高等师范教育体制,为教师专业化的推进提供保障。⑤ 彭兵提出,政府应规划和建设幼儿园教师队伍,改革教师培养制度,完善法律体系,为幼儿园教师专业发展提供更有力的政策保障。⑥ 另一方面,相关的引导为教师专业发展提供了支持。周坤亮认为教师专业发展需要良好的情境支持:教师专业发展要与教育改革目标相一致,需要有力的领导,需要充足的资源保障,需要了解教师的需求。⑦ 有学者提出要加强对准教师综合素质培养的职前教师教育。⑧⑨ 还有学者从提高教师的自主权和待遇方面提出了策略建议。张辑娜指出应维护教师的专业自主权;⑩ 王延文认为应当提高教师的报酬待遇,

---

① 郝敏宁.影响教师专业发展的因素分析:兼论促进教师专业发展的策略[D].西安:陕西师范大学,2007.
② 卢乃桂,王晓莉.析教师专业发展理论之"专业"维度[J].教师教育研究,2008(6):1-6.
③ 卢乃桂,王晓莉.析教师专业发展理论之"专业"维度[J].教师教育研究,2008(6):1-6.
④ 张立新.幼儿园初任教师专业发展问题与对策研究[D].长春:东北师范大学,2014.
⑤ 王延文.教师专业化的系统分析与对策研究[D].天津:天津大学,2004.
⑥ 彭兵.我国幼儿教师专业发展政策回顾与展望[J].学前教育研究,2012(5):24-27.
⑦ 周坤亮.何为有效的教师专业发展:基于十四份"有效的教师专业发展的特征列表"的分析[J].教师教育研究,2014(1):39-46.
⑧ 张立新.幼儿园初任教师专业发展问题与对策研究[D].长春:东北师范大学,2014.
⑨ 李芒,李岩.教师教育者五大角色探析[J].教师教育研究,2016(4):14-19.
⑩ 张辑娜.基于教师专业发展阶段的教师角色塑造[J].佳木斯职业学院学报,2017(1):247-249.

改善教师职业声望与收入反差过大的境况,提供和增大教师专业自主权;①高光则认为还应当赋予教师选择培训的权利。②

2. 中观层面策略

从中观层面上来看,学校的支持性做法是推进教师专业发展的有力手段。周坤亮认为,教师专业发展需要施以合理的实现过程,这个过程包括合作与评价环节,并且应当"嵌入"教师日常教学实践。③ 学校可以通过多种方式发挥中观层面的支持与指导作用,例如创建研究共同体;④开展多样化的教师入职培训;⑤降低校外专业发展活动的频率,逐步淘汰"鸡肋"式的培训项目,强化教育研究方法的培训,扩大教师脱产学习的机会,加强专家对教研活动的指导等。⑥

3. 微观层面策略

微观层面上的策略主要指的是教师个人的生活经历、反思实践对其专业发展的促进。综合学者们的研究成果,教师发挥个人的主动性是一个重要的促进策略。朱敏、高湘萍通过问卷调查的方法,探究处于不同专业发展阶段教师专业发展与心理结构特点之间的关系。⑦ 研究发现,长教龄绩优组教师的自我和谐程度、意识水平、接纳水平、自我评价最高。阳泽、杨润勇归纳了四种教师专业活动的自组织模式,通过实践—反思、自我叙事、交往—对话、写作—科研等模式促进教师的专业发展。⑧ 此外,学者们还总结了教师在个人反思和实践中促进自身发展的具体策略。例如,周坤亮认为教师专业发展应选取合适的内容,将学科教学法知识和学科内容知识作为专业发展的核心内容。⑨ 教师要提高自主发展的能力,加强专业知识的学习,组建学习共同体,⑩开展自我研究⑪和加强教学反思⑫。

---

① 王延文.教师专业化的系统分析与对策研究[D].天津:天津大学,2004.
② 高光.教师专业发展:外部驱动与自主发展之间的关系[D].上海:上海师范大学,2015.
③ 周坤亮.何为有效的教师专业发展——基于十四份"有效的教师专业发展的特征列表"的分析[J].教师教育研究,2014(1):39-46.
④ 李芒,李岩.教师教育者五大角色探析[J].教师教育研究,2016(4):14-19.
⑤ 张辑娜.基于教师专业发展阶段的教师角色塑造[J].佳木斯职业学院学报,2017(1):247-249.
⑥ 高光.教师专业发展:外部驱动与自主发展之间的关系[D].上海:上海师范大学,2015.
⑦ 朱敏,高湘萍.教师专业发展的自我心理结构模型研究[J].教师教育研究,2017(1):56-62.
⑧ 阳泽,杨润勇.自组织:教师专业发展的重要机制[J].教育研究,2013(10):95-102.
⑨ 周坤亮.何为有效的教师专业发展——基于十四份"有效的教师专业发展的特征列表"的分析[J].教师教育研究,2014(1):39-46.
⑩ 高光.教师专业发展:外部驱动与自主发展之间的关系[D].上海:上海师范大学,2015.
⑪ 李芒,李岩.教师教育者五大角色探析[J].教师教育研究,2016(4):14-19.
⑫ 张辑娜.基于教师专业发展阶段的教师角色塑造[J].佳木斯职业学院学报,2017(1):247-249.

(五) 教师专业发展的相关政策

世界各个国家都纷纷出台了一系列政策文件,旨在通过政策手段和宏观调控促进教师的专业发展,提高教师教学质量。

美国在 20 世纪 80 年代发表了《国家为培养 21 世纪的教师做准备》和《明日之教师》两个报告,旨在促进优秀教师的养成。1996 年,美国在《什么最重要:为美国未来而教》(What Matters Most: Teaching for America's Future)中提出为中小学准备卓越教师的策略。2001 年,布什政府颁布《不让一个孩子掉队》(No Child Left Behind),其中的高质量教师计划(High Qualified Teacher, HQT)将培养卓越教师的积极性与热情推向高潮。21 世纪以来,致力于为中小学培养教师的各高校纷纷开始将自己的培养目标提升为培养卓越教师,越来越多的美国高校制定并出台自己的"卓越教师培养项目"。[1]

20 世纪 90 年代以来,加拿大教师教育政策发生了深刻的变革,其中一个重要目的是培养高效能教师,推动教师专业发展。以加拿大安大略省为例,1989 年建立教师委员会,1996 年成立教师学院,2000 年颁布了教师考试综合方案,2004 年发布了《卓越教师——通过持续的专业发展开启学生潜能》,2005 年建议实施新教师入门指导计划,2006 年修订《熟练教师绩效评价计划》,2007 年发布《教师专业学习伙伴平台报告》。[2] 加拿大在 2013 年为了实现教育的长期愿景,开始推行卓越教师计划,旨在通过培养卓越教师以实现优质教学,确保学生在迅速变化的世界中获得成功。

1999 年,澳大利亚出台了《21 世纪教师》,主要包括旨在提高中小学教师地位、促进专业发展水平的卓越教师计划,各地方政府结合各自的实际情境加以实施和落实。澳大利亚于 2000 年启动"澳大利亚政府优秀教师计划",以提升教师的素质和地位;为进一步追求教育的公平和卓越,继而于 2010 年推出了《全国教师专业标准》。21 世纪以来,政府接连出台了一系列促进教师专业发展的政策文本:《澳大利亚国家教师专业标准》《教师专业学习章程》《政府优质教师计划》《教师绩效与发展框架》等。[3]

1998 年,英国教育部发布了《教师:迎接变革的挑战》(Teachers: Meeting the Challenge of Change)的绿皮书,并于 1999 年推出了相应的教师工资方案。2001 年,英国教育部颁布了《教师标准框架》。2011 年,英国出台了《培养下一代卓越教师》

---

[1] 钟启泉.教师"专业化":理念,制度,课题[J].教育研究,2001(12):12-16.
[2] 湛启标.加拿大安大略省教师专业发展政策述评[J].比较教育研究,2012(4):72-77.
[3] 湛启标,柳国辉.21世纪澳大利亚教师专业发展政策改革述评[J].比较教育研究,2014(8):12-17.

(Training Our Next Generation of Outstanding Teachers),把培养卓越教师提升到了国家层面。文件中对如何加强中小学和大学的教师教育合作,加大财政激励吸引优秀毕业生加入中小学教师队伍等方面进行了深入的研究和探讨。同年,英国政府颁布了新的《教师标准》,并于2012年实施。①

2001年,德国颁布《教师论坛建议书》,指出师资专业素质的提升是教育改革的关键。② 2012年,德国联邦和各州政府磋商实施"卓越教师教育计划",旨在激励大学教师教育革新,提高教师教育质量,以及推动教师的洲际流动。德国联邦政府在推行精英大学计划的基础上,又进行了教育改革的升华,推出了卓越教师教育计划这一项重大教师政策。③

2005年,我国教育部出台《关于规范小学和幼儿园教师培养工作的通知》,要求各教育行政部门统筹规划本地区小学及幼儿园教师的培养工作。④ 2010年,《国家中长期教育改革和发展规划纲要(2010—2020年)》明确提出建设高素质、专业化教师队伍的要求,指出"教育大计,教师为本。有好的教师,才有好的教育。提高教师地位,维护教师权益,改善教师待遇,使教师成为受人尊敬的职业。严格教师资质,提升教师素质,努力造就一支师德高尚、业务精湛、结构合理、充满活力的高素质专业化教师队伍"。2011年11月出台的《教育部、国家发展改革委、财政部关于深化教师教育改革的意见》第四条"创新教师教育模式"提出要实施卓越教师培养计划,推进教师培养模式改革,建立高等学校与地方政府、中小学(幼儿园、中等职业学校)联合培养教师的新机制。2014年,教育部发布了《教育部关于实施卓越教师培养计划的意见》,提出卓越幼儿园教师培养:适应学前教育改革发展要求,构建厚基础、强能力、重融合的培养体系,培养一批热爱学前教育事业、综合素质全面、保教能力突出的卓越幼儿园教师。2015年,教育部、财政部发布《教育部、财政部关于改革实施中小学幼儿园教师国家级培训计划的通知》,要求"集中支持中西部乡村教师校长培训。继续实施'国培计划'——中西部项目和幼师国培项目,采取顶岗置换、送教下乡、网络研修、短期集中、专家指导、校本研修等方式,对中西部地区乡村中小学幼儿园教师进行专业化培训"。2018年,教育部印发《关于实施卓越教师培养计划2.0的意见》,提出"面向培养幼儿为本、擅长保教的卓越幼儿园教师,重点探索幼儿园教师融合培养模式,积极开展初中毕业起点五年制专科层次幼儿园

---

① 吕杰昕."新专业主义"背景下的英国教师专业发展[J].全球教育展望,2016(8):119-128.
② 陈文心,彭征文.教师专业发展[M].北京:北京师范大学出版社,2016.
③ 孙朝勇.德国卓越教师计划发展动向研究[J].中国成人教育,2016(24):119-121.
④ 彭兵.我国幼儿教师专业发展政策回顾与展望[J].学前教育研究,2012(5):24-27.

教师培养"。

近年来,卓越教师政策的进展方兴未艾,并在逐步地走向成熟,引起了全世界范围内的广泛关注。培养卓越教师的理念和思潮为教师教育树立了新的价值典范,引领了世界范围内教师教育追求"没有最好、只有更好"的新趋势。纵观各国关于促进教师专业发展的政策法规,呈现出调整与变革相结合、基础与卓越并重的趋势。

四、教师专业发展的研究理路——方法的嬗变

(一) 教师专业发展研究的多学科视角

近年来,随着对教师专业发展研究的深入,研究者们开始从不同的学科视角探讨教师专业发展的基本问题,出现了关于教师专业发展研究的多学科视角,后现代、人类学、生态学、女性主义、现象学、伦理学、建构主义、生命哲学、多元文化等关键词层出不穷,各种视野下的教师专业发展研究的兴起丰富了关于教师专业的认识。综合已有研究,教师专业发展研究的多学科视角可以归纳为以下几个方面。

1. 哲学视角

从哲学视角分析教师专业发展已经成为一种普遍的范式。随着对教师专业发展哲学主体化的思考,哲学的知识论、关怀伦理学、现象学等研究的推进,各种哲学视角下的教师专业发展研究在不断生成。姜勇和华爱华从伯格森的生命哲学角度,认为教师的专业成长并不是简单地获取各种知识和技能,也不是预先确定的,而是内在产生的。[①] 教师的专业成长不仅是他们理性内省能力的提高,还是他们"生命直观"精神的不断产生。蔡懿静从过程哲学的角度分析了教师专业发展的动态特征、享受特征、创造性特征和审美特征,以此促进教师专业发展的有效管理和教师专业的自主发展。[②]

2. 心理学视角

心理学视角是教师专业发展研究中值得关注的一个视角。研究者一般从教师群体或个体的心理特征切入,深入探讨其与教师专业发展的联系。俞国良、林崇德从心理学视角比较新手教师与专家教师的差异,从阐明专家型教师的必备条件,指出相关特征,提供合理的教师培训建议,强调教师发挥主体作用等方面,论述心理学视角中的教师培

---

① 姜勇,华爱华.柏格森"生命哲学"视野中的教师发展观[J].外国教育研究,2010(1):62-66.
② 蔡懿静.过程哲学视角下教师专业自主发展的反思与超越[J].继续教育研究,2016(9):91-93.

养与发展。① 申继亮、姚计海认为教师的专业化发展是从非专业到专业化转变,从群体到个体专业化转变,从被动发展到主动专业化转变的过程。② 教学反思是教师专业发展心理机制的实质,教师专业发展水平的衡量标准是教师职业的独特性和不可替代性,专业发展的重要途径是行动研究。

3. 社会学视角

关于教师专业发展的社会学视角研究主要以"教师专业社会化"和"教师社会化"为命题。③ 西方社会学研究者对教师社会化的研究可以分为功能主义研究范式、解释主义研究范式和批判理论研究范式。④ 我国学者项亚光从社会学的视角出发,试图以社会学解释教师专业发展的模式。⑤ 他梳理归纳了三种模式,分别是结构功能论视角的被动发展模式,符号互动论视角的主动发展模式,以及发展生态学视角的辩证互动模式。还有学者从某一社会学理论视角开展相关研究,廖珊珊以初中思想品德课教师为例,探究了符号互动论视角下农村女教师的人际互动与专业发展,研究发现教师的人际互动对其专业发展的影响是多方面的。⑥

4. 教育学视角

有学者认为从教育学角度对教师专业发展的研究重点集中在讨论教师与课程的关系问题上,并且形成了"教师外在于课程说"和"教师与课程良性互动说"两种思路。⑦ 姜勇从批判教育学的视野探讨教师专业发展,认为教师教育的核心与独特之处是教师的精神成长。⑧ 教师的专业发展须重视教师精神存在的提升,促进教师自我意识的觉醒,而不仅仅是掌握知识和技能的过程。只有真正给予教师自主权,才能促使教师的精神成长。

5. 生态学视角

近年来,不断有学者从生态学的角度探讨教师专业发展。殷世东指出,教师专业发

---

① 俞国良,林崇德.论心理学视野中的教师培养与发展[J].教育研究,1999(10):29-35.
② 申继亮,姚计海.心理学视野中的教师专业化发展[J].北京师范大学学报(社会科学版),2004(1):33-39.
③ 朱旭东,周钧.教师专业发展研究述评[J].中国教育学刊,2007(1):68-73.
④ Sikula J. Handbook of Research on Teacher Education[M]. Macmillan Library Reference USA, Simon & Schuster Macmillan, 1633 Broadway, New York, NY 10019, 1996.
⑤ 项亚光.教师专业发展模式的社会学解析[J].外国中小学教育,2007(12):40-43.
⑥ 廖珊珊.符号互动论视角下农村女教师的人际互动与专业发展研究:以初中思想品德课教师为例[D].杭州:浙江师范大学,2012.
⑦ 朱旭东,周钧.教师专业发展研究述评[J].中国教育学刊,2007(1):68-73.
⑧ 姜勇.论教师的精神成长:批判教育学视野中的教师专业发展[J].中国教育学刊,2011(2):55.

展必须回到应有的专业发展环境,为教师专业发展创造良好的生态环境,建立合理的教师流动机制,创造专业发展生态系统,才能促使教师的专业发展。① 还有学者借鉴生态学的理念研究教师专业发展,古立新认为教师的专业发展环境是由自然、规范、社会、生理和心理四种环境的交叉渗透形成的复杂生态环境。② 他从与教师专业发展最密切相关的学校环境出发,从生态学视角考虑了教师培训、行动研究、学校管理、教育评估等直接影响教师职业素质提高的因素,并使用花盆效应、整体效应等生态学规律,探索了促进在职教师持续专业发展的有效运作机制。

(二)教师专业发展研究的方法论

教育学界较为普遍的教育研究范式主要有哲学——思辨范式,科学——实证范式,人文——理解范式三种。

哲学思辨是教育研究中最古老的传统方法,由哲学观直接导出教育价值观与目的观成为教育研究的重要认识方法。从对已有文献的梳理来看,许多研究采用的是理性思辨式的范式,这类研究通常基于一定的认识论和知识论基础,以定性的方式进行教师专业发展理论的阐述。例如陈向明对"专业发展"和"专业学习"两个概念进行了辨析,从知识观对教师的理解、教师培养方式等多方面进行了比较。③ 钟启泉对"教师专业化"的国际化探索,从历史发展、教育思潮碰撞、制度层面的实现这三个方面展开,并提出了相关的挑战和值得研究的课题。④ 卢乃桂、钟亚妮对教师专业发展理论的基础进行了探讨,以独特的视角从认识论、理性、权利几个方面进行了论述,能够为教师专业发展概念提供相关的理论支撑。⑤

自然科学研究范式的学者立足于自然科学的世界观和知识论,探究教育中的客观事实,倡导客观、中立、实证、定量的研究取向。已有研究多为理性思辨型或经验梳理型。虽然实证研究在已有研究的整体中所占比例不多,但是近年来越来越多的研究者以实证的方式开展关于教师专业发展的研究。这类研究多为对已有文献的统计梳理或是关于教师某个方面特质的深入研究。例如孙冬梅、谷秀琴通过对知网数据库2004—2014年CSSCI期刊中关于教师专业发展文献的研究,从文章数量、期刊来源分布、发表

---

① 殷世东.生态取向教师专业发展的阻隔与运作[J].教师教育研究,2014(5):36-41.
② 古立新.教师专业发展的生态学思考[J].当代教育科学,2004(11):43-47.
③ 陈向明.从教师"专业发展"到教师"专业学习"[J].教育发展研究,2013(8):1-7.
④ 钟启泉.教师"专业化":理念,制度,课题[J].教育研究,2001(12):12-16.
⑤ 卢乃桂,钟亚妮.教师专业发展理论基础的探讨[J].教育研究,2007(3):17-22.

年份、作者分布及关键词等方面进行统计与可视化分析,对我国教师专业发展研究的学术动态进行了概括。① 李星云,李一杉和穆树航通过对 2000—2015 年 SSCI 教师教育类期刊的文献分析,对国际教师教育的研究前沿、分布特征与知识基础进行了研究。② 朱敏、高湘萍以量化研究的方法,通过对问卷调查结果的分析,探究教师专业发展与心理结构特点之间的关系。③

人文主义研究方法论强调价值判断、解释性地得出结论与定性分析。④ 人文主义的研究方法在教师专业发展方面具有重要的意义,这种研究强调整体把握微观问题,注重诠释性理解研究对象,教师在研究中从研究对象逐渐转变为研究者。⑤ 从人文精神的视角来看,教师专业发展是教师主体自由创造的过程,是教师与环境互动的过程。⑥ 近年来对教师研究的叙事转向、教师生活史的研究都是此类研究方法的应用。人文理解范式提倡对教师的人文关怀,注重研究在教育现场的感受体验与整体理解,叙事研究能够以"倾听"的立场,通过理解与对话,领悟教师本真的教育生活。⑦

方法论的不同导致研究方法的不同,由此产生了不同的教师专业发展研究视角和理论取向。⑧ 在一定意义上,教师发展研究需集各类研究方法之大成,任何一种范式都有自己的优势与不足,因此各种研究范式之间应是相互补充、相互融合,由一元的研究范式占主流地位转向多元的研究范式共存,从而实现对教师专业发展的全面理解与把握。

五、文献综述小结

随着世界各国对教师专业化的重视,教师专业发展成为教师教育改革和发展的重要方向。近年来,不同研究层面、学科背景的研究者从不同的角度对教师专业发展进行了广泛的研究,教师专业发展的研究整体上呈现出内容丰富、涉及面广、方法多样等特点。对教师专业发展阶段和路径的研究是教师专业发展研究的重要方面和主要切入

---

① 孙冬梅,谷秀琴.我国教师专业发展研究的概况与展望:基于 2004—2014 年 CSSCI 期刊的计量及可视化分析[J].教育与教学研究,2017(1):71-76.
② 李云星,李一杉,穆树航.国际教师教育研究的分布特征、研究前沿与知识基础:基于 2000—2015 年 SSCI 教师教育专业期刊的文献计量分析[J].教师教育研究,2016(5):115-127.
③ 朱敏,高湘萍.教师专业发展的自我心理结构模型研究[J].教师教育研究,2017(1):56-62.
④ 蒋春洋.恩斯特·卡西尔《人论》探析:以教育学的视角[J].沈阳师范大学学报(社会科学版),2010(4):152-154.
⑤ 朱旭东,周钧.教师专业发展研究述评[J].中国教育学刊,2007(1):68-73.
⑥ 唐松林,李吟霁.走进人文精神的教师专业发展[J].教师教育研究,2016(2):20-26.
⑦ 姜勇.论教师专业发展的后现代转向[J].比较教育研究,2005(11):52-55.
⑧ 朱旭东,周钧.教师专业发展研究述评[J].中国教育学刊,2007(1):68-73.

点,而教师专业发展模型是研究教师专业发展阶段和路径的新兴趋势,因而研究者将重点对这两部分研究内容进行评述,并以此获得研究启示,探寻研究空间。

(一) 关于教师专业发展阶段及路径研究的评述

关于教师专业发展阶段和路径的研究近年来呈现出迅速增长的趋势。从来自数据库的统计可以看出,一方面,对教师专业发展阶段的研究明显多于对教师专业发展路径的研究,另一方面,2005年以后研究数量开始增加,尤其是近五年增长速度呈加快趋势。这些数据在一定程度上说明,教师专业发展阶段和路径的研究正在成为研究的热点,也为研究者的进一步深入探究提供了机遇与挑战。

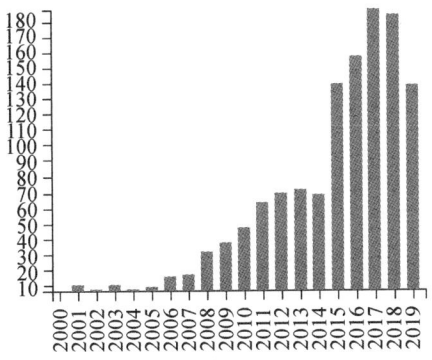

图1-1 2000—2019年对教师专业发展阶段研究的论文数①

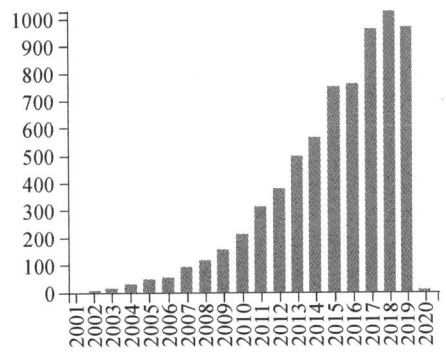

图1-2 2001—2020年关于教师专业发展阶段研究的引文数

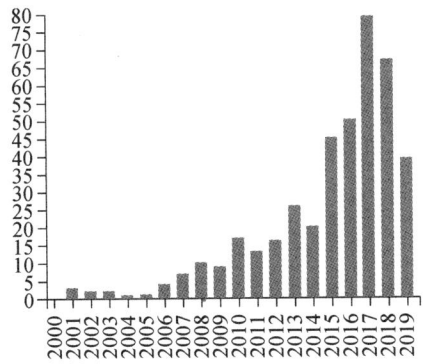

图1-3 2000—2019年对教师专业发展路径研究的论文数②

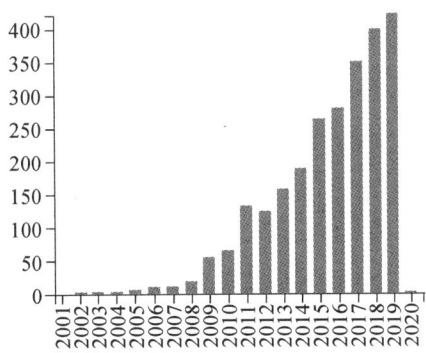

图1-4 2001—2020年关于教师专业发展路径研究的引文数

① 图1-1、图1-2源于Web of Science数据库,题为:"Teacher professional development stages",2019年12月。

② 图1-3、图1-4源于Web of Science数据库,题为:"The path of teachers professional development",2019年12月。

已有文献中关于教师专业发展阶段及路径的研究较多,并出现了不同的研究视角。然而,已有研究尚存在以下几个方面的不足。

其一,从研究对象来看,尽管近年来关于教师专业发展的研究在不断丰富和发展,但是研究关注的对象往往是基础教育阶段的教师,很少有研究对幼儿园教师的专业发展特点和阶段进行深入的研究。已有的经典的教师专业发展阶段及路径的理论大多建立在对中小学教师的研究基础之上。

其二,从研究内容来看,在教师专业发展阶段的划分依据上,部分研究的阶段划分来自经验的总结,并无可靠的实证研究依据;在教师专业发展阶段划分的意图上,阶段划分的作用被淹没在形式多样的阶段划分形式之后,许多关于教师专业发展阶段划分的目的并不突出,并未发挥阶段划分的作用。

其三,从研究方法来看,以往一些教师专业发展的研究常常建立在研究者的经验总结和主观思辨的基础上,或是通过访谈搜集资料。教师专业发展阶段及路径的研究需要多元而丰富的研究方法拓展视角、保证科学性。

其四,从研究视角来看,尽管已有研究中关于教师主体性的研究并不少见,但是往往只是研究了教师的"主体性",而并没有发挥和应用教师的"主体性"。幼儿园教师的主体性需要在研究的各个层面得到充分的体现。

(二)关于教师专业发展模型的评述

关于教师专业发展模型的研究并不多,梳理已有文献可以发现此类文章在实质内容上主要分为两类:第一类为与发展模式相混淆的发展"模型",即所谓的"模型"实际是教师专业发展的一种模式或一种途径。第二类文章为涉及具体发展关系的某些模型。例如科德维尔(Coldwell)通过路径模型探究教师专业发展对教师职业生涯的影响,研究认为路径模型能够为研究教师专业对职业生涯的影响提供一个有用的框架,但考虑到教师职业的复杂性,这种方法是有限的。[1] 克拉克(Clarke)和霍林斯沃思(Hollingsworth)建立了教师专业成长的模型,该模型的四个分析领域与已有研究相关,但是该模型提出了一个领域的变化与另一个领域变化相关联的具体机制。[2] 这种相互联系的、非线性的结构模型能够识别特定的变化序列和生长网络。这个模型为研究教师的成长变化分

---

[1] Coldwell M. Exploring the Influence of Professional Development on Teacher Careers: A Path Model Approach[J]. Teaching and Teacher Education, 2017, 61: 189-198.

[2] Clarke D, Hollingsworth H. Elaborating a Model of Teacher Professional Growth[J]. Teaching and Teacher Education, 2002(8): 947-967.

析提供了一个强有力的支持框架。然而这些模型并不是基于实证研究数据的,而是基于经验,因而也只是一种推论或构想。所谓的模型是一种教师专业发展各个因素领域的联动关系图。虽然这种"模型"是对已有的线性的、单一的模型的超越,然而依旧是平面的、经验的。正如作者所言,建立在经验数据基础上的变化模型的一个主要价值在于它能够促进推测、研究和发展,以了解可能的变化机制,但这种模型尚未开发。

高质量的专业发展经验应该是基于证据的。[①] 事实上,很少有实证研究致力于儿童早期实践者获得新知识、技能的过程,对维持个人和群体成长和发展机制的注意就更少了。许多关于阶段模型或语境解释的研究都是理论性的,没有建立在实证研究的基础上。因此,进一步研究过程是必要的,以揭示各种专业发展形式中影响幼儿园专业人员技能和知识掌握程度的因素。[②]

总之,不同研究者基于不同的立场和理论基础所提出的发展模式或发展模型都是教师专业发展整体动态阶段和路径的冰山一角,是理论和经验的概括描述,是教师专业发展中某一静态时空的平面刻画,并不能解释全貌,没有实证数据的支持,也无法反映教师专业发展的生动具体性。

(三) 文献综述对本研究的启示

综合已有研究的成果及不足,本研究将立足幼儿园教师专业发展的阶段及路径,从幼儿园教师专业发展的特质切入,在对教师专业发展特质属性探讨的基础上,建构幼儿园教师专业发展阶段及路径模型,从而初步勾勒幼儿园教师专业发展的轨迹。

其一,在研究对象上,以广大的幼儿园教师为研究对象,对幼儿园教师的专业发展现状、特点和阶段进行深入的研究,促进我国幼儿园教师专业发展阶段及路径理论体系的丰富与拓展。

其二,在研究内容上,基于幼儿园教师专业发展的特质类属,揭示幼儿园教师专业发展的整体特点与核心特质,并在此基础上建立幼儿园教师专业发展阶段及路径的数学模型,探寻幼儿园教师专业发展的理想路径,从而为幼儿园教师专业发展提供支持。

---

① Cox M E, Hollingsworth H, Buysse V. Exploring the Professional Development Landscape: Summary from Four States[J]. Early Childhood Research Quarterly, 2015, 32: 116 - 126.
② Sheridan S M, Edwards C P, Marvin C A, et al. Professional Development in Early Childhood Programs: Process Issues and Research Needs[J]. Early Education and Development, 2009(3): 377 - 401.

其三,在研究方法上,通过质化与量化研究相结合,在质化分析与数学建模的基础上,摒除传统教师专业阶段研究的静态、线性的弊端,突破教师专业发展阶段研究的平面模式,以幼儿园教师发展阶段和路径构建立体的网络模型。丰富多元的研究方法不仅为理解教师专业发展拓宽了视角,还在一定程度上保证了研究结果的科学性。

其四,在研究视角上,关注幼儿园教师的主体地位。一方面,体现在研究扎根一线,研究将深入聆听来自一线教师的声音;另一方面研究将为教师的自主发展服务,帮助幼儿园教师在合理评估自身的基础上更好地进行专业发展。

第三节 研究设计

一、整体研究思路及框架

(一)整体研究思路

1. 幼儿园教师专业发展需要关注——聚焦幼儿园教师专业发展阶段及路径

普通幼儿园教师的专业成长和生活是真实生动的,幼儿园教师真实的专业生活与发展现状需要获得关注,一线幼儿园教师的主体地位需要被关注,其真实的专业生活和丰富的专业体验应得到相应的重视。

幼儿园教师的专业发展阶段及路径是幼儿园教师专业发展的重要体现。幼儿园教师专业发展阶段和路径具有不同的含义:"专业发展阶段"是指幼儿园教师在参与专业生活活动并回应环境的过程中所反映出的不同变化的区间;"专业发展路径"是幼儿园教师从非专业人员向专业人员转变的过程中,其专业发展路线或轨迹。

2. 幼儿园教师的专业发展体现为各种专业特质的变化——立足幼儿园教师专业发展的特质属性

教师作为一种职业,具有其自身的专业性,幼儿园教师作为教师团体中的重要部分,也有其自身的职业特性。研究者认为,这些职业特性是幼儿园教师区别于其他职业的重要属性特点,体现在丰富多元的专业特质中,并可以在一定程度上代表幼儿园教师的专业发展特点。

幼儿园教师专业发展具有多样性和特殊性,体现在专业发展特质上,表现为共同特质和特殊特质。不同的特质构成决定了幼儿园教师专业发展的阶段及路径,幼儿园教师的专业发展本质是不同专业特质在各种因素影响下不断发展变化的结果。处于不同阶段的幼儿园教师,专业特质是不同的;处于同一发展阶段的幼儿园教师,专业特质具有相对的一致性。幼儿园教师专业发展从一个阶段到另一个阶段的发展路径是多元的,这些多元化的发展路径是幼儿园教师各种专业特质在多种因素影响下朝向不同发展方向的结果。

3.幼儿园教师专业发展是动态和立体的——建构幼儿园教师专业发展阶段及路径模型

幼儿园教师的专业发展存在不同的发展阶段和路径。幼儿园教师的专业成长发生在具体的文化情境中,因而幼儿园教师专业发展阶段具有多样性、差异性和特殊性。每一位幼儿园教师的真实发展路径不尽相同,在经历从新手到熟手,再到专家等若干可能阶段时,其发展的轨迹都可能有其自身的烙印。

幼儿园教师的专业发展阶段和路径是不同的,二者共同织造了幼儿园教师专业发展的立体网络。在幼儿园教师专业发展阶段及路径模型的立体网络中,每一位幼儿园教师既有其特殊的、个人化的发展路径表现,也是幼儿园教师集体中的组成部分,这两个方面共同诠释了幼儿园教师专业发展的特点。

(二)整体研究框架

基于对研究思路的梳理,研究者通过研究框架将研究目标、内容、方法等进行具体的归类和整合,落实研究设计的思路规划。横向来看,研究框架包括阶段目标、研究内容、分析方法、研究方法和研究架构;纵向来看,本研究主要从调研层面、论证层面和应用层面逐层展开。研究的具体步骤为:①通过文献阅读和问卷编制确定幼儿园教师专业发展的特质属性,建构基于特质属性的幼儿园教师专业发展模型;②根据形成的正式问卷和结构模型揭示幼儿园教师专业发展阶段及路径,描述教师专业发展阶段及路径的现状特点,通过扎根理论分析展现幼儿园教师专业发展阶段和路径变化的动态历程;③结合质化的访谈资料分析影响幼儿园教师专业发展阶段及路径的因素,探索幼儿园教师专业发展的改进策略。

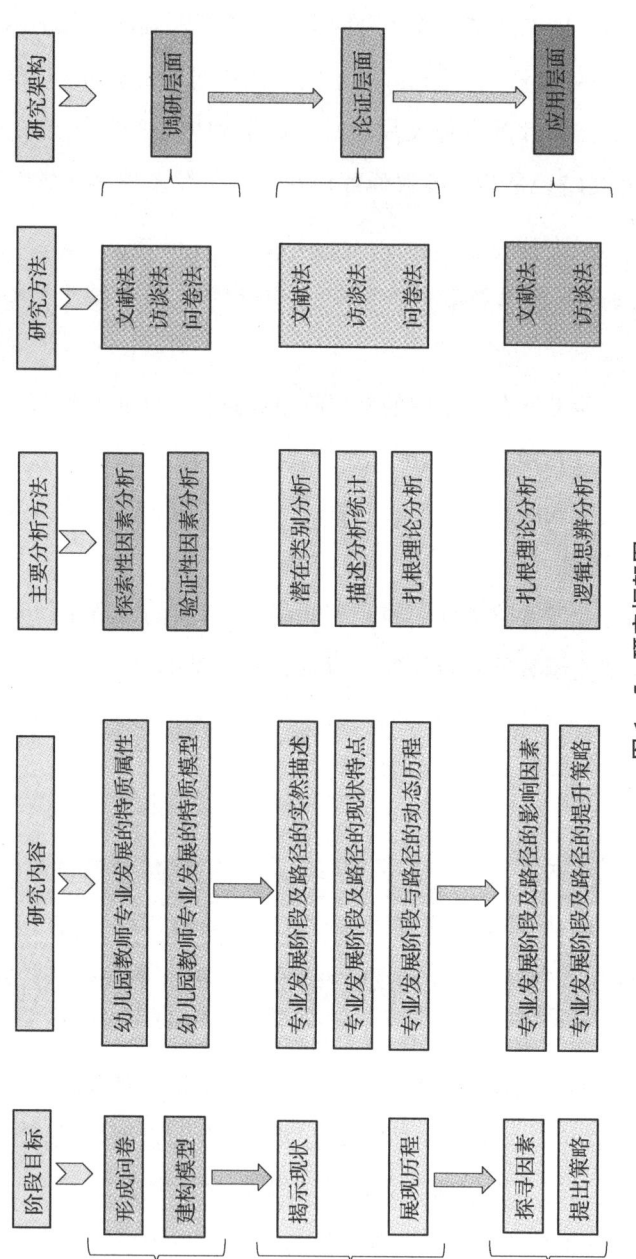

图 1-5 研究框架图

二、整体研究目的

一是探究幼儿园教师专业发展的特质属性,建构幼儿园教师专业发展的结构模型。

二是描述幼儿园教师专业发展阶段及路径,揭示其现状特点,展现其变化的动态历程。

三是探寻幼儿园教师专业发展阶段及路径的影响因素,提出改善策略,从而为促进幼儿园教师专业发展提供建议。

三、整体研究内容

(一)编制特质问卷

1. 设计问卷

根据文献梳理和前期问卷调查,基于扎根研究的方法,在实然层面编码的基础上初步梳理幼儿园教师专业发展特质类属,设计问卷调查项目并建立题库,通过专家评估、语义评估等方式初步确立问卷的题项。

2. 开展预试

邀请江苏省苏南、苏中、苏北不同地区的幼儿园教师参与预试,对幼儿园教师专业发展的阶段及路径具有初步的了解。

3. 修改问卷

根据预试过程中出现的问题和预试的结果进一步修改问卷,使问卷能够更好地服务于研究的开展。在检验问卷信效度的基础上,使用探索性因素分析方法进一步确立特质类属,形成修改问卷。检验各个因子构面的组成信度与收敛效度,形成正式问卷。

(二)建立特质模型

采用验证性因素分析方法对问卷进行结构模型验证,通过对竞争模型的比较和分析,根据模拟数据指标验证问卷结构,建立基于特质的幼儿园教师专业发展模型。

(三)描述阶段路径

采用潜在类别分析的方法,探究幼儿园教师专业发展的类别,根据不同类别教师专业特质的差异,划分相应的发展阶段,以阶段为节点构建发展路径,展现不同专业发展维度的阶段及路径模型。

(四) 揭示发展现状

将收集到的研究数据分类和汇总,综合运用单因素方差分析、独立样本 t 检验等描述统计分析方法,从不同的角度全面深入地分析幼儿园教师专业发展阶段及路径的现状特点,揭示幼儿园教师在专业发展不同阶段中的差异。

(五) 展现动态历程

根据问卷调查的初步分析结果和研究设计需要,对 30 位幼儿园教师进行深度访谈,并对访谈结果进行编码分析和汇总。访谈资料与量化分析相互补充,展现幼儿园教师在专业发展过程中的动态成长变化历程,丰富幼儿园教师专业发展阶段及路径的内涵。

(六) 探寻影响因素

基于访谈分析与调查结果,从个人因素、微观因素、中观因素、宏观因素四个方面,探究并揭示影响幼儿园教师专业发展阶段及路径进程的各个层面的因素。

(七) 提出改善策略

根据幼儿园教师专业发展的核心特质,结合深度访谈的阐释,从个人层面、组织层面和社会层面为提升幼儿园教师专业发展阶段及路径提出切实的建议和策略。

四、核心概念界定

(一) 教师专业发展

从构词的角度来看,"教师专业发展"主要有两种理解。[1] 第一种认为"教师的专业发展",即教师从非专业人员到专业人员的过程。例如将教师专业发展看作通过教师教育等方式在某方面获得的发展与进步;[2] 也有学者认为教师专业发展是指设计活动以

---

[1] 叶澜,白益民,王枬,等.教师角色与教师发展新探[M].北京:教育科学出版社,2001.
[2] Fullan M, Hargreaves A. Teacher Development and Educational Change [M]//Fullan M, Hargreaves A. Teacher Development and Educational Change. London:Falmer,1992.

增进教学者的专业知识、技巧和态度;①还有学者认为专业发展指的是正式和非正式的支持和活动,旨在帮助教师发展为专业人士。② 第二种认为"教师专业的发展",即教师职业和教师教育的制度、形态的历史演进。目前,大多数关于教师专业发展的文献是从第一种理解角度探讨的。

  从内涵的广度来看,教师专业发展有广义和狭义之分。广义的教师专业发展指的是教师职业生涯的整个发展变化过程,以及促进教师专业成长的过程。例如,有研究者认为教师专业发展是一个连续的过程,从职前阶段开始,一直持续到新教师入职阶段的头几年,并贯穿于教师的整个职业生涯;③也有研究者在研究中用"专业发展"一词来指代专业教育中的正式课程和项目,以及工作场所中专业技能的正式和非正式发展;④还有研究者将教师专业发展看作教师在不同领域更新知识和技能的源泉,认为其为教师的行为改变提供了依据,也使教师达到专业发展的水平。⑤ 狭义的教师专业发展指的是教师专业成长的过程,例如有研究者将教师专业发展看作教师掌握良好专业实践所必备的知识与技能的过程;⑥也有研究者认为教师专业发展总是被人们理解为教师的学习,学习如何将他们的知识转化为实践,从而促进学生的成长,并认为教师专业发展是一个复杂的过程,需要教师个体和集体的认知与情绪的参与;⑦还有研究者认为教师专业发展是教师的专业成长或教师内在专业结构不断更新、演进和丰富的过程;⑧教师专业发展过程不仅仅是一种认知的发展过程,还包括情感、价值和需要等多方面的变化过程。⑨

---

① Guskey T R, Huberman M. Professional Development in Education: New Paradigms and Practices [M]. New York, NY: Teachers College Press, 1995.

② Coldwell M. Exploring the Influence of Professional Development on Teacher Careers: A Path Model Approach[J]. Teaching and Teacher Education, 2017, 61: 189-198.

③ Niemi H. Teacher Professional Development in Finland: Towards a More Holistic Approach[J]. Psychology, Society and Education, 2015(3): 279-294.

④ Dall'Alba G, Sandberg J. Unveiling Professional Development: A Critical Review of Stage Models[J]. Review of Educational Research, 2006(3): 383-412.

⑤ Ayyoobi F, Pourshafei H, Asgari A. Codification and Validation of Professional Development Questionnaire of Teachers[J]. International Education Studies, 2016(4): 215-224.

⑥ Hoyle E. Professionalization and Deprofessionalization in Education[M]// Hoyle E, Megarry J. World Yearbook of Education 1980: Professional Development of Teachers. London: Kogan Page, 1980: 42-57.

⑦ Avalos B. Teacher Professional Development in Teaching and Teacher Education Over Ten Years[J]. Teaching and Teacher Education, 2011(1): 10-20.

⑧ 叶澜,白益民,王枬,等.教师角色与教师发展新探[M].北京:教育科学出版社,2001.

⑨ 白益民.教师的自我更新:背景,机制与建议[J].华东师范大学学报(教育科学版),2002(4):28-38.

从对象的维度来看,教师专业发展可以从"个体"和"群体"两种维度理解。"个体"维度的教师专业发展强调教师个体在认知、技能等方面的成长变化,例如有研究认为教师专业发展意味着教师个人的成长,在专业生活中信心不断增强、技能不断提高;①教师专业发展是教师内在的、质的变化,教师专业发展是指促进教师专业化、提升教师职业素养的过程;②教师专业发展指教师在专业思想、能力、知识等方面不断发展和完善的过程,是从新手型到专家型教师转变的过程。③"群体"维度的教师专业发展则注重整个教师职业群体的专业程度和过程。例如有研究者将教师专业发展视为提高教育质量的一个重要途径;④⑤也有研究者认为专业发展是旨在训练教职员,以改善其在现时或将来在学校工作表现的任何活动。⑥

对教师专业发展的不同理解,从多角度、多层次展现了"教师专业发展"的丰富内涵。本研究中的"教师专业发展"在构词的角度上倾向于"教师的专业发展",在内涵的广度上倾向于狭义的理解,在对象的维度上倾向于"个体"维度,因此本研究中的"教师专业发展"是指教师从非专业人员向专业人员转变,其专业特质结构不断更新、演进和丰富的过程。

(二) 发展阶段

《现代汉语词典:第7版》⑦和《汉语大词典(第十卷)》⑧中对"阶段"的解释是一致的,都是指事物发展进程中划分的段落。阶段在英文中的翻译有 stage、phase 和 period 等,涉及教师专业发展阶段时,国外文献中常用的是 stage 一词,也有少部分研究用 phase。Stage 一词来自法语 estage,本义指舞台、楼层、驿站,后逐渐引申为阶段、时期、状态等含义,表示发展、成长、进展的阶段。Phase 也有变化的或发展的阶段、时期的含义。

---

① Perry P. Professional Development: The Inspectorate in England and Wales[M]//Eric Hoyle, Jacquetta Megarry (Eds.). World yearbook of Education: Professional Development of Teaches. London: Kogan, 1980.
② 肖丽萍.国内外教师专业发展研究述评[J].中国教育学刊,2002(5):57-60.
③ 黄碧华.促进教师专业发展的路径[J].教学与管理,2019(11):9-10.
④ Coe R, Aloisi C, Higgins S, et al. What Makes Great Teaching? Review of the Underpinning Research[M]. London: The Sutton Trust, 2014.
⑤ Desimone L M. Improving Impact Studies of Teachers' Professional Development: Toward Better Conceptualizations and Measures[J]. Educational Researcher, 2009(3): 181-199.
⑥ Little J W. Teachers as Colleagues[M]//Richardson-Koehler V(Ed.). Educators' Handbook: A Research Perspective. New York: Longman, 1987: 491-518.
⑦ 中国社会科学院语言研究所词典编辑室.现代汉语词典:第7版[M].北京:商务印书馆,2016.
⑧ 罗竹风.汉语大词典(第十卷)[M].上海:上海辞书出版社,2008.

教师专业发展阶段的研究始于20世纪60年代。对发展阶段的研究在于探究随着年龄和经历的变化轨迹而产生的变化。① 关于阶段的划分,有研究者认为主要有以下两种角度:②第一种是与教师年龄相关的职业生涯的发展研究,例如费斯勒等人提出的教师生涯发展的八阶段论;③④第二种与教师认知发展阶段相关,例如舒尔根据教师的知识经验和技能水平,将教师发展分为新手阶段、中间阶段与高水平阶段。⑤ 关于发展阶段的模式,有研究者指出,教师发展的阶段分为三个:一个生存和发现的初始阶段、一个实验和巩固的第二阶段、一个掌握和稳定的第三阶段。⑥ 也有研究者提出幼儿园教师的专业发展经历生存时期、巩固时期、更新时期、成熟时期。⑦ 还有研究者提出教师专业发展经历求生存阶段、调整阶段、成熟阶段。⑧

在本研究中,专业发展阶段的划分将根据幼儿园教师专业发展特质的变化,通过潜在类别分析,将具有类似专业特质表现的教师划分到同一阶段中,并根据不同阶段中幼儿园教师的成长需求对各阶段进行命名。因此,本研究中的发展阶段是指幼儿园教师在参与专业生活活动并回应环境的过程中,其专业发展特质变化而反映出的不同的变化的区间。

(三)发展路径

路径在英语中有多种翻译,例如 route、trajectory,表示道路、路线、轨迹;approach、means 表示方式或方法;而 way、path 则既表示路线、小路,也表示途径和方式。汉语中,路径亦有多种解释《现代汉语词典:第7版》⑨中"路径"有两种含义,第一种含义指道路(指如何到达目的地),第二种含义指门路。《汉语大词典(第十卷)》⑩则

---

① 肖丽萍.国内外教师专业发展研究述评[J].中国教育学刊,2002(5):57-60.
② 罗琴,廖诗艳.教师专业发展的阶段性:教学反思角度[J].现代教育科学,2005(3):71-73.
③ Fessler R. A Model for Teacher Professional Growth and Development[J]. Career-long Teacher Education, 1985: 181-193.
④ Fessler R, Christensen J. The Teacher Career Cycle: Understanding and Guiding the Professional Development of Teachers[M]. Boston: Allyn and Bacon, 1992.
⑤ 姜勇,阎水金.教师发展阶段研究:从"教师关注"到"教师自主"[J].上海教育科研,2006(5):9-11.
⑥ Feiman-Nemser S, Remillard J. Perspectives on Learning to Teach[M]//Murray F B(Ed.). The Teacher Educator's Handbook. San Francisco: Jossey-Bass, 1996: 63-91.
⑦ Katz L G. Developmental Stages of Preschool Teachers[J]. The Elementary School Journal, 1972(1): 50-54.
⑧ Burden P R. Teachers' Perceptions of the Characteristics and Influences on Their Personal and Professional Development[D]. The Ohio State University, 1979.
⑨ 中国社会科学院语言研究所词典编辑室.现代汉语词典:第7版[M].北京:商务印书馆,2016:850.
⑩ 罗竹风.汉语大词典(第十卷)[M].上海:上海辞书出版社,2008.

具体分为四种解释:道路;到达目的地的路线;办事的门路、办法;人的行径。"路径"一词含义的多样化也带来对"发展路径"的多种理解方式。

在已有关于教师专业发展的文献中,许多研究从"路径"的抽象层面理解,将发展路径等同于发展方式、方法、途径。例如哈格里夫斯等人认为,专业发展的路径包括人为的合作、协作的文化,以及同行指导的案例;[1]向小英和姜勇探究如何将"博客"作为幼儿园教师专业发展的新路径;[2]罗晓妮从心理环境、模式体系、群体影响和保障机制等方面构建了促进教师专业发展的有效路径;[3]宋亚光对中小学教师专业发展路径进行了总结,例如反思、研究、合作与学习等;[4]童宏亮、张树丽探讨了哲学视角下幼儿园教师专业发展的路径,路径包括辩证看待保教活动,增强专业发展的自主性和寻觅教育生活趣味;[5]张红霞将发展路径定义为教师可以凭借的能够实现自身的专业理念、知识和能力等专业素质的不断提升的途径和方式。[6] 还有部分研究从"路径"的具象层面理解,将发展路径作为教师专业发展的轨迹,例如有研究探讨教师教育工作者参与专业发展共同体中教学思维的专业成长路径,揭示了个人职业轨迹的四个阶段模型:预期/好奇、退缩、意识和改变;[7]有研究建立了教师专业发展路径模型,探讨了教师专业发展与教师职业、教师专业停滞之间的关系。[8]

本研究中的专业发展路径将采用具象层面的内涵,是指随着幼儿园教师专业发展特质的变化,教师从较低发展阶段到较高发展阶段之间的路线轨迹,而不同阶段本身构成了"路径"的各个关键节点。

五、整体研究方法

在教师专业发展领域,多种研究方法论百花齐放。崇尚理性思辨范式的辩证唯物

---

[1] Hargreaves A, Dawe R. Paths of Professional Development: Contrived Collegiality, Collaborative Culture, and the Case of Peer Coaching[J]. Teaching and Teacher Education, 1990(3): 227 – 241.

[2] 向小英,姜勇.幼儿教师专业发展新路径:"博客"与教师成长[J].学前教育研究,2006(7):93 – 94.

[3] 罗晓妮.中职学校"双师型"教师专业发展的路径探寻[D].重庆:西南大学,2013.

[4] 宋亚光.中小学教师专业发展的路径研究[D].福建:福建师范大学,2014.

[5] 童宏亮,张树丽.教育哲学视角下幼儿园教师专业发展路径探析[J].陕西学前师范学院学报,2019(11):65 – 69.

[6] 张红霞.农村小学教师专业发展路径研究[D].重庆:西南大学,2017.

[7] Brody D, Hadar L. "I speak prose and I now know it." Personal development trajectories among teacher educators in a professional development community[J]. Teaching and Teacher Education, 2011(8): 1223 – 1234.

[8] Coldwell M. Exploring the Influence of Professional Development on Teacher Careers: A Path Model Approach[J]. Teaching and Teacher Education, 2017, 61: 189 – 198.

主义方法论,探索教师专业发展机制与规律的系统论、控制论和信息论,基于实证研究的实证主义方法论,注重诠释与理解的人文或解释主义的方法论,以及具有后现代批判意识的批判主义方法论等,都对教师专业发展领域的研究方式和路径产生了具体范式上的影响。在研究方法论的指导下,问卷调查法、访谈法、实验法、观察法等具体研究方法和手段应运而生。通常,研究者会采取多种研究方法,以混合研究的范式开展教师专业发展方面的研究。在本研究中,根据研究的实际需要,研究者选择混合研究的范式,综合辩证思考、实证演绎、人文诠释、批判思考的方法论启示,以问卷调查法和访谈法作为具体的研究方法。

(一) 问卷调查法

1. 研究依据

已有的关于幼儿园教师专业发展阶段的研究多来自研究者经验的归纳或者访谈分析的结果,缺少来自实证的数据支持,尤其是大规模的实证调查。虽然来自一线的经验和大量质性的研究已经提出,幼儿园教师专业发展阶段"有章可循",在一定程度上具有一致的共性,然而这些共性背后的支持要素、专业发展特质究竟是什么,又在多大程度上影响了教师专业发展的阶段和路径,这些问题都需要来自实证的大量数据的分析和阐释。

问卷调查法是一种能够快速、大量收集数据资料的方式,它能够通过严谨设计的问卷收集研究对象自身特征和行为表现的数据。调查数据本质上是广泛的,能够生成对事件、行为或实践的定量的、系统的数字描述的统计信息。调查问卷的答案在回答关于频率和趋势、专业发展的特定特征以及在特定内容和实践上所花费的教学时间等明确的、离散的问题上具有优势。针对教师专业发展经验和教学的行为性、描述性的教师调查具有良好的效度和信度,[1]通过调查可以很好地衡量专业发展的关键特征。[2] 因此,本研究采用问卷法,通过线上发放与线下发放相结合的方式,在全国范围内进行问卷调查,大规模收集来自一线幼儿园教师专业发展情况的数据。

2. 研究工具的选取

本研究在扎根研究的基础上,归纳幼儿园教师专业发展的特质,并在此基础上以量

---

[1] Yoon K S, Jacobson R, Garet M, et al. Professional Development Activity Log (PDAL): A New Approach to Design, Measurement, Data Collection, and Analysis[C]//Annual Meeting of the American Educational Research Association, San Diego, CA. 2004.

[2] Desimone L M. Improving Impact Studies of Teachers' Professional Development: Toward Better Conceptualizations and Measures[J]. Educational Researcher, 2009(3): 181-199.

表的形式编制调查幼儿园教师专业发展阶段及路径的问卷,在问卷信效度检测的基础上不断修正问卷,形成正式的调查问卷作为研究工具。

3. 教师专业发展问卷的调查设计

(1) 调查目的

建构基于专业发展特质的幼儿园教师专业发展模型,并以此作为研究幼儿园教师专业发展阶段及路径的模型基础,探寻不同专业发展阶段的核心特质,分析不同阶段幼儿园教师专业发展的具体路径。

(2) 调查对象

来自全国各地的、处于不同专业发展水平的幼儿园教师。

(3) 具体调查程序

① 在文献阅读及前期设计开放式问卷的基础上收集资料,通过扎根研究对资料进行编码,在编码的基础上形成教师专业发展特质,并初步编制量表形式的问卷。

② 选取N市部分教师进行问卷预试,根据收到的反馈不断检验和修改问卷。

③ 借助网络平台发放和回收问卷,通过因素分析,在信效度检验的基础上形成正式调查问卷,建构发展模型。

④ 通过正式问卷的数据资料,分析与展现幼儿园教师专业发展的阶段及路径现状。

(二) 访谈法

1. 访谈依据

以往对教师专业发展阶段及路径的研究多是经验式的总结和归纳,缺少大规模的实证研究数据支持。量化的研究可以帮助研究者在纷繁的特质属性中聚焦核心,提炼要素,搭建幼儿园教师专业发展阶段及路径的骨架。然而,纯粹量化的手段往往会使得研究陷入技术理性的漩涡,而忽略了教师作为一个个生命体的独特性。从研究方法本身来看,量化的数据分析并不能诠释教师专业发展阶段和路径模型的全貌,量化的模型能够搭建骨架,而丰富的血肉则需要通过实地的访谈来获得。问卷有其本身的局限性,难以完全展现幼儿园教师专业发展的典型表现和普遍特征;从研究目标和内容来看,仅仅依靠问卷调查法并不能完全解决研究者的问题,关于教师专业发展具体特点和整体面貌的描述需要质性分析的加入。

教师专业发展既是共性的流变,也是个性的展示。教师专业发展的历程是丰富多彩的,是情境的,是个性化的。如何在研究中发挥幼儿园教师专业发展模型的灵活性,让模型更加具有弹性,处理好模型和个性化的模糊边界,质性的分析和诠释或许是一个恰当的解决方式。访谈是获取深入细致结构(如批判性反思和焦点深度)的最合适的方法。①② 因此,本研究将在使用问卷调查法的同时,以访谈法作为辅助,将量化的统计分析与质化的诠释解读相结合,发挥不同研究方法的优势,通过对幼儿园教师的深入访谈丰富对教师专业发展的认识。

2. 访谈对象

访谈对象是参与问卷调查的部分有代表性的教师。

3. 访谈目的

通过对幼儿园教师进行访谈,深入了解教师专业发展阶段及路径的典型特征和发展历程,为丰富理解幼儿园教师专业发展阶段及路径提供参考依据。

4. 访谈类型

本研究采用半开放式访谈的形式,事先准备好访谈提纲作为提示,在实际访谈中根据进展情况进行灵活而恰当的调整。

5. 访谈过程

(1) 访谈前

其一,在问卷调查的基础上,通过对问卷结果的分析,选取部分教师进行访谈。

其二,访谈开始前与被访谈教师进行相互介绍,说明访谈目的,建立融洽的人际关系。

(2) 访谈中

其一,通过适当的提问,让被访谈教师自由叙述和阐释其对问题的理解。根据研究目的和被访谈教师的表现,灵活改变提问方式和具体提问内容,以更加深入地了解教师的真实想法。

其二,对谈话过程进行录音,并同时做访谈笔记,记录研究者的即时感受和教师的情况。

(3) 访谈结束后

对参与访谈的教师表示感谢,访谈结束后及时对访谈录音和现场记录进行转录、整理和分析。

---

① McLaughlin M W, Talbert J E. Professional Communities and the Work of High School Teaching [M]. Chicago: University of Chicago Press, 2001.
② Wilson S M, Berne J. Teacher Learning and the Acquisition of Professional Knowledge: An Examination of Research on Contemporary Professional Development[J]. Review of Research in Education, 1999, 24: 173-209.

六、整体研究过程

(一) 研究准备和预调查

其一,在文献阅读方面,阅读了大量国内外相关理论文献,梳理国内外关于教师专业发展的相关研究,初步把握此研究领域的成果和不足,确定初步的研究路线。

其二,在N市两所幼儿园对教师进行集体访谈,了解一线幼儿园教师关于教师专业发展阶段和路径的认识。

其三,开展教师专业发展阶段与路径研究的预调查,初步了解教师专业发展现状。

(二) 开展正式研究

其一,选取江苏省不同地区的教师作为调查对象,开展初始问卷的编制与修订工作。

其二,实施第一轮数据收集工作,并对回收的问卷进行数据统计和分析。

其三,根据初始问卷的反馈检验和修改问卷,形成修改后的调查问卷。

其四,根据研究目标和内容,实施第二轮数据收集工作,在全国范围内发放并回收问卷。

其五,根据收集的数据进行分析,再次修改问卷,并最终形成正式问卷,建立模型。

其六,根据正式问卷的数据展开深入的数据分析。

其七,根据研究需要,对部分幼儿园教师进行访谈。

(三) 资料处理

其一,根据研究需要,本研究采用SPSS输入和初步处理数据,并综合使用Mplus、Origin等软件进行数据统计分析,了解幼儿园教师专业发展现状,建立教师专业发展模型,揭示幼儿园教师专业发展阶段及路径。

其二,根据数据处理结果,综合分析教师访谈的结果,丰富对教师专业发展特点的认识,进一步了解幼儿园教师专业发展阶段和路径的变化历程。

第二章
幼儿园教师专业发展阶段及路径的模型建立与现状特点

第一节 幼儿园教师专业发展特质问卷的编制与模型建构

一、幼儿园教师专业发展特质初始问卷的编制与修订

(一) 研究目的

为建构幼儿园教师专业发展阶段及路径模型,了解幼儿园教师专业发展的特点及核心特质,研究者在文献阅读、集体访谈和开放式问卷调查的基础上,编制了一份适合中国文化背景、反映当前现实状况的初始问卷,从而为后续正式问卷的编制奠定了基础,为问卷的进一步修订提供了参考依据。具体目标如下:

其一,确定内容框架,设计问卷调查项目并建立题库。

其二,选取具体条目和维度,形成初始问卷。

其三,通过项目分析和探索性因素分析对问卷进行初步修订。

(二) 研究方法

1. 集体访谈

访谈法是指访谈者通过和被访者面对面交谈来了解被访者的情况,以获取信息的一种工作分析方法。因研究问题的性质、目的或对象的不同,访谈法具有不同的形式。集体访谈法是访谈者在一次访谈中同时与多个访谈对象进行交谈的方式,可以是结构式访谈,也可以是无结构式访谈。

(1) 访谈类型

研究者采取座谈会形式的无结构式访谈,以充分了解幼儿园教师专业发展的整体概貌,聆听教师对自身专业发展阶段和路径的反思和回顾。

(2) 访谈对象

来自N市B幼儿园和L幼儿园的园长及一线教师。

(3) 访谈内容

无结构式的集体访谈事先并不制定统一的问卷、表格,而是根据粗线条的访谈提纲与被访者进行自由交谈。研究者围绕教师专业发展的历程、阶段、可能的影响因素等方面与教师进行深入交流。

(4) 访谈过程

其一,集体访谈分别在N市B园和L园开展,每场座谈会邀请15名左右教师参与讨论,每场座谈会时间为两个小时。

其二,在征得被访者同意的前提下,研究者对座谈会的内容进行了现场记录和录音,并在事后及时转录,初步了解幼儿园教师的专业发展概貌,归纳相关的专业发展特质,作为问卷编制的参考资料。

2. 问卷法

问卷法是通过严格设计的书面调查表收集变量数的一种研究方法。作为一种常用的研究方法,问卷法能够以较少的投入,在短时间内收集大量的数据。问卷法具有规范化特征,便于后期对资料进行整理、比较和分析。[①] 为了更好地确定内容框架,建立题库,研究者通过发放问卷进一步收集相关资料。

(1) 问卷类型

采用半结构式的问卷,既有封闭式的选择题,同时也在问卷最后设计了6个开放式的问题,请教师自由回答。

(2) 问卷对象

来自全国范围内的幼儿园教师。

(3) 问卷内容

主要围绕教师专业发展阶段及路径的相关内容。

(4) 问卷发放过程

研究者根据集体访谈的资料,在对资料进行分析及讨论的基础上,设计了幼儿园教

---

① 莫雷,温忠麟,陈彩琦.心理学研究方法[M].广州:广东高等教育出版社,2007.

师专业发展阶段与路径调查问卷预测版,在小范围发放和回收的基础上初步了解教师专业发展的现状,并根据教师的反馈结果进一步完善问卷,形成幼儿园教师专业发展阶段与路径调查问卷正式版,通过问卷星在全国范围内发放。问卷共回收5 563份,通过严格审查剔除无效和低效问卷,共保留4 603份有效问卷并将其作为幼儿园教师专业发展特质问卷初始版具体题项的实践分析资料。

(三) 研究对象

因素分析中精确的效度建构需要样本量至少在150个以上,样本数量最好为题项数量的5倍,比例为1∶10则结果更为稳定。[1] 也有学者认为,因素分析的样本数在500附近是非常好的。[2] 综合考虑,本研究初始问卷共有84个题项,样本数量应至少在420份以上。通过线上问卷星发放、回收,经数据审核筛选后共计614名教师作为初始问卷研究对象。

研究对象为来自江苏省不同地区的幼儿园教师,研究对象的地区分布见表2-1。其中男教师12名,女教师602名;来自城市幼儿园的教师209名,农村幼儿园(指县城及以下的幼儿园)的教师405名;公办幼儿园教师421名,民办幼儿园教师168名,其他25名;18—25岁教师104名,26—30岁教师129名,31—40岁教师179名,41—50岁教师147名,51—60岁教师55名。

表2-1 初始问卷中研究对象分布情况一览表($N=614$)

样本框位置	来源地区	人数	百分比
苏北	盐城、连云港、徐州、宿迁	263	42.84%
苏中	南通、扬州、泰州	186	30.29%
苏南	南京、无锡、苏州、常州	165	26.87%

(四) 研究过程

1. 问卷结构的初步确立

(1) 文献梳理

教师专业发展包含了广泛的内容。教师专业发展特质是决定专业发展有效性的重

---

[1] 吴明隆.问卷统计分析实务——SPSS操作与应用[M].重庆:重庆大学出版社,2010.
[2] Comrey A L, Lee H B. Interpretation and Application of Factor Analytic Results[M]. In: A First Course on Factor Analysis, 2nd edn. Hillsdale, NJ: Lawrence Erlbaum, 1992: 250—254.

要属性。① 教师专业发展的特质是与其他职业群体相区别的专业发展特征,体现了教师专业发展的独特性与内在规定性。② 教师专业发展是一个动态的过程,③教师从发展的一个阶段到下一个阶段的过程有一些共同的特点。④⑤ 幼儿园教师作为教师团体中的重要部分,也有其自身的职业特性。研究者认为,这些职业特性是幼儿园教师区别于其他职业的重要属性特点,体现在丰富多元的专业特质中,并可以在一定程度上代表幼儿园教师的专业发展特点。

在对教师专业发展内容的研究中,大多数研究者认为教师专业发展包括教师的认知发展、情感发展和行为发展。兰格认为教师专业发展是指教师的知识、经验和情感。⑥ 埃文斯认为教师专业发展包括行为、情感、认知三个维度。⑦ 拉伊认为教师专业发展的构成要素体现为态度维度、知识维度和技能维度。⑧ 德西蒙提出专业发展的特质与知识和实践的变化有关。⑨ 许多研究得出结论,关注学科知识和教学内容知识的发展能够有效促进教师专业发展。⑩⑪⑫ 斯普罗特认为,21 世纪教育背景下所需的能力对教师专业发展至关重要。⑬ 除了知识、技能和其他技术维度,教师发展还应包括道德

---

① Wayne A J, Yoon K S, Zhu P, et al. Experimenting with Teacher Professional Development: Motives and Methods[J]. Educational Researcher,2008(8):469-479.

② 毋丹丹.论教师专业发展的特质及其实践路径[J].教师教育研究,2017(3):81-86.

③ Fleet A, Patterson C. Professional Growth Reconceptualized: Early Childhood Staff Searching for Meaning[J]. Early Childhood Research & Practice,2001(2):14.

④ Avalos B. Teacher Professional Development in Teaching and Teacher Education over Ten Years[J]. Teaching and Teacher Education,2011(1):10-20.

⑤ Korthagen F. Inconvenient Truths about Teacher Learning: Towards Professional Development 3.0 [J]. Teachers and Teaching,2017(4):387-405.

⑥ Lange D L. A Blueprint for a Teacher Development Program [J]. Second Language Teacher Education,1990:245-268.

⑦ Evans L. The "shape" of Teacher Professionalism in England: Professional Standards, Performance Management, Professional Development and the Changes Proposed in the 2010 White Paper[J]. British Educational Research Journal,2011(5):851-870.

⑧ Laei S. Teachers' Development in Educational Systems[J]. Procedia-Social and Behavioral Sciences,2012,47:250-255.

⑨ Desimone L M. A Primer on Effective Professional Development[J]. Phi Delta Kappan,2011(6):68-71.

⑩ Desimone L M. Improving Impact Studies of Teachers' Professional Development: Toward Better Conceptualizations and Measures[J]. Educational Researcher,2009(3):181-199.

⑪ Putnam R T, Borko H. What Do New Views of Knowledge and Thinking Have to Say About Research on Teacher Learning? [J]. Educational Researcher,2000(1):4-16.

⑫ Van Veen K, Zwart R C, Meirink J F. What makes teacher professional development effective? A literature review[M]//Kooy M, Van Veen K.(Eds.). Teacher Learning that Matters. London: Routledge,2012:23-41.

⑬ Sprott R A. Factors that Foster and Deter Advanced Teachers' Professional Development[J]. Teaching and Teacher Education,2019,77:321-331.

和情感维度。① 海克姆等人研究发现,幼儿园教师认为态度是专业教师的基本素质之一。② 国内学者的相关研究结果与之类似。叶澜等人认为教师专业素养主要包括专业理念、专业知识和专业能力三个方面;③ 马超山和张桂春提出从动力系统(思想品德)、知识系统、能力系统三个方面建构教师的素质结构模型;④ 朱旭东基于对教师专业发展内涵的建构,提出教师专业发展的基础包括教师精神、教师知识和教师能力三个方面,其中教师精神是首要基础,教师知识和教师能力是必备基础;⑤ 还有研究者梳理并总结了国内外关于教师专业素质结构的研究,发现教师专业发展主要由专业知识、专业能力和专业情感三个基本要素组成。⑥ 此外,纵观各国教师专业发展标准,美国、英国、澳大利亚等国家的各类教师专业标准基本都可以归纳为专业知识、专业技能和专业品质三个方面。⑦

从文献梳理来看,现有的研究主要对教师专业发展的特质提出了一个概念框架,在专业发展的实证研究中并没有核心的特质集合。⑧ 已有关于教师专业发展内涵及内容的研究大多围绕教师的认知、情意和行为等方面的发展展开,专业发展主要试图提升教师的知识、技能和态度。⑨

(2) 实践调研

首先,研究者在 N 市两所公办幼儿园组织教师座谈会并对座谈会内容进行了录音及转录整理,初步了解了幼儿园教师的专业发展概貌,归纳了相关的专业发展特质。其次,根据座谈会的信息获取,结合文献阅读,研究者制定了开放式的问卷,并在线上进行广泛发放,共回收了 5 563 份问卷,经过审核后,保留有效问卷 4 603 份。开放式问卷中的问题主要涉及幼儿园教师成长过程中遇到的困难、典型的行为特征、心理特征等,帮

---

① Guskey T R, Huberman M. Professional Development in Education: New Paradigms and Practices [M]. New York, NY: Teachers College Press, 1995.
② Hakim L, Dalli C. "To Be Professional is A Never-ending Journey": Indonesian Early Childhood Practitioners' Views about the Attitudes and Behaviours of a Professional Teacher[J]. Early Years, 2018(3): 244-257.
③ 叶澜,白益民,王枬,等.教师角色与教师发展新探[M].北京:教育科学出版社,2001.
④ 马超山,张桂春.教师素质结构模型初探[J].辽宁师范大学学报(社会科学版),1989(4):33-36.
⑤ 朱旭东.论教师专业发展的理论模型建构[J].教育研究,2014(6):81-90.
⑥ 刘健智,曾红凤.国内外教师专业素质结构研究综述[J].贵州师范大学学报(社会科学版),2018(4):76-84.
⑦ 周文叶,崔允漷.何为教师之专业:教师专业标准比较的视角[J].全球教育展望,2012(4):31-37.
⑧ Desimone L M. Improving Impact Studies of Teachers' Professional Development: Toward Better Conceptualizations and Measures[J]. Educational Researcher, 2009(3): 181-199.
⑨ Harvard Family Research Project. Family Involvement in Early Childhood Education [M]. Cambridge, MA: Author, 2006.

助研究者进一步勾勒幼儿园教师专业发展的框架。根据开放式问卷调查中幼儿园教师的回答,研究者对 4 603 份问卷的各个开放式问题进行了编码分析,重点分析归纳了幼儿园教师对自身典型的专业行为特征的回答,整理出包括横向三维度、纵向三级的编码汇总,作为幼儿园教师专业发展特质的参考依据。编码分析的三大维度分别为专业理念与态度、专业知识、专业能力。

(3) 条目形成

文献的梳理和实践调研的分析殊途同归,因而研究者选择以专业理念与态度、专业知识、专业能力三大维度作为问卷的基本结构维度,并在此维度之下将相关的题目及细节具体化。来自文献的理论梳理为问卷编制提供架构,而来自实践研究的实证资料为问卷编制的具体内容提供了依据。为确立问卷的整体架构与具体内容,研究者历时三个月,不断修正和调整问卷的具体条目。

第一,研究者整理了来自编码的分析条目,编码共有 213 个具体条目,涉及 21 个方面。

第二,研究者对其中的分析条目进行了初步的合并与筛选,根据出现的频次及相关性删除与合并了相关条目,剩余 115 个条目,涉及 20 个方面,并根据条目的内容初步设置相关的问卷语句表达。

第三,根据已有的文献阅读和理论架构,对语句表述和内容进行调整,共设置 77 个问卷题目。研究者在此基础上又对部分题目进行了思考与调整,形成初步的问卷结构,包括三个大维度,共 84 道题目。

2. 专家评估

研究者设置幼儿园教师专业发展特质专家评估问卷,请四位学前教育领域的专家对问卷进行逐条评估,并计算评价者间一致性水平(Interrater Agreement,IR)和内容效度指数(Content Validity Index,CVI),从而提高问卷的内容效度。研究者在专家评估问卷中的每个题项后设置了四个等级,请专家根据每个题项与内容的相关程度进行评分。

IR 计算方式为专家评分都为 1 分或 2 分的题项数与评分都为 3 分或 4 分的题项数之和除以题项总数。[①] IR 不低于 0.7 或 0.8 表示评价者间一致性较好,可以进一步计算 CVI。[②] 若 IR 得分较低,则需与专家面谈或采用其他方式重新确认问卷的内容是

---

① Polit D F, Beck C T, Owen S V. Is the CVI an Acceptable Indicator of Content Validity? Appraisal and Recommendations[J]. Research in Nursing & health, 2007(4): 459-467.

② Davis L L. Instrument Review: Getting the Most from a Panel of Experts[J]. Applied Nursing Research, 1992(4): 194-197.

否合适。在本研究中,IR 约等于 0.87,说明评价者间一致性较好,可以进一步计算 CVI。

CVI 包括条目水平的内容效度指数(Item-Level CVI,I-CVI)和问卷水平的内容效度指数(Scale-Level CVI,S-CVI)。I-CVI 的计算方式为:每个题项中专家评分为 3 分或 4 分的专家人数除以全体专家人数。I-CVI 得分大于或等于 0.78 表明内容效度较优,I-CVI 低于 0.78 提示条目需要进行修改,I-CVI 分值很低则考虑删除题目。题号为 19 和 74 的两道题目 I-CVI 得分为 0.50,对其随机一致性进行校正后的 Kappa 值得分为 0.2,提示内容效度较差,需要考虑删除或修改。[①]

S-CVI 包括全体一致 S-CVI(S-CVI/UA,Universal Agreement)和平均 S-CVI(S-CVI/Ave),S-CVI/UA 的计算方式为被所有专家均评分为 3 分或 4 分的条目数占所有条目的百分比,S-CVI/UA 不低于 0.8 表明问卷的内容效度较好。[②] 本研究问卷被所有专家均评分为 3 分或 4 分的题项共 73 题,因此 S-CVI/UA=73÷84≈0.87,提示内容效度较好。S-CVI/Ave 代表问卷所有题项 I-CVI 的平均数,S-CVI/Ave 得分应该达到 0.90,[③] 本研究中 S-CVI/Ave=(73×1+9×0.75+2×0.5)÷84≈0.96,大于 0.90。综合上述指标考虑,本问卷的内容效度指数良好,对题项 19 和 74 进行修改或删除后,S-CVI 可以得到进一步优化。

3. 语义评估

研究者制定幼儿园教师专业发展特质语义评估问卷,以了解问卷中各题项的含义是否容易被幼儿园教师理解。[④] 通过线上发放的方式,共收集到 86 份问卷,其中 77 份来自一线幼儿园教师,9 份来自江苏省某高校学前教育专业的学生。结果表明,问卷中所有题项的被理解率都在 90% 以上。

4. 预试过程

根据第一次问卷中的量化分析结果和开放性问题的质化编码,结合文献梳理,初步编制幼儿园教师专业发展特质问卷,在专家评估、幼儿园教师语义评估的基础

---

① Polit D F, Beck C T, Owen S V. Is the CVI an Acceptable Indicator of Content Validity? Appraisal and Recommendations[J]. Research in Nursing & Health, 2007(4): 459-467.

② Davis L L. Instrument Review: Getting the Most from a Panel of Experts[J]. Applied Nursing Research, 1992(4): 194-197.

③ Waltz C F, Strickland O L, Lenz E R. (Eds.). Measurement in Nursing and Health Research[M]. Berlin: Springer Publishing Company, 2010.

④ Harkness J, Pennell B E, Schoua-Glusberg A. Survey Questionnaire Translation and Assessment[J]. Methods for Testing and Evaluating Survey Questionnaires, 2004, 546: 453-473.

上不断进行修正,调整问卷的具体条目,形成了幼儿园教师专业发展特质问卷初始版。

研究者采用线上发布的方式,将幼儿园教师专业发展特质问卷形成问卷星链接,请江苏省苏南、苏中、苏北不同地区的教研员和园长将链接发送给幼儿园的教师,教师在线上填写并提交。研究者对问卷数据进行汇总,删除无效问卷及答题时间少于 400 秒的问卷,剩余 614 份作为研究样本进行后续统计分析,其中苏北地区 263 份,苏中地区 186 份,苏南地区 165 份。

5. 统计处理

研究者采用 SPSS19.0 进行数据统计分析。[①] 首先,进行项目分析,通过决断值、题项与总分相关、同质性检验等多种方法进行问卷项目分析,删除未达标的题项。其次,对剩余的题目进行主成分探索性因素分析,剔除交叉负荷与因子负荷低的题项,从而形成幼儿园教师专业发展特质问卷第一次修改版。

(五) 研究结果

1. 项目的设计及确立

编制问卷首先要明确问卷的测量内容。研究者根据研究目标编制幼儿园教师专业发展特质问卷,目的在于了解幼儿园教师的专业发展特质,从而为幼儿园教师专业发展阶段和路径的建构提供实证支持,因此本问卷的内容主要是围绕教师专业发展特质展开。根据文献阅读、集体访谈和问卷调查,研究者在综合编码分析的基础上将专业理念与态度、专业知识、专业能力三大维度作为问卷的基本结构。

其次,编写问卷题项,形成项目池,建立题库。[②] 初步题库题目需要达到最后所需题数的数倍,经过逐步删减,形成最终的正式题目,一般建议预试的题目至少为最终题数的两倍。[③] 问卷项目的选择应反映问卷的目的,研究者根据编码整理出的项目共 213 条,经过不断地筛选和合并,最终选择 84 个题项作为问卷的项目。

最后,确定问卷的项目形式。同样的问题可以有多种不同的表述方式,李克特式(Likert-type)量表中的项目形式是最常用的项目形式之一。[④] 典型的李克特式量表由

---

① Field, A. Discovering Statistics Using IBM SPSS Statistics[M]. Thousand Oaks, CA: Sage, 2013.
② 罗伯特·F. 德威利斯. 量表编制:理论与应用(第 3 版)[M]. 席仲恩, 杜珏, 译. 重庆: 重庆大学出版社, 2016.
③ 邱皓政. 量化研究与统计分析:SPSS(PASW)数据分析范例解析[M]. 5 版. 重庆: 重庆大学出版社, 2013.
④ 罗伯特·F. 德威利斯. 量表编制:理论与应用(第 3 版)[M]. 席仲恩, 杜珏, 译. 重庆: 重庆大学出版社, 2016.

一组测量某一个相同特质或线性的题目所组成,每一个题目均有相同的重要性。此种量表的分数为连续分数,因而可以进行多种方式的数据分析。① 根据研究目的,本研究选择李克特式的项目形式作为问卷的内容表述方式。

2. 初始问卷的设计及修订

从问卷的整体设计来看,问卷包括问卷名称、问卷说明、具体题项、答题说明及答题结束感谢语。本问卷名称为"幼儿园教师专业发展特质问卷";问卷卷首的说明部分阐释了本次调研的背景、目的、保密方式;具体题项包括基本信息和幼儿园教师专业发展特质的调查两部分。基本信息部分包括教师所在幼儿园的属性,教师的教龄、年龄、性别、生育状况、职称、学历、职务和获得的荣誉称号等,这些背景信息有助于研究者在后续的分析中了解不同层次教师的专业发展阶段及路径。特质调查部分包括84个题项及采用李克特6点计分法表述的相关选项。

从具体题项的设计来看,编写问卷的题项不宜过长,表述应精简,题项应便于被试阅读与理解。每一个选项的文字说明应使用渐进增强的词句,并能反映出相等间距的强度差异。② 过多的选项不利于被试个人意见的表达,过少的选项则会损失变异量与精密度。因而,研究者一般选用4点、5点、6点的表述方式。奇数点的表述容易产生模糊的意见,而偶数点的表述能够有较为具体的意见倾向。乔梅亚以构念效度、区分度和信度为重点,探讨了李克特量表5点和6点之间的心理测试质量。③ 结果表明,6点的李克特量表比5点的李克特量表具有更高的判别和信度趋势。尼姆托等同样认为,应该使用6点量表,因为它们允许增加测量精度的可能性。④ 综合考虑本研究的目标,研究者希望能够获得幼儿园教师对某一题项的具体意见,从而更好地区分出教师专业发展的特质属性,因此选择6点式的计分法。特质调查部分的问卷题项共84个,从1到6分别代表"非常符合"到"非常不符合"。数值1表示"非常符合",数值2表示"很符合",数值3表示"比较符合",数值4表示"不太符合",数值5表示"很不符合",数值6表示"非常不符合"。

---

① 邱皓政.量化研究与统计分析:SPSS(PASW)数据分析范例解析[M].5版.重庆:重庆大学出版社,2013.

② 邱皓政.量化研究与统计分析:SPSS(PASW)数据分析范例解析[M].5版.重庆:重庆大学出版社,2013.

③ Chomeya R. Quality of Psychology Test Between Likert Scale 5 and 6 Points[J]. Journal of Social Sciences, 2010(3): 399-403.

④ Nemoto T, Beglar D. Developing Likert-scale Questionnaires[M]//Sonda N, Krause A(Eds.), JALT 2013 Conference Proceedings. Tokyo: JALT, 2014.

经历以上编制过程,最终形成了包括专业理念与态度、专业知识、专业能力三个维度的幼儿园教师专业发展特质问卷初始版。

3. 项目分析

项目分析的主要目的在于检验编制的量表或测验个别题项的适切性或可靠程度。① 项目分析主要有以下几种分析方法,各项具体判别标准如表2-2所示。

表2-2 项目分析判别标准

题项	极端组比较	题项与总分相关		同质性检验		
	决断值	题项与总分相关	校正题项与总分相关	题项删除后的α值	共同性	因素负荷量
判断准则	≥3.00	≥0.40	≥0.40	≤问卷信度值	≥0.20	≥0.45

(1) 决断值或临界比(Critical Ratio)

根据问卷各题项得分进行排序,将前27%作为高分组,后27%作为低分组,采用独立样本 t 检验,决断值结果显示所有题项的 t 值范围在 15.697—40.851($P<0.001$)。

(2) 题项与总分相关

采用Pearson相关系数检验各题项与总分的相关性,题项与总分的相关性要达到显著且相关系数至少在0.4以上。相关系数越高,表明题项与整体问卷的一致性越高。② 若题项与总分的相关系数不显著或者二者的相关度低于0.4,则表示题项与问卷整体的同质性不高,应考虑删除此题项。本研究中 r 值在 0.557—0.840($P<0.01$),均高于0.4。

(3) 同质性检验

同质性检验包括信度检验、共同性与因素负荷量。信度检验的目的在于检视题项删除后整体问卷的信度系数变化情形。信度估计最常采用的为克隆巴赫系数(Cronbach's α),又称为内部一致性α系数。内部一致性α系数应大于0.80,α系数越高,表明信度越高。如果题项删除后的信度系数比原先的信度系数高出许多,则可以在项目分析时考虑将此题项删除。③ 此外,校正的项总计相关性小于0.40的题项也应当考虑删除。在本研究中,所有题项的α值都大于0.80,删除后的α值均小于等于

---

① Gorsuch R L. Exploratory Factor Analysis: Its Role in Item Analysis[J]. Journal of Personality Assessment, 1997(3): 532-560.

② Nunnally J C. Psychometric Theory 3E[M]. New York: McGraw-Hill, 1994.

③ 吴明隆.问卷统计分析实务——SPSS操作与应用[M].重庆:重庆大学出版社,2010.

原先的信度系数(0.990),所有题项的校正的项总计相关性在 0.54—0.83,都大于 0.40。

共同性表示题项能解释共同特质或属性的变异量,共同性越低,则表示题项与共同因素间的关系越不密切。因素负荷表示题项与因素关系的程度,因素负荷越高,表示题项与共同因素的关系越密切。若题项共同性小于0.20,因素负荷量小于0.45,则可以考虑将题项删除。[①] 在本研究中,所有题项共同性在0.287—0.703,均大于0.20,因素负荷值在0.536—0.838,均大于0.45。

综上,研究者运用决断值、题项与总分相关、同质性检验等多种方法进行问卷项目分析,结果表明问卷所有题项都不需要在项目分析中删除。

4. 探索性因素分析

研究者首先采用 KMO 取样适合度检验(Kaiser-Meyer-Olkin Measure of Sampling Adequacy, KMO)和 Bartlett 球形检验法(Bartlett-Test of Sphericity)进行因子适合度检验。KMO 指标值大于 0.90,表示题项变量非常适合进行因素分析,[②] Bartlett 球形检验值显著表明各题项有共享因素的可能性。[③] 本研究三个维度的数据如表 2-3 所示,结果显示三个维度均适合进行因素分析。

表 2-3 各层面 KMO 和 Bartlett 球形检验($N=614$)

	KMO	χ^2	df	P
专业理念与态度	0.975	12 133.401	231	0.000
专业知识	0.911	3 106.525	21	0.000
专业能力	0.985	37 922.573	1 485	0.000

研究者采用主成分分析进行因素萃取,并利用最大变异法进行结构分析。[④] 斯蒂文斯认为,共同度小于0.20且因素负荷值小于或等于0.45的条目应该删除。[⑤] 有研究认为因素负荷大于0.71是非常理想的状况,此时该因素能够解释观测变量50%的变异量,而负荷量小于0.32是非常不理想的状况,此时该因素只能解释不到10%的观察变

---

① 吴明隆.问卷统计分析实务——SPSS 操作与应用[M].重庆:重庆大学出版社,2010.
② Spicer J. Making Sense of Multivariate Data Analysis: An Intuitive Approach[M]. Thousand Oaks, CA: Sage, 2005.
③ Field A. Discovering Statistics Using IBM SPSS Statistics[M]. Thousand Oaks, CA: Sage, 2013.
④ Jolliffe I. Principal Component Analysis[M]. Berlin: Springer, 2011.
⑤ Stevens J P. Applied Multivariate Statistics for the Social Sciences (4th Ed.)[M]. Mahwah, New Jersey: Lawrence Erlbaum, 2002.

异量,需要删除。[①] 当因素负荷为 0.45 时,表明能够解释 20% 的变异量,判断状况为普通。因素负荷量的判定标准如表 2-4 所示。因素负荷的正交变换和伴随的因素正交变换称为"因素旋转"。每个变量仅在一个因素上有较大的负荷,在其余因素上的负荷较小是理想的负荷结构。[②] 因此,应删除存在交叉负荷的题项。

综上,本研究以 0.45 为判断标准,删除因素负荷小于 0.45 的题项,删除共同度小于 0.20 的题项,删除同时在两个因素中载荷值大于或等于 0.45 的题项。研究者采用逐一删除的方式,即每次只删除一个问卷题项,删除后再次进行探索性因素分析,直至所有题项都符合要求。

表 2-4 因素负荷量判定标准

因素负荷量 λ	可解释的变异量 λ^2	判定标准
0.71	50%	优秀
0.63	40%	非常好
0.55	30%	好
0.45	20%	普通
0.32	10%	不好
0.32 以下		不及格

在"专业理念与态度"维度依次删除存在交叉负荷的题项,最后抽取出两个因素。因素一包含 7 个关于幼儿园教师对职业认识与态度的题项,命名为"职业认识与态度"。因素二包括 5 个题项,都涉及在实践中对幼儿教育的研究和反思,因而命名为"实践与反思态度"。在"专业知识"维度,所有因素负荷值介于 0.784—0.874,全部大于 0.45,共同度介于 0.615—0.763,全部大于 0.2,此维度只抽取出一个因素,无须删除题项。在"专业能力"维度共抽取出 3 个因素。因素一包含 7 个涉及管理与规划能力的题项,命名为"管理规划能力"。因素二包含 7 个与沟通交流相关的题项,命名为"沟通交流能力"。因素三包含的 6 个题项都涉及教育环境的创设与利用,因此命名为"环境创设与利用能力"。各维度探索性因素分析结果见表 2-5。

---

① Tabachnick B G, Fidell L S. Using Multivariate Statistics (Vol. 5) [M]. Boston, MA: Allyn & Bacon, 2007.

② 莫雷,温忠麟,陈彩琦.心理学研究方法[M].广州:广东高等教育出版社,2007.

表 2-5 幼儿园教师专业发展特质问卷 3 个维度探索性因素分析

题号	专业理念与态度			题号	专业知识		题号	专业能力			
	职业认识与态度	实践与反思态度	共同度		专业知识	共同度		管理规划能力	沟通交流能力	环境创设与利用能力	共同度
5	0.831		0.785	27	0.874	0.763	67	0.850			0.836
2	0.826		0.733	25	0.853	0.728	66	0.788			0.725
7	0.745		0.747	24	0.846	0.715	68	0.785			0.795
4	0.742		0.701	26	0.843	0.711	69	0.768			0.780
6	0.708		0.674	23	0.834	0.696	65	0.755			0.710
1	0.706		0.594	29	0.810	0.656	76	0.646			0.561
3	0.645		0.615	28	0.784	0.615	82	0.619			0.687
15		0.829	0.741				81		0.872		0.823
17		0.826	0.788				84		0.846		0.786
20		0.740	0.733				83		0.796		0.678
14		0.740	0.692				78		0.790		0.772
16		0.727	0.718				79		0.684		0.723
							74		0.645		0.568
							80		0.639		0.692
							34			0.818	0.840
							33			0.796	0.794
							31			0.759	0.775
							32			0.751	0.777
							36			0.685	0.689
							45			0.587	0.690

5. 总结

研究者基于阅读文献、开展座谈会、发放开放式问卷等形式切实了解教师专业发展的现状,并在此基础上进行扎根研究的编码,建构初步的分析维度及问卷框架,在不断修正和评估的基础上形成了初步的幼儿园教师专业发展特质问卷。在完成初始问卷编制后,研究者按照地区发放问卷进行试测,回收并剔除无效问卷。其次,研究者通过项目分析及分层面的探索性因素分析,删除存在交叉负荷及负荷较低的题项,最终剩余 39 个题项,形成了幼儿园教师专业发展特质问卷第一次修改版。

二、幼儿园教师专业发展特质问卷的编制及修订

(一) 研究目的

在初始问卷修订的基础上,编制一份适合中国文化背景、反映当前现实状况的幼儿园教师专业发展特质的正式问卷,为分析了解幼儿园教师专业发展特质的现状、探究幼儿园教师专业发展的核心特质、建构幼儿园教师专业发展阶段及路径模型奠定基础。

(二) 研究对象

本次研究对象的选择不再仅限于江苏省,而是拓展到全国。研究者通过问卷星在全国范围内收集样本,共收集到5 032份问卷。研究根据第一次探索性因素分析的筛选情况,选取与其相对应的答题时间作为取样节点。删除无效问卷及答题时间少于250秒的问卷,剩余1 813份作为研究样本进行后续统计分析,样本将一半用于探索性因素分析,一半用于后续的验证性因素分析。

研究对象为来自全国不同地区的幼儿园教师,研究对象所属地区分布见表2-6。其中男幼儿园教师26名,女幼儿园教师1 787名;来自城市幼儿园的教师938名,农村幼儿园(指县城及以下的幼儿园)的教师875名;公办幼儿园教师1 359名,民办幼儿园教师417名,其他幼儿园教师37名;18—25岁教师346名,26—30岁教师390名,31—40岁教师546名,41—50岁教师427名,51—60岁教师104名。

表2-6 修订问卷中研究对象所属地区分布一览表($N=1\ 813$)

所属地区	人数	百分比
东北及北部沿海地区	19	1.05%
东部沿海地区	1 146	63.21%
南部沿海地区	545	30.06%
中部地区	66	3.64%
西南及大西北地区	37	2.04%

(三) 研究过程

1. 问卷样本量的确定

研究者在第二次问卷发放中共收集了5 032份原始问卷样本,考虑到线上发放的

随机性及探索性因素分析的要求,只需选取其中一部分作为本次分析的正式样本。问卷样本量的确定考虑三个方面的需求:第一,剔除无效问卷,保证样本的有效性;第二,根据答题时间筛选,以初始问卷样本中每题的平均答题时间为依据,选取答题时间不少于 250 秒的样本;第三,考虑到因素分析的样本量要求,1 000 份左右的样本是相当理想的。① 综合上述各方面要求,在删除无效问卷后选取答题时间不少于 250 秒的问卷共 1 813 份作为研究的样本。

2. 项目分析

与初始问卷的项目分析处理相同,依次对数据采用决断值(又称临界比),题项与总分相关,同质性检验等多种方式进行项目分析,删除不适合的题项。

3. 探索性因素分析

探索性因素分析包括适合度检验和因子提取两部分。适合度检验的目的在于了解数据是否适合进行因素分析,一般采用 KMO 取样适合度检验和 Bartlett 球形检验法进行因子适合度检验。因素分析与初始问卷分析一致,同样采用分层面的因素分析,剔除不适合的因子。

4. 效度检验

常见的效度类型有内容效度、效标关联效度和构念效度三类。② 内容效度事关项目样本的足够性问题,即构成量表的项目集反映整个内容域或全域的程度问题。效标关联效度即"与准则之间的关系",是指项目或量表与某个效标或"金标准"之间的联系。③ 构念效度是关于一个变量与其他变量之间的理论上的关系,是欲测量应该反映出的与其他已确立的构念之间关系的程度。④ 效标关联效度与构念效度常常被混淆,因为二者可以用一个相关关系表示,差别在于研究者的意图。

由于问卷的题项在前期已经过文献梳理及访谈、问卷调查、专家评估等方式进行了设计筛选,并基于项目分析和探索性因素分析进行了修订,能在一定程度上反映整个内容,具有良好的内容效度。因此,研究者在本研究中的效度检验主要是对问卷构念效度的检验,以了解问卷各层面及整体的结构是否合理。

---

① Comrey A L, Lee H B. Interpretation and Application of Factor Analytic Results[M]//A First Course on Factor Analysis, 2nd edn. Hillsdale, NJ: Lawrence Erlbaum, 1992: 250 - 254.
② 罗伯特·F.德威利斯.量表编制:理论与应用[M].席仲恩,杜珏,译.重庆:重庆大学出版社,2016.
③ 罗伯特·F.德威利斯.量表编制:理论与应用[M].席仲恩,杜珏,译.重庆:重庆大学出版社,2016.
④ 罗伯特·F.德威利斯.量表编制:理论与应用[M].席仲恩,杜珏,译.重庆:重庆大学出版社,2016.

5. 信度检验

信度是心理学测量中不可或缺的议题,反映了问卷的可靠性。信度系数是观察分数方差归因于所测量变量真分数方差的比例。[①] 关于信度检验的方式多种多样,不同检验方式的差别在于对误差分数方差的计算方法。

通过内部一致性途径而计算出的信度系数被广泛使用。内部一致性关注的是构成问卷的项目的同质性,内部一致性经常和克隆巴赫的阿尔法系数(α)联系在一起。[②] 除此之外,常见的信度系数计算还包括使用与问卷相似的复本对同一对象进行施测计算出的复本信度、将测量结果随机分成两组计算的折半信度以及在不同时间段用同一问卷对相同对象施测计算出的重测系数等。在本研究中,研究者将主要采用内部一致性和折半信度两种方式检验问卷的信度。

(四) 研究结果

1. 项目分析

(1) 决断值或临界比 (Critical Ratio)

根据问卷各题项得分进行排序,前27%和后27%的临界分数分别为179分和214分,将179分以下划为低分组,214分以上划为高分组,采用独立样本t检验,决断值结果显示所有题项的t值范围在26.034—58.549($P<0.001$)。

(2) 题项与总分相关

采用Pearson相关系数检验各题项与总分的相关,题项与总分的相关要达到显著且相关系数至少在0.40以上。本研究中r值在0.593—0.823($P<0.01$),均高于0.40。

(3) 同质性检验

同质性检验包括信度检验、共同性与因素负荷量。在本研究中,所有题项的α值都大于0.80,题项删除后的α值均小于等于原先的信度系数(0.975),所有校正题项总计相关性介于0.560—0.811,都大于0.40;所有题项共同性在0.309—0.681,均大于0.20,因素负荷值在0.556—0.825,均大于0.45。

综上所述,研究者运用决断值、题项与总分相关、同质性检验等多种方法进行问卷项目分析,结果表明问卷所有题项都不需要在项目分析中删除,具体数据见表2-7。

[①] 罗伯特·F.德威利斯.量表编制:理论与应用[M].席仲恩,杜珏,译.重庆:重庆大学出版社,2016.

[②] Cronbach L J. Coefficient Alpha and the Internal Structure of Tests[J]. Psychometrika, 1951(3): 297-334.

表2-7 项目分析结果一览表

题项	极端组比较 决断值	题项与总分相关 题项与总分相关	题项与总分相关 校正题项与总分相关	同质性检验 题项删除后的α值	同质性检验 共同性	同质性检验 因素负荷量	未达标准指标数
1	27.705***	0.603**	0.576	0.975	0.361	0.601	0
2	26.034***	0.594**	0.576	0.975	0.373	0.611	0
3	28.781***	0.604**	0.583	0.975	0.371	0.609	0
4	27.519***	0.608**	0.591	0.975	0.394	0.627	0
5	26.905***	0.630**	0.614	0.975	0.420	0.648	0
6	30.665***	0.673**	0.657	0.974	0.474	0.689	0
7	29.411***	0.656**	0.640	0.974	0.454	0.674	0
8	30.844***	0.667**	0.653	0.974	0.472	0.687	0
9	38.865***	0.690**	0.668	0.974	0.470	0.686	0
10	39.593***	0.726**	0.710	0.974	0.546	0.739	0
11	45.528***	0.761**	0.745	0.974	0.584	0.764	0
12	38.832***	0.721**	0.704	0.974	0.533	0.730	0
13	48.159***	0.779**	0.766	0.974	0.628	0.792	0
14	51.366***	0.778**	0.764	0.974	0.621	0.788	0
15	47.308***	0.779**	0.764	0.974	0.613	0.783	0
16	52.966***	0.799**	0.786	0.974	0.655	0.809	0
17	55.059***	0.802**	0.789	0.974	0.654	0.809	0
18	38.634***	0.699**	0.680	0.974	0.483	0.695	0
19	42.894***	0.768**	0.753	0.974	0.585	0.765	0
20	48.293***	0.786**	0.772	0.974	0.624	0.790	0
21	58.549***	0.812**	0.800	0.974	0.673	0.820	0
22	50.545***	0.781**	0.766	0.974	0.614	0.784	0
23	57.252***	0.817**	0.805	0.974	0.674	0.821	0
24	48.535***	0.781**	0.767	0.974	0.620	0.788	0
25	56.433***	0.823**	0.811	0.974	0.681	0.825	0
26	36.351***	0.704**	0.689	0.974	0.517	0.719	0
27	41.401***	0.712**	0.696	0.974	0.517	0.719	0
28	49.159***	0.783**	0.770	0.974	0.625	0.790	0

续表

题项	极端组比较	题项与总分相关		同质性检验			未达标准指标数
	决断值	题项与总分相关	校正题项与总分相关	题项删除后的α值	共同性	因素负荷量	
29	51.044***	0.793**	0.779	0.974	0.639	0.799	0
30	53.439***	0.804**	0.791	0.974	0.653	0.808	0
31	32.031***	0.661**	0.636	0.975	0.407	0.638	0
32	39.233***	0.686**	0.664	0.974	0.459	0.678	0
33	42.565***	0.731**	0.710	0.974	0.493	0.702	0
34	50.077***	0.793**	0.778	0.974	0.604	0.777	0
35	45.136***	0.766**	0.749	0.974	0.563	0.750	0
36	33.795***	0.653**	0.625	0.975	0.380	0.617	0
37	49.078***	0.769**	0.754	0.974	0.592	0.769	0
38	28.300***	0.593**	0.560	0.975	0.309	0.556	0
39	32.593***	0.644**	0.616	0.975	0.367	0.606	0

注：* 表示 $P<0.05$，** 表示 $P<0.01$，*** 表示 $P<0.001$

2. 探索性因素分析

探索性因素分析前，采用 KMO 取样适合度检验和 Bartlett 球形检验法进行因子适合度检验。KMO 指标值大于 0.90 表示题项变量非常适合进行因素分析，Bartlett 球形检验值显著表明各题项有共享因素的可能性。三个维度的数据如表 2-8 所示，结果显示三个维度均适合进行因素分析。

表 2-8 各层面 KMO 和 Bartlett 球形检验（$N=907$）

维度	KMO	χ^2	df	P
专业理念与态度	0.952	14 321.330	66	0.000
专业知识	0.912	10 422.209	21	0.000
专业能力	0.964	33 754.240	190	0.000

研究者采用主成分分析进行因子萃取，并利用最大变异法进行结构分析。删除题项负荷值低的题项，删除共同度小于 0.20 的题项，删除同时在两个因子中负荷值大于或等于 0.45 的题项。研究者采用逐一删除的方式，即每次只删除一个问卷题项，删除后再次进行探索性因素分析，直至所有题项都符合要求。

在"专业理念与态度"维度，依次删除存在交叉负荷的第 10 题"我能够非常认真地备课、执教与反思"和第 3 题"我非常认同幼儿园教师的专业性,具有专业自信"后剩余 10 个题项,最后抽取出"职业认识与态度"和"实践与反思态度"两个因素。在"专业知识"维度只抽取出一个因素,无须删除题项。在"专业能力"维度,删除存在交叉负荷的第 24 题"我非常善于随机教育,能够充分利用各种教育契机"后还剩余 19 个题项,共抽取出"管理规划能力""沟通交流能力"和"环境创设与利用能力"三个因素。通过本次探索性因素分析,问卷三个维度共计剩余 36 个题项。

3. 效度分析

效度即测量的正确性,是指测验或其他测量工具确实能够测得其所欲测量构念之程度。① 效度越高,表示结果越能显示其所测量内容的真正特征。② 表 2-9 为问卷各维度之间及各维度与总分之间的相关矩阵。各维度之间的相关系数在 0.733—0.825($P<0.01$),维度与总分之间的相关系数在 0.860—0.968,各维度相关系数均低于与总分的相关,表明各维度之间有一定的独立性且都与教师专业发展特质密切相关。

表 2-9 问卷各维度之间及各维度与总分之间的相关矩阵

维度	总分	专业理念与态度	专业知识
专业理念与态度	0.860**		
专业知识	0.908**	0.751**	
专业能力	0.968**	0.733**	0.825**

注:* 表示 $P<0.05$,** 表示 $P<0.01$,*** 表示 $P<0.001$

4. 信度分析

信度即测量的可靠性,是指测量结果的一致性或稳定性。③ 测量误差越大,信度越低。在社会科学领域中,整个问卷内部一致性信度系数应在 0.7 以上,最好高于 0.8。分量表的信度指标值应在 0.6 以上,低于 0.5 则表明信度指标不佳。④ 研究者对幼儿园教师专业发展特质问卷整体及三大子维度分别进行了信度分析。

---

① 邱皓政.量化研究与统计分析——SPSS(PASW)数据分析范例解析[M].重庆:重庆大学出版社,2013.
② 邱皓政.量化研究与统计分析——SPSS(PASW)数据分析范例解析[M].重庆:重庆大学出版社,2013.
③ 邱皓政.量化研究与统计分析——SPSS(PASW)数据分析范例解析[M].重庆:重庆大学出版社,2013.
④ 吴明隆.问卷统计分析实务 SPSS 操作与应用[M].重庆:重庆大学出版社,2010.

幼儿园教师专业发展特质问卷共分为三个子维度，包含 36 个题项，题项 3、10、24 在探索性因素分析时已经删除。问卷整体的内部一致性 α 系数为 0.972，斯布(Spearman-Brown)折半信度系数为 0.929，哥特曼(Guttman)折半信度值为 0.922，都高于 0.80，表明整个问卷具有较高的可信度。[1][2][3]

"专业理念与态度"维度共有 10 个题项，"专业知识"维度共有 7 个题项，"专业能力"维度共有 19 个题项。三个维度的内部一致性 α 系数均大于 0.9，斯布折半信度系数和哥特曼折半信度值都在 0.80 以上，表明问卷具有较高的可信度。

表 2-10 问卷三个维度的信度系数

维度	内部一致性 α 系数	斯布折半信度系数	哥特曼折半信度值
专业理念与态度	0.913	0.881	0.878
专业知识	0.936	0.903	0.886
专业能力	0.957	0.903	0.886

5. 总结

研究者在幼儿园教师专业发展特质问卷第一次修改版的基础上，在全国范围内再次进行问卷发放，共回收有效问卷 1 813 份。研究者对其中一半的样本(907 份问卷)再次进行项目分析、探索性因素分析及问卷的信效度检验。在项目分析中，所有题项都符合要求，无须删除；在探索性因素分析中，删除存在交叉负荷及负荷较低的题项，最终剩余 36 个题项；在信效度检验中，问卷各个维度都具有较高的信效度。综上，最终形成幼儿园教师专业发展特质问卷第二次修改版。

三、幼儿园教师专业发展特质问卷结构的验证性因素分析及模型验证

因素分析的主要功能之一是帮助研究者确定一组项目深层蕴含的多个潜变量。[4] 因素分析可以分为探索性因素分析和验证性因素分析。探索性因素分析达成的是建立

---

[1] 张奇.SPSS for Windows 在心理学与教育学中的应用[M].北京:北京大学出版社,2009.
[2] Brigham J, Lessov-Schlaggar C, Javitz H, et al. Test-retest Reliability of Web-based Retrospective Self-report of Tobacco Exposure and Risk[J]. Journal of Medical Internet Research, 2009(3).
[3] Bavarian N, Flay B R, Ketcham P L, et al. Development and Psychometric Properties of a Theory-guided Prescription Stimulant Misuse Questionnaire for College Students[J]. Substance Use & Misuse, 2013(6): 457-469.
[4] 罗伯特·F.德威利斯.量表编制:理论与应用[M].席仲恩,杜珏,译.重庆:重庆大学出版社,2016.

量表问卷的建构效度,而验证性因素分析则是检验此建构效度的适切性与真实性。①验证性因素分析也被称为测量模型,可以被用来处理指标和潜变量之间的关系。② 因此,本研究采用验证性因素分析进行问卷的结构检验与验证。

(一) 研究目的

其一,进一步优化问卷的题项结构。

其二,尝试拟合幼儿园教师专业发展特质问卷结构模型。

其三,验证并比较幼儿园教师专业发展特质问卷的结构模型。

其四,为幼儿园教师专业发展特质提供实证数据的证据支持。

(二) 研究对象

研究对象为来自全国不同地区的906位幼儿园教师。其中男幼儿园教师16名,女幼儿园教师890名;来自城市幼儿园的教师464名,农村幼儿园(指县城及以下的幼儿园)的教师442名;公办幼儿园教师678名,民办幼儿园教师209名,其他幼儿园教师19名;18—25岁教师173名,26—30岁教师187名,31—40岁教师280名,41—50岁教师219名,51—60岁教师47名。

(三) 研究工具

目前能够进行验证性因素分析(CFA)的软件有AMOS、LISREL、EQS、Mplus,其中Mplus和LISREL都是以语法为主的分析工具,而Mplus的程序指令表达更为简洁。因此,本研究选择以Mplus为分析软件进行验证性因素分析。

(四) 研究过程

验证性因素分析一般包括五个环节:模型设置、模型识别、模型拟合评价、排除等价或其他可能的非等价模型、结果解释与报告。③

1. 设置模型

模型的设置分为一阶模型和高阶模型,在一阶模型拟合较好的情况下,可以采用高

---

① 吴明隆.结构方程模型:AMOS的操作与应用[M].重庆:重庆大学出版社,2009.
② 王孟成.潜变量建模与Mplus应用·基础篇[M].重庆:重庆大学出版社,2014.
③ 王孟成.潜变量建模与Mplus应用·基础篇[M].重庆:重庆大学出版社,2014.

阶模型对模型进行优化。① 双因子模型（Bifactor Model）与高阶因子模型具有嵌套关系，②是传统维度模型的补充，它的独特之处在于同时允许所有条目负荷于一个一般因子（General Factor，GF）。赖泽认为，双因子模型能够允许研究者实证检验形成分量表的可行性，能够帮助解决维度选择问题。③ 近年来，在行为科学、能力测验等领域的研究发现，双因子模型拟合数据优于传统结构模型。④

2. 选择模型估计方法

模型估计的常用方法是极大似然估计法（即 ML 估计法），使用 ML 估计法的前提为指标是多元正态分布的。⑤ 本研究中各个题项的偏态系数绝对值在 0.07—1.77，峰态系数的绝对值在 0.02—3.63。威斯特等人⑥认为，问卷各条目的偏态和峰态系数分别小于 2 和 7 时，采用 ML 估计法是合适的。然而，实践中数据很难满足多元正态分布，⑦采用专门处理非正态数据的估计方法能够得到更加精确的拟合值和标准误，⑧在 Mplus 中，适用于非正态分布的最常用和有效的估计方法为 MLM（Maximum Likelihood Method）。因此，研究者将分别计算并比较两种模型估计方法，并根据模型拟合指数选择合适的估计方法。

3. 评价模型拟合指标

验证性因素分析的模型拟合评价分为假设检验和近似拟合检验两类。⑨ 在 Mplus 中，假设检验指标报告卡方值统计量，近似拟合检验报告非规范拟合指数（Nonnormed Fit Index，NNFI）、比较拟合指数（Compararive Fit Index，CFI）、标准化残差均方根（Standardized Root Mean Square Residual，SRMR）和近似误差均方根（Root Mean Square Error of Approximation，RMSEA）。

NNFI 也称作 TLI（Tucker-Lewis Index），是指研究模型与拟合最差的独立模型相

---

① 侯杰泰，温忠麟，成子娟.结构方程模型及其应用[M].北京：教育科学出版社，2004.
② Yung Y F, Thissen D, McLeod L D. On the Relationship between the Higher-order Factor Model and the Hierarchical Factor Model[J]. Psychometrika, 1999(2)：113-128.
③ Reise S P, Morizot J, Hays R D. The Role of the Bifactor Model in Resolving Dimensionality Issues in Health Outcomes Measures[J]. Quality of Life Research, 2007(1)：19-31.
④ 王孟成.潜变量建模与 Mplus 应用·基础篇[M].重庆：重庆大学出版社，2014.
⑤ 王孟成.潜变量建模与 Mplus 应用·基础篇[M].重庆：重庆大学出版社，2014.
⑥ West S G, Finch J F, Curran P J. Structural Equation Modeling with Nonnormal Variables：Problems and Remedies[M]//Hoyle R H.(Ed.), Structural Equation Modeling：Concepts, Issues, and Applications. Thousand Oaks, CA：Sage, 1995：56-75.
⑦ Curran P J, West S G, Finch J F. The Robustness of Test Statistics to Nonnormality and Specification Error in Confirmatory Factor Analysis[J]. Psychological Methods, 1996(1)：16.
⑧ 王孟成.潜变量建模与 Mplus 应用·基础篇[M].重庆：重庆大学出版社，2014.
⑨ Yuan K H. Fit Indices Versus Test Statistics[J]. Multivariate Behavioral Research, 2005(1)：115-148.

比的改善情况,NNFI 的取值会超出 0 到 1 的范围,NNFI 值大于 0.90 表明模型拟合可以接受,大于 0.95 表明模型拟合较好;CFI 表示研究模型相对于基线模型的改进程度,CFI 值应大于 0.90;SRMR 是对残差的直接评价指标,取值范围介于 0 到 1,SRMR 取值小于 0.08 表明模型拟合理想;①RMSEA 值小于 0.01 表明拟合非常好,小于 0.05 表明拟合较好,小于 0.10 表明拟合可以接受,②在 Mplus 中,RMSEA 单侧检验的不显著表明研究模型拟合良好。③ 具体判断标准见表 2-11。

表 2-11 Mplus 中模型拟合评价指标判别标准

TLI	CFI	SRMR	RMSEA
>0.90 表明可以接受	>0.90	<0.08	<0.10 可以接受
>0.95 表明拟合较好			<0.05 拟合较好

(五)研究结果

在验证性因素分析中,首先需要检验各个因子构面的组成信度(Composite Reliability,CR)及收敛效度(Average Variance Extracted,AVE),CR 值需大于 0.7,AVE 值需大于 0.5。④ 因此,研究者首先对各个维度的不同构成因素进行组成信度及收敛效度的检验,并在此基础上验证该维度的结构模型。其次设置四种竞争模型,验证幼儿园教师专业发展特质问卷的整体结构。

1. 各维度的检验及模型建构

(1)专业理念与态度维度的检验及模型建构

此维度中共有两个因素,分别为"职业认识与态度"(第 6 题)和"实践与反思态度"(第 4 题)。研究者运用 Mplus7.0 软件分别对这两个构面进行检验,检验结果如表 2-12 所示。其中,Unstd 和 Std 分别表示非标准化回归系数和标准化回归系数。在"职业认识与态度"构面中,所有题项及此构面整体都符合标准要求;在"实践与反思态度"构面中,第 10 题的标准化回归系数值(Std.)小于 0.6,因而删除第 10 题,剩余题项及组成的

---

① Hu L, Bentler P M. Cutoff Criteria for Fit Indexes in Covariance Structure Analysis: Conventional Criteria Versus New Alternatives[J]. Structural Equation Modeling: A Multidisciplinary Journal,1999(1):1-55.

② Steiger J H. Structural Model Evaluation and Modification: An Interval Estimation Approach[J]. Multivariate Behavioral Research,1990(2):173-180.

③ 王孟成.潜变量建模与 Mplus 应用·基础篇[M].重庆:重庆大学出版社,2014.

④ Fornell C, Larcker D F. Evaluating Structural Equation Models with Unobservable Variables and Measurement Error[J]. Journal of Marketing Research,1981(1):39-50.

构面整体都符合标准要求。

表 2-12 专业理念与态度维度 CFA 检验结果

构面	题目	参数显著性估计				题目信度		组成信度	收敛效度
		Unstd.	S.E.	Z-VALUE	P	Std.	SMC	CR	AVE
职业认识与态度	1	1.000				0.869	0.755	0.924	0.671
	2	1.020	0.056	18.210	***	0.822	0.676		
	3	1.091	0.051	21.192	***	0.874	0.764		
	4	0.867	0.045	19.326	***	0.758	0.575		
	5	1.105	0.064	17.398	***	0.811	0.658		
	6	0.915	0.060	15.144	***	0.775	0.601	0.840	0.637
实践与反思态度	7	1.000				0.722	0.521		
	8	1.076	0.049	21.788	***	0.864	0.746		
	9	0.947	0.046	20.494	***	0.802	0.643		
常用标准						>0.6	>0.3	>0.7	>0.5

研究者对此维度进行验证性因素模型的检验,模型结构见图 2-1,模型拟合指数如表 2-13 所示。从表中可以看出,TLI 值大于 0.95,CFI 值大于 0.90,SRMR 值小于 0.08,RMSEA 值小于 0.05,表明该模型拟合较好。

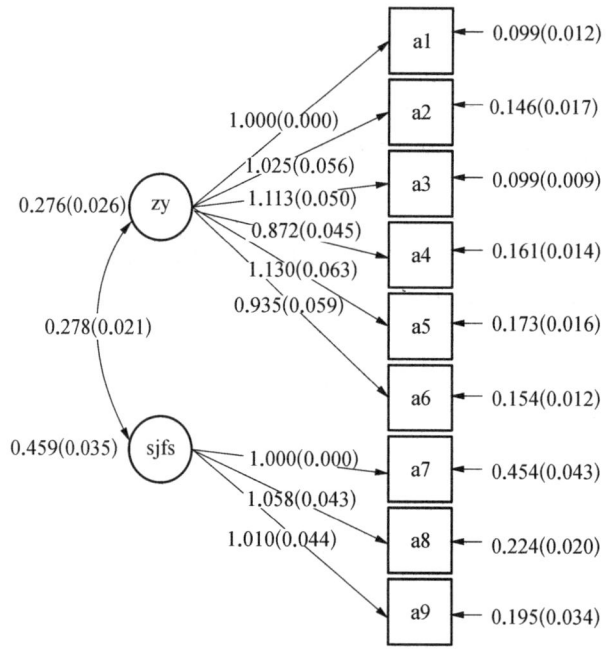

图 2-1 专业理念与态度维度模型

表 2-13 专业理念与态度维度验证性因素分析模型的拟合指数

模型	χ^2	df	TLI	CFI	AIC	BIC	SRMR	RMSEA(90% CI)
zytd	64.202	26	0.979	0.985	12 290.721	12 425.374	0.026	0.040(0.028,0.053)

(2) 专业知识维度的检验及模型建构

此维度中只有一个因素,为专业知识(第7题)。研究者运用 Mplus7.0 软件对此构面进行检验,结果如表 2-14 所示。在此构面中,所有题项及此构面整体都符合标准要求。

表 2-14 专业知识维度 CFA 检验结果

构面	题目	参数显著性估计				题目信度		组成信度	收敛效度
		Unstd.	S.E.	Z-VALUE	P	Std.	SMC	CR	AVE
专业知识	11	1.000				0.815	0.664	0.936	0.678
	12	1.075	0.030	36.294	***	0.831	0.691		
	13	1.182	0.039	30.670	***	0.842	0.709		
	14	1.174	0.035	33.228	***	0.887	0.787		
	15	1.175	0.038	30.579	***	0.871	0.759		
	16	1.032	0.049	20.953	***	0.717	0.514		
	17	1.126	0.043	26.345	***	0.789	0.623		
常用标准						>0.6	>0.3	>0.7	>0.5

(3) 专业能力维度的检验及模型建构

此维度中共有三个因素,分别为"环境创设与利用能力"(第5题)、"沟通交流能力"(第7题)和"管理规划能力"(第7题)。研究者运用 Mplus7.0 软件分别对这三个构面进行检验,检验结果如表 2-15 所示。在"环境创设与利用能力"构面中,所有题项及此构面整体都符合标准要求;在"沟通交流能力"构面中,所有题项及此构面整体都符合标准要求;在"管理规划能力"构面中,所有题项及此构面整体都符合标准要求。

表 2-15 专业能力维度 CFA 检验结果

构面	题目	参数显著性估计				题目信度		组成信度	收敛效度
		Unstd.	S.E.	Z-VALUE	P	Std.	SMC	CR	AVE
环境创设与利用能力	18	1.000				0.854	0.729	0.936	0.744
	19	1.002	0.028	35.967	***	0.876	0.767		
	20	1.118	0.031	36.086	***	0.881	0.776		
	21	1.090	0.033	33.388	***	0.894	0.799		
	22	0.957	0.035	27.512	***	0.805	0.648	0.932	0.667
沟通交流能力	23	1.000				0.704	0.496		
	24	1.218	0.064	19.041	***	0.783	0.613		
	25	1.529	0.076	20.102	***	0.948	0.899		
	26	1.545	0.082	18.844	***	0.919	0.845		
	27	1.537	0.077	19.983	***	0.91	0.828		
	28	1.317	0.064	20.572	***	0.736	0.542		
	29	1.323	0.073	18.250	***	0.671	0.45		
管理规划能力	30	1.000				0.855	0.855		
	31	0.840	0.023	36.610	***	0.816	0.816		
	32	0.814	0.026	30.837	***	0.802	0.802	0.929	0.651
	33	1.053	0.033	31.442	***	0.843	0.843		
	34	0.871	0.032	26.997	***	0.721	0.721		
	35	0.984	0.038	25.943	***	0.759	0.759		
	36	1.059	0.034	31.361	***	0.841	0.841		
常用标准						>0.6	>0.3	>0.7	>0.5

研究者对此维度进行验证性因素模型的检验,模型结构见图 2-2,模型拟合指数如表 2-16 所示。从表中可以看出,TLI 值大于 0.90,CFI 值大于 0.90,SRMR 值小于 0.08,RMSEA 值小于 0.10,表明该模型拟合可接受。

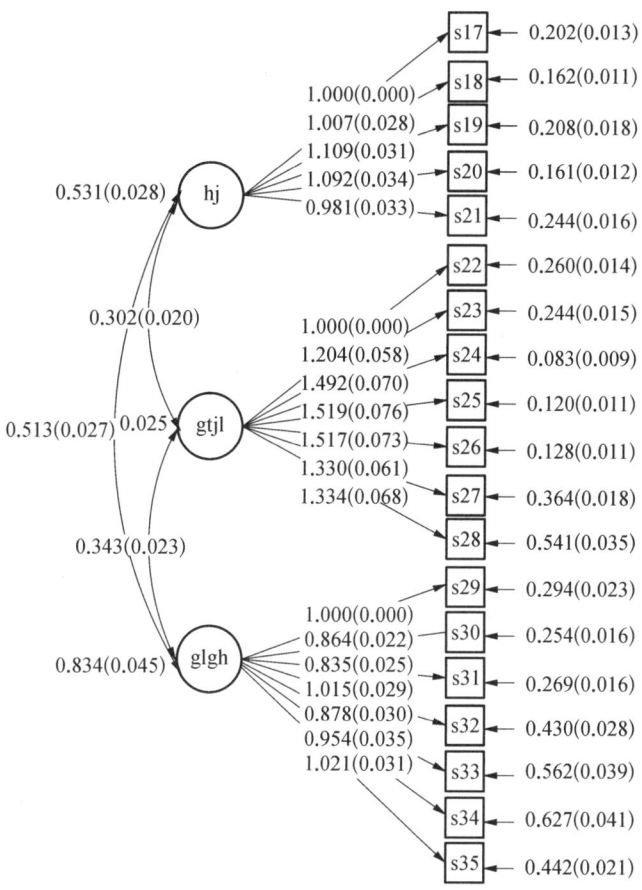

图 2-2 专业能力维度模型

表 2-16 专业能力维度验证性因素分析模型的拟合指数

模型	χ^2	df	TLI	CFI	AIC	BIC	SRMR	RMSEA(90% CI)
zynl	992.752	149	0.913	0.924	31 799.287	32 087.829	0.059	0.079(0.074,0.084)

(4) 小结

经过检验发现,在"实践与反思态度"构面中,应该去除的题项为"我对职业充满了热情,非常具有职业激情与理想",其余构面都无须删除题项,因此,正式问卷剩余 35 个题目,具体见附录一。

在专业理念与态度维度,可以形成一阶二因子模型,模型指标具有较好的适配度;在专业知识维度,由于只有一个因子,不进行模型拟合;在专业能力维度,可以形成一阶三因子模型,模型指标具有较好的适配度。

2. 幼儿园教师专业发展特质问卷的模型拟合与验证

由于测量误差等限制因素的存在,需要尽可能通过不同竞争模型的比较,最终获得较优模型。研究者根据问卷的理论架构及探索性因素分析的结果,设置了四种竞争模型,具体见图2-3至图2-6。

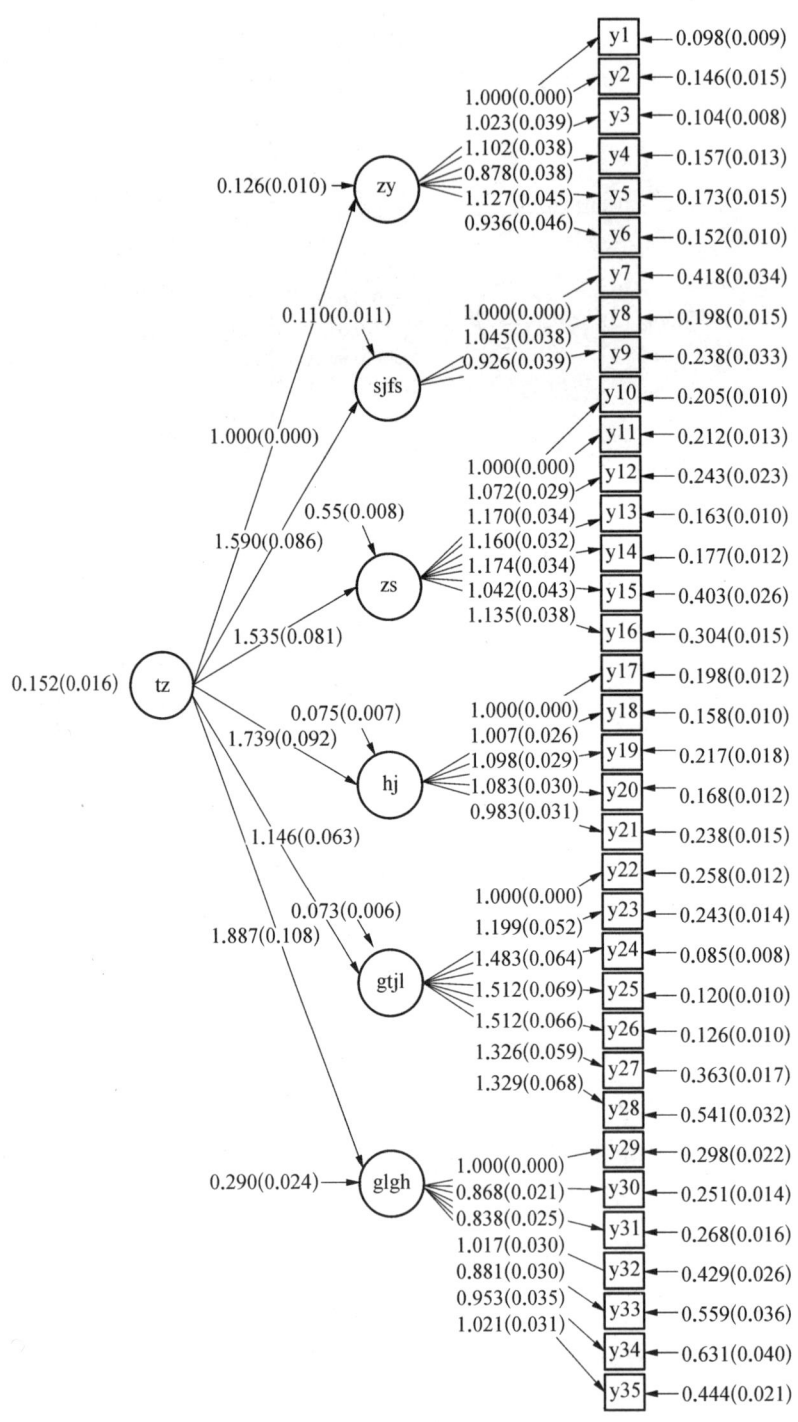

图2-3 一阶六因子模型(M1)

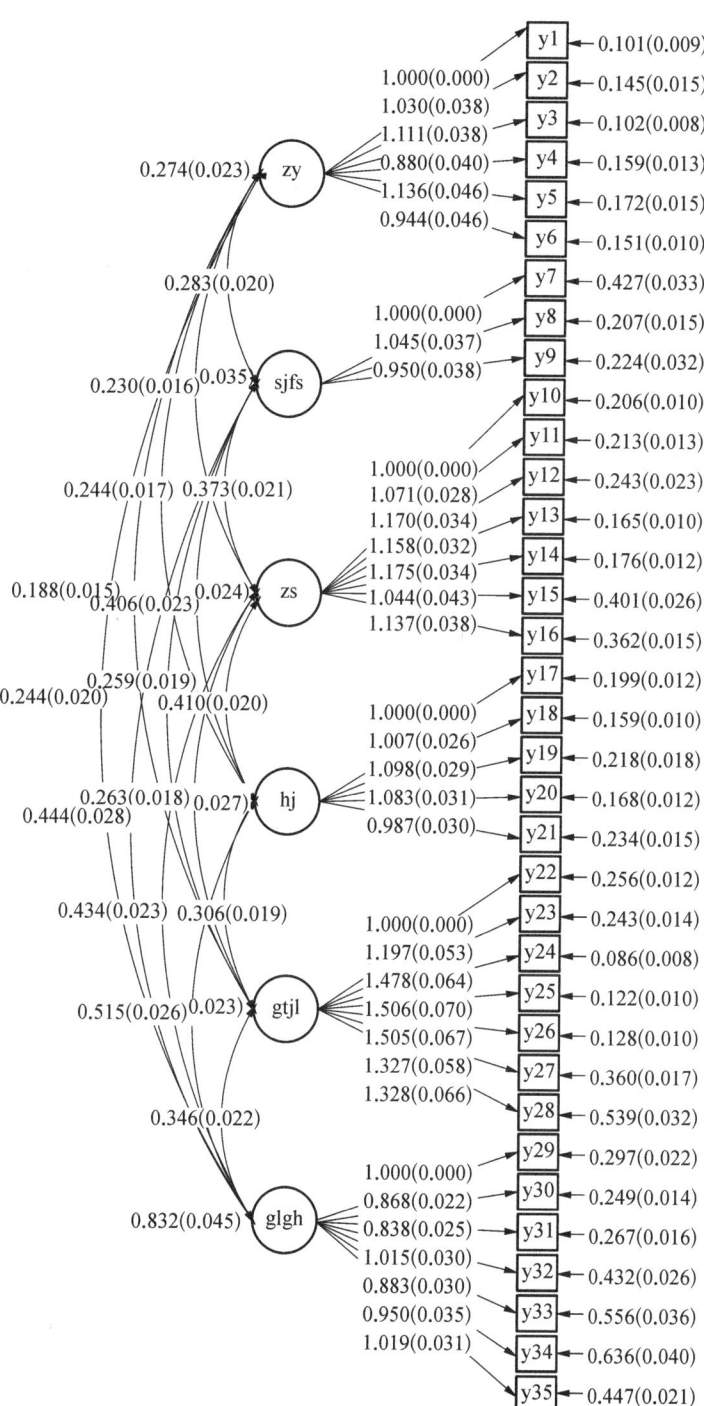

图 2-4 二阶六因子模型(M2)

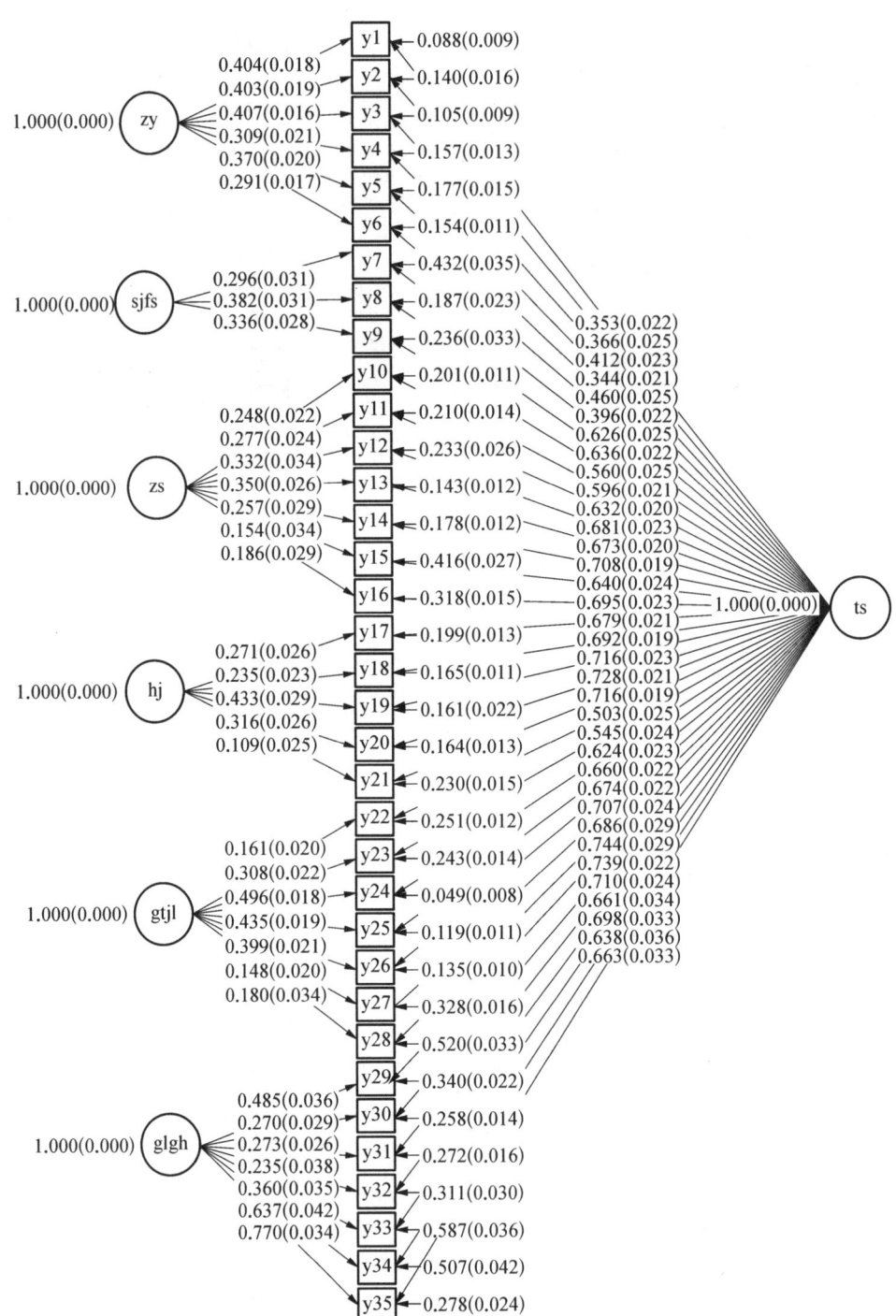

图 2-5 一阶六因子—双因子模型 I（M3）

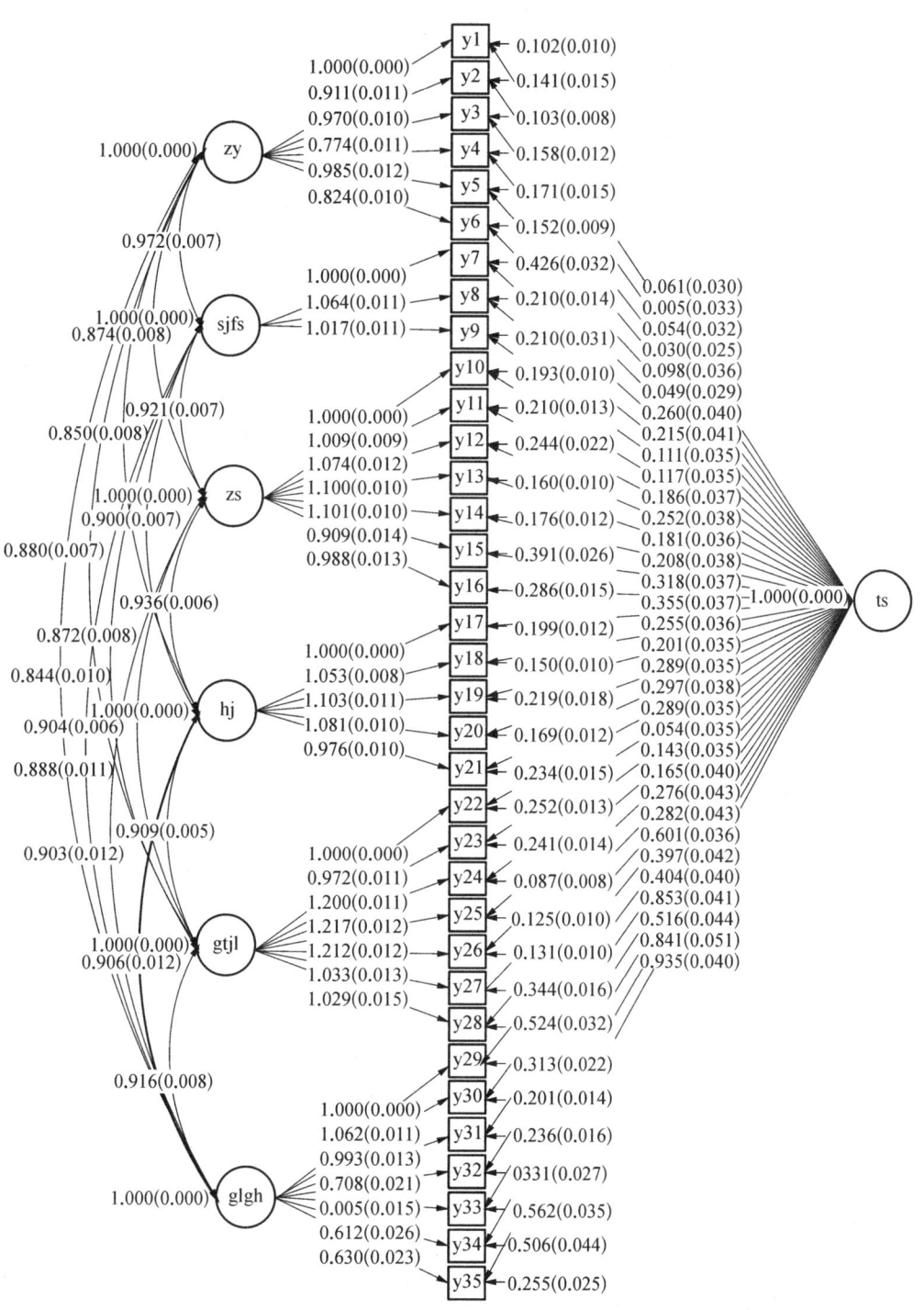

图 2-6 一阶六因子—双因子模型 II (M4)

一是一阶六因子模型(M1),以职业认识与态度(zy)、实践与反思态度(sjfs)、专业知识(zs)、环境创设与利用能力(hj)、沟通交流能力(gtjl)、管理规划能力(glgh)为六个因子。

二是二阶六因子模型(M2),在一阶六因子模型的基础上,使用幼儿园教师专业发展特质(tz)作为二阶因子。

三是一阶六因子模型—双因子模型Ⅰ(M3),以一阶六因子模型(M1)为基础,组因子为各子维度的六个因子,一般因子为幼儿园教师专业发展特质,其中组因子相关。

四是一阶六因子模型—双因子模型Ⅱ(M4),以一阶六因子模型(M1)为基础,组因子为各子维度的六个因子,一般因子为幼儿园教师专业发展特质,其中组因子不相关。

四种模型的数据结果见表2-17。TLI值和CFI值越高,SRMR值和RMSEA值越低,表明模型的拟合度越好。此外,较低的AIC和BIC值也表明模型的拟合度更好。从表中可以看出:一阶六因子模型(M1)的各项指标优于二阶六因子模型(M2);一阶六因子—双因子模型Ⅰ(M3)SRMR值不符合指标要求;一阶六因子—双因子模型Ⅱ(M4)的各项指标优于一阶六因子模型(M1)。综合来看,在本研究中各项拟合指标最好的是一阶六因子—双因子模型Ⅱ(M4),表明幼儿园教师专业发展特质包括六个方面,所有条目的潜在因子为幼儿园教师专业发展特质。

表2-17 验证性因素分析模型拟合指数汇总表

模型	χ^2	df	TLI	CFI	AIC	BIC	SRMR	RMSEA(90% CI)
M1	2 142.718	545	0.916	0.923	53 373.597	53 950.681	0.052	0.057(0.054,0.059)
M2	2 275.506	554	0.911	0.917	53 538.472	54 072.275	0.059	0.059(0.056,0.061)
M3	1 970.580	516	0.920	0.930	53 214.323	53 930.870	0.824	0.056(0.053,0.058)
M4	1 716.939	525	0.935	0.943	52 791.642	53 464.907	0.041	0.050(0.047,0.053)

3. 研究结果总结

研究者采用另一半样本(906份问卷)对问卷的结构进行了验证性因素分析及模型验证。通过对问卷各个构面的组成信度(CR)及收敛效度(AVE)的检验,在删除一个题项后,六个构面题项的所有指标都符合要求,形成正式问卷;对各个维度进行了结构模型验证,结果表明符合各维度的结构;设置四种竞争模型,验证问卷的整体结构,竞争模型的结果表明幼儿园教师专业发展特质为一阶六因子—双因子模型Ⅱ。一阶六因子—双因子模型的六个组因子分别为职业认识与态度、实践与反思态度、专业知识、环境创设与利用能力、沟通交流能力和管理规划能力,一般因子为幼儿园教师专业发展特质,符合研究者的理论架构及探索性因素分析的结果。

第二节 幼儿园教师专业发展阶段及路径的实然描述

本部分的研究目的在于从幼儿园教师专业发展特质数据的量化分析中,探究幼儿园教师专业发展阶段,并根据各发展阶段的不同发展需求,对各个发展阶段进行命名,构建专业发展阶段及路径模型。

在研究样本上,本小节的研究样本为问卷修订中收集的1 813份样本,样本问卷包括35个题项,涉及幼儿园教师专业理念与态度、专业知识、专业能力三个维度。

在研究过程上,首先,对专业发展各个维度进行潜在类别分析,探索幼儿园教师在不同维度中存在的潜在类别,划分专业发展阶段;其次,计算各维度中不同类别教师在各个题项中得分的均值差,绘制发展指标图,构建专业发展阶段及路径模型。

在研究方法上,采用潜在类别分析方法探究幼儿园教师专业发展类别,厘清教师专业发展阶段。潜在类别分析(Latent Class Analysis,LCA)是通过潜在类别变量来解释外显指标间的关联,使外显指标间的关联通过潜在类别变量来解释,进而维持其局部独立性的统计方法。[1] 该模型的假设是,每种类别对各外显变量的反应选择具有特定的倾向。[2] 潜在剖面分析(Latent Profile Analysis,LPA)是潜在类别分析的一类,具有连续潜在类别指标的潜在类别分析常被称为潜在剖面分析。[3] 潜在剖面分析的判别指标包括:阿凯克信息准则(Akaike Information Criterion,AIC)、贝叶斯信息准则(Bayesian Information Criterion,BIC)、贝叶斯准则校正指标(Adjusted Bayesian Information Criterion,ABIC),信息熵Entropy(取值介于0—1)。较低的AIC、BIC和ABIC指标,较高的Entropy值表明模型拟合度较好。此外,罗梦戴尔鲁本校似然比(Lo-Mendell-Rubin Likelihood Ratio Test,LMR)和Bootstrapped似然比检验(Bootstrapped Likelihood Ratio Test,BLRT)能够辅助判断最佳类别模型,如果LMR和BLRT指标的P值达到显著性水

---

[1] 王孟成,毕向阳.潜变量建模与Mplus应用·进阶篇[M].重庆:重庆大学出版社,2018.
[2] Collins L M, Lanza S T. Latent Class and Latent Transition Analysis: With Applications in the Social, Behavioral, and Health Sciences (Vol. 718) [M]. New Jersey: John Wiley & Sons, 2009.
[3] Muthén L K, Muthén B O. Mplus User's Guide. Seventh[M]. Los Angeles, CA: Muthén & Muthén, 2012.

平,则表示 K 个类别优于 K−1 个类别。①

在研究工具上,研究者采用 Mplus7.0 进行潜在类别分析,采用 SPSS19.0 进行描述统计分析,采用 Origin8.0 软件辅助进行图形绘制。Mplus 软件前身为 Muthén 教授开发的结构方程建模软件 LISCOMP,经过不断地开发和完善,当前的 Mplus 软件是一款功能强大的潜变量建模软件。② Origin 为美国 OriginLab 公司研发的数据分析和绘图软件,是国际科技出版界公认的标准作图工具,其特点是能够用直观的、图形化的窗口菜单和工具栏进行操作。③

一、专业理念与态度维度发展阶段及路径描述

(一) 专业理念与态度维度的发展阶段划分——基于潜在类别分析

对幼儿园教师在专业理念与态度维度的得分进行潜在剖面分析,结果显示,AIC、BIC 和 ABIC 的数值随分类数量的增加而不断下降,信息熵 Entropy 值介于 0—1。较低的 AIC、BIC、ABIC 指标数值,较高的 Entropy 值,显著的 LMR 和 BLRT 预示着模型的拟合度较好。综合上述指标,教师在专业理念与态度维度 3 个类别模型的 LMR P 值显著($P=0.003<0.05$),表明 3 个类别的模型优于 2 个类别的模型,且 3 个类别模型的 Entropy 值最高,因此选择 3 个潜在类别的分类。根据选定的潜在类别分类,从 Mplus7.0 中导出潜在剖面图的坐标数据至 Origin8.0 中,坐标调整后的教师在专业理念与态度维度的潜在剖面图如图 2-7 所示。

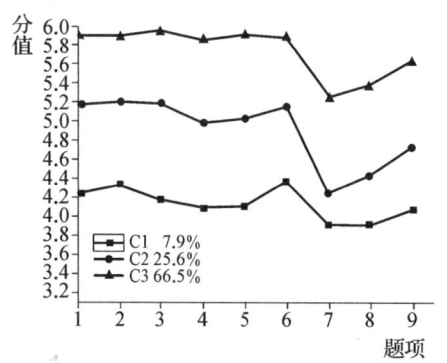

图 2-7 教师在专业理念与态度维度类别均值图

由图 2-7 可以看出,横坐标表示在专业理念与态度维度共有 9 个题项,纵坐标的分值表示各个类别中不同题项的平均得分。教师在潜类别分组中 C1 类别所占比例为 7.9%,这一类别教师的各题项分数都较低,暂称为专业理念与态度维度低分组;教师在

---

① Muthén L K, Muthén B O. Mplus User's Guide. Seventh[M]. Los Angeles, CA: Muthén & Muthén, 2012.
② 王孟成.潜变量建模与 Mplus 应用·基础篇[M].重庆:重庆大学出版社,2014.
③ 肖信. Origin 8.0 实用教程:科技作图与数据分析[M].北京:中国电力出版社,2009.

潜在类别分组中 C2 类别所占比例为 25.6%,这一类别教师的各题项分数处于中等水平,暂称为专业理念与态度维度中分组;教师在潜在类别分组中 C3 类别所占比例为 66.5%,这一类别人数最多,教师在各题项分数都较高,暂称为专业理念与态度维度高分组。

表 2-18 教师在专业理念与态度维度的潜在剖面的各项指标比较

Model	K	Log(L)	AIC	BIC	ABIC
1	18	−17 850.929	35 737.858	35 836.907	35 779.722
2	28	−13 706.073	27 468.146	27 622.223	27 533.268
3	38	−12 507.538	25 091.075	25 300.179	25 179.455
4	48	−10 753.272	21 602.543	21 866.674	21 714.181
5	58	−10 460.826	21 037.651	21 356.810	21 172.547

Model	Entropy	LMR P 值	BLRT P 值	类别概率
1				
2	0.964	0.000	0.000	0.712/0.288
3	0.965	0.003	0.000	0.079/0.256/0.665
4	0.952	0.000	0.000	0.544/0.227/0.066/0.163
5	0.943	0.043	0.000	0.066/0.163/0.162/0.064/0.545

(二)专业理念与态度维度发展阶段及路径模型

幼儿园教师在专业理念与态度维度有三个不同的发展阶段,不同阶段本身构成了"路径"模型中的各个关键点,不同阶段之间的均值差异构成了"路径"模型中的最优发展指标。不同类别阶段教师在各个题项之间分数的差值表明了教师在不同阶段之间发展特质的差异。差值越大,表明此题项在两个阶段类别教师中的差距越大。

各个阶段教师的最优发展指标图如图 2-8、图 2-9 和图 2-10 所示。从图中可以看出,为顺利达到下一发展阶段,各个阶段教师都需要在专业理念与态度的各个方面进一步提升,然而不同阶段教师重点提升的方面是不同的。低分组阶段教师和中分组阶段教师得分相差较大的题项集中在职业认识与态度因素上,低分组阶段教师应重点提升职业认识与态度方面,因此将低分组命名为"职业认识与态度需求阶段";中分组和高

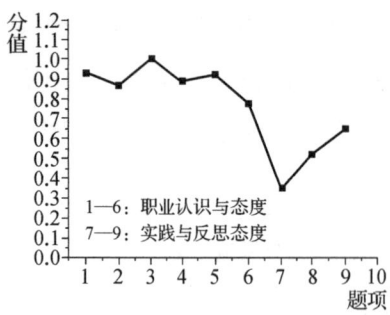

图2-8 专业理念与态度维度低分组教师发展指标图

分组得分相差较大的题项集中在实践与反思态度因素上,中分组教师应重点提升该方面,因此将中分组命名为"实践与反思态度需求阶段";高分组教师在各个方面的得分都较高,但在实践与反思态度方面仍有上升空间,因此将此阶段命名为"实践与反思态度强化阶段"。教师在专业发展理念与态度维度的阶段及路径模型如图2-11所示。

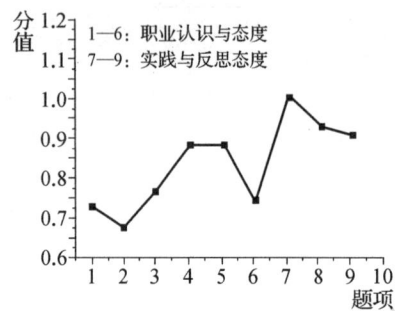

图2-9 专业理念与态度维度中分组教师发展指标图

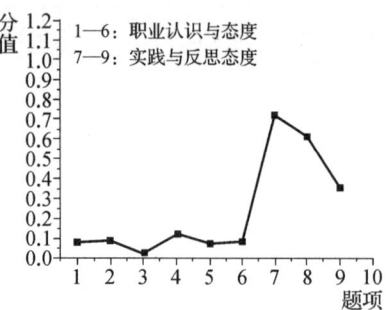

图2-10 专业理念与态度维度高分组教师发展指标图

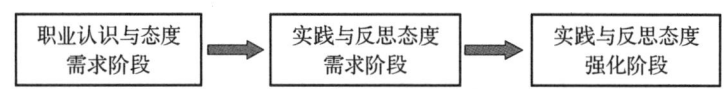

图2-11 教师在专业理念与态度维度发展阶段及路径模型

二、专业知识维度发展阶段及路径描述

(一)专业知识维度的发展阶段划分——基于潜在类别分析

对幼儿园教师在专业知识维度的得分进行潜在剖面分析,结果显示,AIC、BIC和ABIC的数值随分类数量的增加而不断下降,信息熵Entropy值介于0—1。较低的AIC、BIC、ABIC指标数值,较高的Entropy值,显著的LMR和BLRT预示着模型的拟合度较好。综合上述指标,教师在专业知识维度3个类别模型的LMR P 值显著($P=0.000<0.05$),表明3个类别的模型优于2个类别的模型。虽然此类别中的Entropy值小于4个类别和5个类别的模型,但是4个类别和5个类别的模型中的LMR P 值不

显著,因此选择 3 个潜在类别的分类。根据选定的潜在类别分类,从 Mplus7.0 中导出潜在剖面图的坐标数据至 Origin8.0 中,坐标调整后的教师在专业知识维度的潜在剖面图如图 2-12 所示。

由图 2-12 可以看出,横坐标表示在专业知识维度共有 7 个题项,纵坐标的分值表示各个类别中不同题项的平均得分。教师在潜类别分组中 C1 类别所占比例为 25.8%,这一类别教师的各题项分数都较低,暂称为专业知识维度低分组;教师在潜在类别分组中 C2 类别所占比例为 39.6%,这一类别教师的各题项分数处于中等水平,暂称为专业知识维

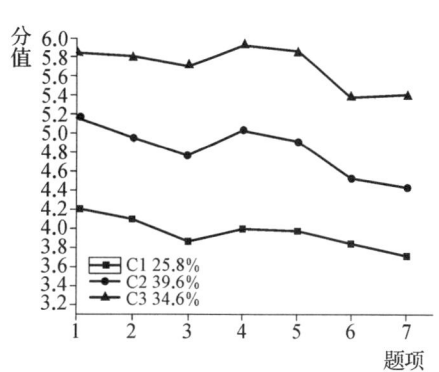

图 2-12 教师在专业知识维度类别均值图

度中分组;教师在潜在类别分组中 C3 类别所占比例为 34.6%,这一类别教师的各题项分数都较高,暂称为专业知识维度高分组。

表 2-19 教师在专业知识维度的潜在剖面的各项指标比较

Model	K	Log(L)	AIC	BIC	ABIC
1	14	−16 121.531	32 271.063	32 348.101	32 303.624
2	22	−12 863.831	25 771.663	25 892.723	25 822.830
3	30	−11 466.779	22 993.559	23 158.641	23 063.332
4	38	−9 765.823	19 607.645	19 816.750	19 696.025
5	46	−9 380.827	18 853.655	19 106.781	18 960.641

Model	Entropy	LMR P 值	BLRT P 值	类别概率
1				
2	0.901	0.000	0.000	0.429/0.571
3	0.929	0.000	0.000	0.258/0.346/0.396
4	1.000	1.000	0.000	0.024/0.237/0.379/0.360
5	0.963	1.000	0.000	0.024/0.237/0.360/0.113/0.266

(二)专业知识维度发展阶段及路径模型

幼儿园教师在专业知识维度有三个不同的发展阶段,各个阶段教师的最优发展指标图如图 2-13、图 2-14 和图 2-15 所示。从图中可以看出,为顺利达到下一发展阶

段,各个阶段教师都需要在专业知识的各个方面进一步提升,然而不同阶段教师重点提升的方面是不同的。低分组阶段教师和中分组阶段教师得分相差较大的题项集中紧密围绕幼儿园实践的保育教育及幼儿发展知识,低分组阶段教师应重点提升实践经验,因此将低分组命名为"实践经验需求阶段";中分组和高分组得分相差较大的题项集中在学科基础知识和人文社科、自然科学知识方面,中分组教师应重点提升该方面,因此将中分组命名为"专业理论与通识知识需求阶段";高分组教师在各个方面的得分都较高,但在通识知识和专业理论知识方面仍有上升空间,因此将此阶段命名为"专业理论与通识知识强化阶段"。教师在专业知识维度发展阶段及路径模型如图2-16所示。

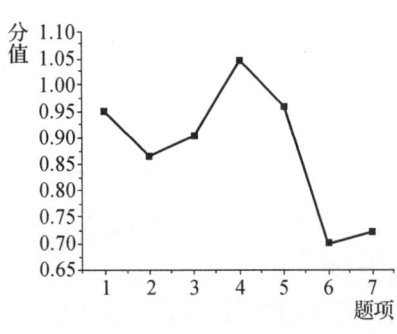

图 2-13 专业知识维度低分组教师发展指标图

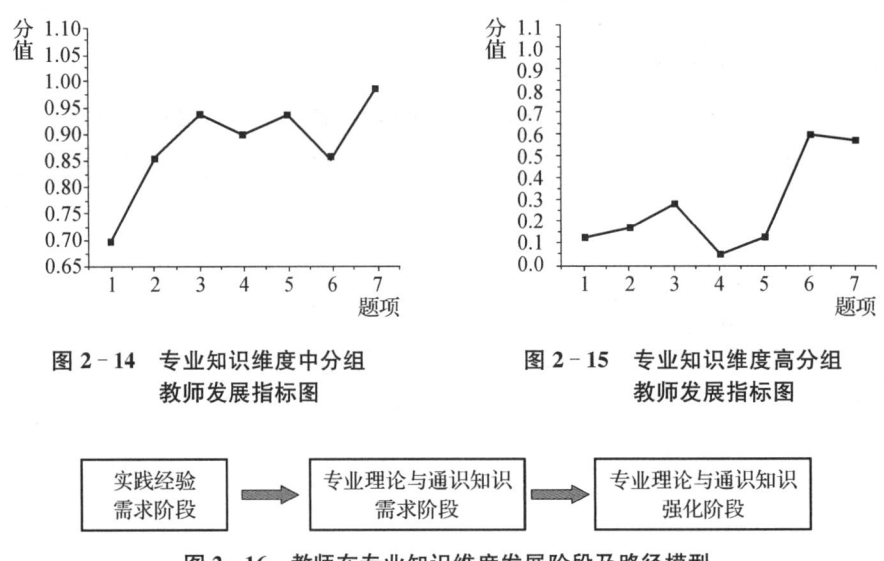

图 2-14 专业知识维度中分组教师发展指标图　　图 2-15 专业知识维度高分组教师发展指标图

图 2-16 教师在专业知识维度发展阶段及路径模型

三、专业能力维度发展阶段及路径描述

(一)专业能力维度的发展阶段划分——基于潜在类别分析

对幼儿园教师在专业能力维度的得分进行潜在剖面分析,结果显示,AIC、BIC和ABIC的数值随分类数量的增加而不断下降,信息熵Entropy值介于0—1。较低的

AIC、BIC、ABIC 指标数值,较高的 Entropy 值,显著的 LMR 和 BLRT 预示着模型的拟合度较好。综合上述指标,教师在专业能力维度 3 个类别模型的 LMR P 值显著($P=0.000<0.01$),表明 3 个类别的模型优于 2 个类别的模型,且此类别中的 Entropy 值大于 4 个类别的模型,因此选择 3 个潜在类别的分类。根据选定的潜在类别分类,从 Mplus7.0 中导出潜在剖面图的坐标数据至 Origin8.0 中,坐标调整后的教师在专业能力维度的潜在剖面图如图 2-17 所示。

由图 2-17 可以看出,横坐标表示专业能力维度共有 19 个题项,纵坐标的分值表示各个类别中不同题项的平均得分。教师在潜类别分组中 C1 类别所占比例为 24.0%,这一类别教师的各题项分数都较低,暂称为专业能力维度低分组;教师在潜在类别分组中 C2 类别所占比例为 39.4%,这一类别教师的各

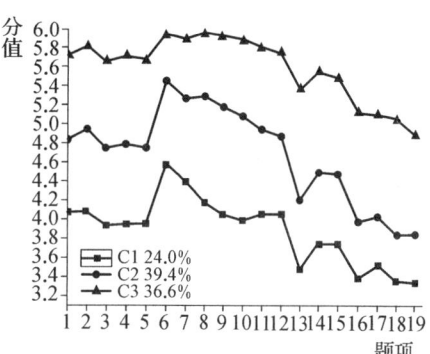

图 2-17 教师在专业能力维度类别均值图

题项分数处于中等水平,暂称为专业能力维度中分组;教师在潜在类别分组中 C3 类别所占比例为 36.6%,这一类别教师的各题项分数都较高,暂称为专业能力维度高分组。

表 2-20 教师在专业能力维度的潜在剖面的各项指标比较

Model	K	Log(L)	AIC	BIC	ABIC
1	38	−46 582.879	93 241.757	93 450.861	93 330.137
2	58	−38 432.549	76 981.099	77 300.257	77 115.994
3	78	−35 679.224	71 514.447	71 943.661	71 695.859
4	98	−34 782.519	69 761.038	70 300.306	69 988.965
5	118	−34 046.226	68 328.452	68 977.775	68 602.895
Model	Entropy	LMR P 值	BLRT P 值	类别概率	
1					
2	0.952	0.000	0.000	0.456/0.544	
3	0.947	0.000	0.000	0.240/0.366/0.394	
4	0.924	0.000	0.000	0.174/0.277/0.237/0.312	
5	0.948	0.638	0.000	0.161/0.183/0.187/0.283/0.186	

(二) 专业能力维度发展阶段及路径模型

幼儿园教师在专业能力维度有三个不同的发展阶段,各个阶段教师的最优发展路径图如图 2-18、图 2-19 和图 2-20 所示。从图中可以看出,为顺利达到下一发展阶段,各个阶段教师都需要在专业能力的各个方面进一步提升,然而不同阶段教师重点提升的方面是不同的。低分组阶段教师和中分组阶段教师得分相差较大的题项集中在沟通交流能力因素,低分组阶段教师应重点提升沟通交流能力,因此将低分组命名为"沟通交流能力需求阶段";中分组和高分组得分相差较大的题项集中在管理规划能力和环境创设与利用能力方面,中分组教师应重点提升该方面,因此将中分组命名为"管理规划能力和环境创设与利用能力需求阶段";高分组教师在各个方面的得分都较高,但在管理规划能力方面仍有上升空间,因此将此阶段命名为"管理规划能力强化阶段"。教师在专业能力维度发展阶段及路径模型如图 2-21 所示。

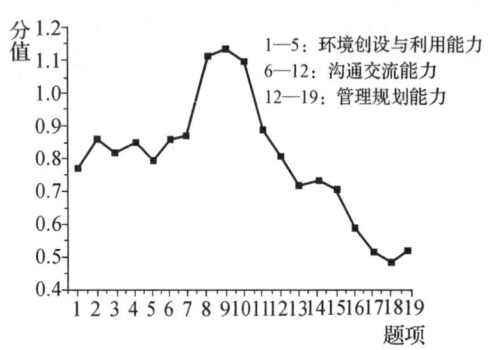

图 2-18 专业能力维度低分组教师发展指标图

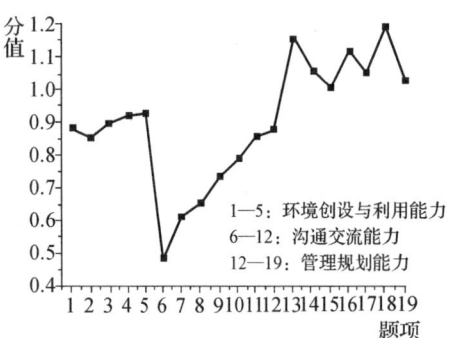

图 2-19 专业能力维度中分组
教师发展指标图

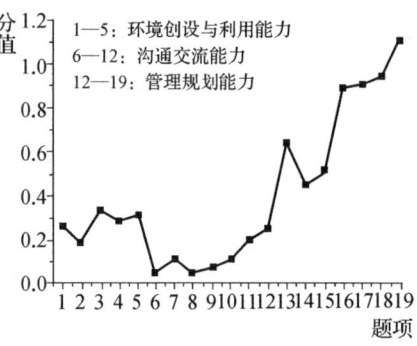

图 2-20 专业能力维度高分组
教师发展指标图

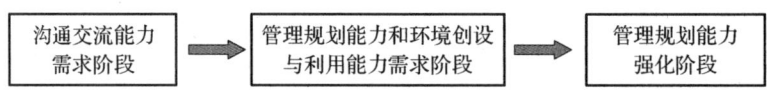

图 2-21 教师在专业能力维度发展阶段及路径模型

第二章 幼儿园教师专业发展阶段及路径的模型建立与现状特点

研究者借助 Mplus7.0 软件,对幼儿园教师在不同维度上的特质得分进行潜在类别分析。潜在类别分析的前提是不对样本的分类数量进行预设,而是根据样本所呈现的数据探寻最佳类别。从分析结果来看,在专业理念与态度维度、专业知识维度、专业能力维度上,教师都被分为三个潜在类别,且类别剖面图显示各个维度三个类别的均值得分在各个题项上逐层提升。潜在类别的分类结果反映出教师专业发展特质得分呈现出三种不同的类别阶段,对应此维度中处于不同发展阶段的教师。

已有研究中,关于教师专业发展阶段的划分方式多种多样,从不同的视角来看,又有不同的划分方式。最常见的阶段划分方式是将教师的发展阶段描述为从"新手"到"专家"的发展历程。例如:卡茨提出,幼儿园教师专业发展阶段可以分为求生、强化、求新和成熟四个阶段;[1]伯登认为,教师专业发展可以分为求生存阶段、调整阶段、成熟阶段;[2]贝林纳指出,教师的发展经历了新手、高级的新手、胜任、能手与专家等五个阶段;[3]王秋绒将教师发展分为师范生阶段、实习教师阶段和合格教师阶段;[4]连榕将教师专业发展分为新手、熟手和专家型的教师。[5] 不论是"三阶段论""四阶段论"或是"五阶段论",其本质都是随着阶段的提升,教师的各方面素养不断提升的过程。综合已有研究来看,在专业发展阶段的划分依据上,大多来自质性的访谈分析或经验的总结,很少有来自数据分析的支持;在专业发展阶段的分类方式上,往往是就专业发展整体进行分类,从职业发展的不同关注视角进行剖析,而没有对专业发展的不同构成要素进行更加细致的阶段探究;在专业发展阶段的具体差异上,已有研究往往揭示的是整体的变化趋势,而每个阶段的关键特性、核心特质究竟是什么并没有被关注,每一阶段的内在变化特性并没有被关注。因此,本研究通过量化的数据分析,为已有的教师专业发展阶段论提供了实证研究的支持,证实了教师专业发展阶段性的存在,并以具体的图像和精确的数字呈现与诠释阶段的特点和具体差异。

其次,研究者根据幼儿园教师在各维度不同专业发展阶段中专业特质的平均得

---

[1] Katz L G. Developmental Stages of Preschool Teachers[J]. The Elementary School Journal, 1972(1): 50-54.
[2] Burden P R. Teachers' Perceptions of the Characteristics and Influences on Their Personal and Professional Development[D]. The Ohio State University, 1979.
[3] Berliner D C. The Development of Expertise in Pedagogy[C]. New Orleans, LA: American Association of Colleges for Teacher Education. Charles Hunt Memorial Lecture, 1988.
[4] 王秋绒.教师专业社会化理论在教育实习设计上的蕴义[M].台北:师大书苑有限公司,1991.
[5] 连榕.教师教学专长发展的心理历程[J].教育研究,2008(2):15-20.

分差异,绘制专业发展指标图,并根据每个阶段教师重点需要提升的专业特质对阶段进行命名,建构专业发展阶段及路径模型。在专业理念与态度维度上,幼儿园教师的专业发展经历了职业认识与态度需求阶段、实践与反思态度需求阶段、实践与反思态度强化阶段;在专业知识维度上,幼儿园教师的专业发展经历了实践经验需求阶段、专业理论知识与通识知识需求阶段、专业理论知识与通识知识强化阶段;在专业能力维度上,幼儿园教师的专业发展经历了沟通交流能力需求阶段、管理规划能力和环境创设与利用能力需求阶段、管理规划能力强化阶段。需要注意的是,专业发展阶段及路径具有动态性。根据教师专业发展需求的不同,教师在不同时期、不同情境中可能处于不同的发展需求阶段。在某个维度处于较高发展阶段的教师可能在另一维度中处于较低的发展阶段。因此,明确教师当下在不同维度中的阶段定位可以更好地帮助教师明确自身的发展阶段和需求,规划发展路径,从而促进自身的不断发展。

第三节 幼儿园教师专业发展维度及其各发展阶段的现状特点

为全面展现幼儿园教师专业发展维度及其各发展阶段的现状特点,研究者在描述幼儿园教师背景信息的基础上,将从幼儿园的性质,教师的年龄、教龄、生育状况、职称、学历、职务等方面,展现幼儿园教师在专业发展的三个维度层面和各个维度的不同阶段层面的现状特点。

研究者对 1 813 位幼儿园教师样本的人口学变量进行统计,并将其分为单位属性、自然属性、社会属性三类进行汇总统计。单位属性包括幼儿园教师所在幼儿园的地区和性质,幼儿园所在地区分为城市幼儿园和农村幼儿园(指县城及以下的幼儿园),幼儿园性质分为公办幼儿园、民办幼儿园和其他三种类型,具体分布数量如表2-21所示。

表 2-21 全体幼儿园教师单位属性统计汇总($N=1\ 813$)

题项	具体条目	频率	百分比
幼儿园地区	城市幼儿园	938	51.7%
	农村幼儿园	875	48.3%

续表

题项	具体条目	频率	百分比
幼儿园性质	公办幼儿园	1 359	75.0%
	民办幼儿园	417	23.0%
	其他	37	2.0%

幼儿园教师的自然属性包括教师的年龄段、性别、生育状况三类。教师的年龄段分为五类,各个年龄段的人数分布较为均匀,年龄跨度为18岁到60岁;样本中的女教师人数百分比明显高于男教师人数百分比;已生育的教师人数多于未生育的教师。具体如表2-22所示。

表2-22 全体幼儿园教师自然属性统计汇总($N=1\,813$)

题项	具体条目	频率	百分比
年龄段	18—25岁	346	19.1%
	26—30岁	390	21.5%
	31—40岁	546	30.1%
	41—50岁	427	23.6%
	51—60岁	104	5.7%
性别	女	1 787	98.6%
	男	26	1.4%
生育状况	未生育	473	26.1%
	已生育	1 340	73.9%

幼儿园教师的社会属性包括教龄、职称、学历、担任的最高职务和荣誉状况五个方面。教龄分为五类,暂未评定职称的教师所占比例最多,幼儿园教师学历以本科和专科学历为主,大部分教师的最高职务为配班教师或主班教师,暂未获得相关荣誉的教师所占比例较大。具体如表2-23所示。

表2-23 全体幼儿园教师社会属性统计汇总($N=1\,813$)

题项	具体条目	频率	百分比
教龄	1—3年	441	24.3%
	4—6年	312	17.2%
	7—9年	209	11.5%
	10—15年	261	14.4%
	16年及以上	590	32.6%

续表

题项	具体条目	频率	百分比
职称	暂未评定	1 024	56.5%
	二级教师	369	20.3%
	一级教师	275	15.2%
	高级教师	142	7.8%
	正高级教师	3	0.2%
学历	研究生	12	0.7%
	本科	847	46.7%
	专科	784	43.2%
	高中及以下	170	9.4%
最高职务	配班教师	619	34.1%
	主班教师或班组长	672	37.1%
	年级组长	181	10.0%
	教研主任或保教主任	111	6.1%
	副园长	117	6.5%
	园长	113	6.2%
荣誉状况	暂未获得	1 181	65.1%
	获得	632	34.9%

一、幼儿园教师专业发展各维度的现状特点

(一) 教师在三个专业发展维度都具有幼儿园性质差异

研究者采用多因素方差分析,探究在不同的专业发展维度内,教师所在幼儿园地区(城市/农村)和性质(公办/民办/其他)对此专业维度中教师平均分的影响。方差分析结果显示,在专业理念与态度、专业知识和专业能力三个维度内,教师所在幼儿园地区的主效应都不显著($F=3.790, P=0.052>0.05$; $F=1.351, P=0.245>0.05$; $F=0.000, P=0.998>0.05$),这表明教师在三个维度的平均得分在城市和农村幼儿园中差异不显著。在三个不同维度中,幼儿园性质的主效应都显著($F=8.238, P=0.000<0.01$; $F=6.097, P=0.002<0.01$; $F=3.255, P=0.039<0.05$),这表明教师在三个维度的平均得分在不同性质的幼儿园中差异显著。

在专业理念与态度维度内,教师所在幼儿园地区和幼儿园性质的交互作用显著($F=3.592,P=0.028<0.05$)。在专业知识维度和专业能力维度内,教师所在幼儿园和幼儿园性质的交互作用都不显著($F=1.380,P=0.252>0.05$;$F=0.082,P=0.922>0.05$),这表明幼儿园所在地区和幼儿园性质对教师在理念与态度维度有明显的交互作用,对专业知识维度和专业能力维度的平均得分没有显著的交互作用。

表 2-24 不同专业维度内的幼儿园地区与性质的多因素方差分析

专业维度	差异来源	平方和	自由度	F
理念与态度	幼儿园地区	1.236	1	3.790
	幼儿园性质	5.372	2	8.238**
	地区、性质	2.343	2	3.592*
知识	幼儿园地区	0.724	1	1.351
	幼儿园性质	6.536	2	6.097**
	地区、性质	1.479	2	1.380
能力	幼儿园地区	3.438	1	0.000
	幼儿园性质	3.377	2	3.255*
	地区、性质	0.085	2	0.082
总体	幼儿园地区	0.207	1	0.510
	幼儿园性质	4.426	2	5.456**
	地区、性质	0.599	2	0.739

注:* 表示 $P<0.05$,** 表示 $P<0.01$,*** 表示 $P<0.001$

从总体来看,教师所在幼儿园地区的主效应不显著($F=0.510,P=0.475>0.05$),表明教师的总体均分在城市和农村幼儿园中差异不显著。幼儿园性质的主效应显著($F=5.456,P=0.004<0.01$),表明教师的总体均分在不同性质的幼儿园中差异显著。教师所在幼儿园和幼儿园性质的交互作用不显著($F=0.739,P=0.478>0.05$),表明幼儿园所在地区和幼儿园性质对教师的总体均分没有明显的交互作用。

表 2-25 不同专业维度内幼儿园性质的多重比较

专业维度	(I) 幼儿园性质	(J) 幼儿园性质	均值差值	Sig.
理念与态度	公办	民办	0.106	0.001
		其他	−0.010	0.919
	民办	其他	−0.116	0.237

续表

专业维度	(I) 幼儿园性质	(J) 幼儿园性质	均值差值	Sig.
知识	公办	民办	0.114	0.006
	公办	其他	0.008	0.947
	民办	其他	−0.105	0.401
能力	公办	民办	0.117	0.004
	公办	其他	−0.001	0.990
	民办	其他	−0.119	0.337
总体	公办	民办	0.114	0.001
	公办	其他	−0.002	0.987
	民办	其他	−0.115	0.291

整体来看,不论是教师的总体均分,还是各个维度的均分,幼儿园性质的主效应都是显著的。事后分析的多重比较结果显示,从专业理念与态度($P=0.001<0.01$)、专业知识($P=0.006<0.01$)、专业能力($P=0.004<0.01$)三个维度及总体($P=0.001<0.01$)来看,教师在公办幼儿园和民办幼儿园的平均得分差异显著,公办幼儿园教师得分显著高于民办幼儿园教师得分。本研究与已有研究的结果相一致,已有研究发现公办幼儿园教师的专业水平高于民办幼儿园教师。[①]

(二) 教师在专业发展三个维度都具有年龄段差异

研究者将幼儿园教师年龄段分为18—25岁,26—30岁,31—40岁、41—50岁和51—60岁五类,采用单因素方差分析,探究教师在不同专业维度中平均得分及总体均分的年龄段差异。从各个专业维度来看,在专业理念与态度维度,教师的平均得分存在显著的年龄段差异,$F=26.302,P=0.000<0.001$,事后分析的多重比较结果显示,18—25岁显著低于其他四个年龄段($P=0.000<0.001;P=0.000<0.001;P=0.000<0.001;P=0.000<0.001$),26—30岁显著低于31—40岁($P=0.019<0.05$)、41—50岁($P=0.000<0.001$)和51—60岁($P=0.000<0.001$)三个年龄段,31—40岁显著低于51—60岁($P=0.032<0.05$);在专业知识维度,教师的平均得分存在显著的年龄段差异,$F=22.928,P=0.000<0.001$,事后分析的多重比较结果显示,18—25岁显著低于其他四个年龄段($P=0.020<0.05;P=0.000<0.001;P=0.000<0.001;P=0.000<0.001$),26—30岁显著低于31—40岁($P=0.004<0.01$)、41—50岁($P=0.000<0.001$)和51—60岁($P=$

---

① 宫家兴.民办幼儿园教师专业化程度与改进策略研究[D].石家庄:河北师范大学,2019.

第二章 幼儿园教师专业发展阶段及路径的模型建立与现状特点

$0.000<0.001$)三个年龄段,31—40 岁显著低于 51—60 岁($P=0.009<0.01$);在专业能力维度,教师的平均得分存在显著的年龄段差异,$F=30.848$,$P=0.000<0.001$,事后分析的多重比较结果显示,18—25 岁显著低于其他四个年龄段($P=0.000<0.001$;$P=0.000<0.001$;$P=0.000<0.001$;$P=0.000<0.001$),26—30 岁显著低于 31—40 岁($P=0.000<0.001$)、41—50 岁($P=0.000<0.001$)和 51—60 岁($P=0.000<0.001$)三个年龄段,31—40 岁显著低于 41—50 岁($P=0.031<0.05$)和 51—60 岁($P=0.001<0.01$)。

从教师的总体均分来看,教师的平均得分存在显著的年龄段差异,$F=32.803$,$P=0.000<0.001$,事后分析的多重比较结果显示,18—25 岁显著低于其他四个年龄段($P=0.001<0.01$;$P=0.000<0.001$;$P=0.000<0.001$;$P=0.000<0.001$),26—30 岁显著低于 31—40 岁($P=0.002<0.01$)、41—50 岁($P=0.000<0.001$)和 51—60 岁($P=0.000<0.001$)三个年龄段,31—40 岁显著低于 51—60 岁($P=0.003<0.01$)。

整体来看,教师总体平均分的分布趋势与各个维度类似,教师平均得分随着年龄段的增加而增加,低年龄段教师与高年龄段教师的平均得分差异显著,事后分析存在差异的年龄段分布具有一致性。随着教师年龄段的变化,教师专业发展的各个方面都在获得提升,表现为平均得分的显著提高。教师的经验一般会随着教师年龄的增长而不断增长,早期关于教师专业发展阶段的划分即以教师的年龄作为阶段的区分点,例如彼德森将教师职业生涯按照年龄的顺序分为五个阶段,[1]而舒伯也根据教师的年龄变化将其分为成长期、探究期、建立期、维持期和退休期。[2] 年龄的变化代表了教师经验的累加和阅历的丰富,而教师专业发展所涉及的大部分特质都具有实践累加性。

表 2‐26 教师在不同专业维度平均得分及总体均分的年龄段差异

专业维度	年龄段	均值	标准差	F	事后检验
理念与态度	A. 18—25 岁	5.169	0.658	27.288***	A<B***,A<C***,A<D**,A<E***,B<C*,B<D***,B<E***,C<E*
	B. 26—30 岁	5.361	0.597		
	C. 31—40 岁	5.479	0.548		
	D. 41—50 岁	5.525	0.506		
	E. 51—60 岁	5.620	0.432		

---

[1] Peterson A R. Teacher's Changing Perceptions of Self and Others Throughout the Teaching Career: Some Perspectives from an Interview Study of Fifty Retired Secondary School Teachers[C]. Paper Presented at the Annual Meeting of the American Educational Research Association, San Francisco, California, 1979.

[2] Super D E. A Life-span, Life-space Approach to Career Development[J]. Journal of Vocational Behavior, 1980(3): 282-298.

续表

专业维度	年龄段	均值	标准差	F	事后检验
知识	A. 18—25 岁	4.656	0.787	22.928***	A<B*,A<C***,A<D***,A<E***,B<C**,B<D***,B<E***,C<E**
	B. 26—30 岁	4.830	0.727		
	C. 31—40 岁	4.997	0.699		
	D. 41—50 岁	5.040	0.683		
	E. 51—60 岁	5.236	0.654		
能力	A. 18—25 岁	4.656	0.787	30.848***	A<B***,A<C***,A<D**,A<E***,B<C**,B<D***,B<E***,C<D*,C<E**
	B. 26—30 岁	4.830	0.727		
	C. 31—40 岁	4.997	0.699		
	D. 41—50 岁	5.040	0.683		
	E. 51—60 岁	5.236	0.654		
总体	A. 18—25 岁	4.718	0.675	32.803***	A<B**,A<C***,A<D***,A<E***,B<C**,B<D***,B<E***,C<E**
	B. 26—30 岁	4.912	0.646		
	C. 31—40 岁	5.068	0.605		
	D. 41—50 岁	5.141	0.573		
	E. 51—60 岁	5.284	0.526		

注：* 表示 $P<0.05$，** 表示 $P<0.01$，*** 表示 $P<0.001$

（三）教师在专业发展三个维度都存在生育状况差异

采用独立样本 t 检验，探究教师在不同专业维度中平均得分及总体均分的生育状况差异。从各个专业维度来看，在专业理念与态度维度，$t=-7.567$，$P=0.000<0.001$；在专业知识维度，$t=-8.097$，$P=0.000<0.001$；在专业能力维度，$t=-10.120$，$P=0.000<0.001$。教师在三个不同维度的平均得分都存在显著的生育状况差异，生育过的教师平均得分显著高于未生育的教师。从教师的总体均分来看，教师的平均得分存在显著的生育状况差异，$t=-9.986$，$P=0.000<0.001$。

整体来看，不论是各个专业维度的平均得分，还是总体的均分，教师的平均得分都存在显著的生育状况差异。生育过的幼儿园教师的平均得分高可能有以下几方面的原因。一方面，生育过的教师的年龄和教龄普遍大于未生育过的教师，而教师的专业发展与年龄和教龄密不可分；另一方面，生育事件作为教师专业发展中的关键事件，会对教师的专业成长产生多方面的重要影响，例如增强幼儿园教师的人际互动能力、更新教师的思想观念、提升教师教育经验、完善教师知识结构等。[①]

表2-27 教师在不同专业维度平均得分及总体均分的生育状况差异

专业维度	均值差值	标准误差值	df	t值
理念与态度	−24.584%	3.249%	1 811	−7.567***
知识	−31.227%	3.857%	1 811	−8.097***
能力	−37.979%	3.753%	1 811	−10.120***
总体	−33.184%	3.323%	1 811	−9.986***

注：*表示$P<0.05$，**表示$P<0.01$，***表示$P<0.001$

(四) 教师在专业发展三个维度都存在教龄差异

研究者将教师教龄分为1—3年、4—6年、7—9年、10—15年、16年及以上五类，采用单因素方差分析，探究教师在不同专业维度中平均得分及总体均分的教龄差异。从各个专业维度来看，在专业理念与态度维度，教师的平均得分存在显著的教龄差异，$F=30.854$，$P=0.000<0.001$，事后分析的多重比较结果显示，1—3年显著低于其他四个教龄段（$P=0.001<0.01$；$P=0.000<0.001$；$P=0.000<0.001$；$P=0.000<0.001$），4—6年显著低于7—9年（$P=0.022<0.05$）、16年及以上（$P=0.000<0.001$）两个年龄段，10—15年显著低于16年及以上（$P=0.003<0.01$）；在专业知识维度，教师的平均得分存在显著的教龄差异，$F=26.719$，$P=0.000<0.001$，事后分析的多重比较结果显示，1—3年显著低于其他四个教龄段（$P=0.003<0.01$；$P=0.000<0.001$；$P=0.000<0.001$；$P=0.000<0.001$），4—6年显著低于7—9年（$P=0.024<0.05$）、16年及以上（$P=0.000<0.001$）两个教龄段，10—15年显著低于16年及以上（$P=0.033<0.05$）；在专业能力维度，教师的平均得分存在显著的教龄差异，$F=36.587$，$P=0.000<0.001$，事后分析的多重比较结果显示，1—3年显著低于其他四个教龄段（$P=0.000<0.001$；$P=0.000<0.001$；$P=0.000<0.001$；$P=0.000<0.001$），4—6年显著低于7—9年（$P=0.021<0.05$）、16年及以上（$P=0.000<0.001$）两个教龄段，10—15年显著低于16年及以上（$P=0.000<0.001$）。

[①] 顾荣芳,等.竹节的力量——关键事件与幼儿教师专业成长研究[M].南京:南京师范大学出版社,2011.

表 2-28　教师在不同专业维度平均得分及总体均分的教龄差异

专业维度	教龄	均值	标准差	F	事后检验
理念与态度	A. 1—3 年	5.190	0.640	30.854***	A<B**,A<C***,A<D***,A<E***,B<C*,B<E***,D<E**
	B. 4—6 年	5.375	0.583		
	C. 7—9 年	5.522	0.502		
	D. 10—15 年	5.416	0.559		
	E. 16 年及以上	5.562	0.485		
知识	A. 1—3 年	4.654	0.769	26.719***	A<B**,A<C***,A<D**,A<E***,B<C*,B<E***,D<E*
	B. 4—6 年	4.855	0.739		
	C. 7—9 年	5.047	0.680		
	D. 10—15 年	4.944	0.708		
	E. 16 年及以上	5.097	0.671		
能力	A. 1—3 年	4.533	0.769	36.587***	A<B**,A<C***,A<D**,A<E***,B<C*,B<E***,D<E***
	B. 4—6 年	4.757	0.700		
	C. 7—9 年	4.947	0.680		
	D. 10—15 年	4.825	0.703		
	E. 16 年及以上	5.045	0.631		
总体	A. 1—3 年	4.726	0.686	38.561***	A<B**,A<C***,A<D**,A<E***,B<C*,B<E***,D<E***
	B. 4—6 年	4.936	0.625		
	C. 7—9 年	5.115	0.584		
	D. 10—15 年	5.001	0.617		
	E. 16 年及以上	5.188	0.555		

注：* 表示 $P<0.05$，** 表示 $P<0.01$，*** 表示 $P<0.001$

从教师的总体均分来看，教师的平均得分存在显著的教龄差异，$F=38.561$，$P=0.000<0.001$，事后分析的多重比较结果显示，1—3 年显著低于其他四个教龄段（$P=0.000<0.001$；$P=0.000<0.001$；$P=0.000<0.001$；$P=0.000<0.001$），4—6 年显著低于 7—9 年（$P=0.009<0.05$）、16 年及以上（$P=0.000<0.001$）两个教龄段，10—15 年显著低于 16 年及以上（$P=0.000<0.001$）。

整体来看，教师总体平均分的分布趋势与各个维度一致。虽然幼儿园教师在不同层面都存在显著的教龄差异，但是幼儿园教师的平均得分并不是随着教龄的增加而提高的。整体得分为 1—3 年<4—6 年<10—15 年<7—9 年<16 年及以上。16 年及以上教龄的教师平均得分最高，但与 7—9 年教龄教师的平均得分相比没有显著差异，

10—15年教龄的幼儿园教师的平均得分低于7—9年教龄的教师,这一结果可能和教师专业发展中的瓶颈期相关。已有研究发现,10年是教师工作的临界点,很多教师会在这个阶段产生迷茫、倦怠等情绪,①教龄11—15年的幼儿园教师容易处于职业生涯的停滞阶段。②

(五) 教师在专业理念与态度维度和专业能力维度存在职称差异

研究者将教师职称分为暂未评定、二级教师、一级教师、高级教师、正高级教师五类,采用单因素方差分析,探究教师在不同专业维度中平均得分及总体均分的职称差异。从各个专业维度来看,在专业理念与态度维度,教师的平均得分存在显著的职称差异,$F=3.630,P=0.006<0.01$,事后分析的多重比较结果显示,各类职称的教师没有得分的差异;在专业知识维度,教师的平均得分不存在显著的差异,$F=2.180,P=0.069>0.05$;在专业能力维度,教师的平均得分存在显著的得分差异,$F=7.124,P=0.000<0.001$,事后分析的多重比较结果显示,高级教师的平均得分显著高于暂未评定职称的教师($P=0.000<0.001$)、一级教师($P=0.003<0.01$)和二级教师($P=0.015<0.05$)的平均得分。

从教师的总体均分来看,教师的平均得分存在显著的职称差异,$F=5.594,P=0.000<0.001$,事后分析的多重比较结果显示,暂未评定教师的平均得分显著低于高级教师的得分($P=0.000<0.001$)。

整体来看,教师在各个维度平均得分的差异各不相同,在专业理念与态度维度,教师的平均得分存在显著的职称差异,但事后检验中不同职称教师的平均得分不存在显著的差异;在专业知识维度,不同职称教师的平均得分不存在显著的差异;在专业能力维度,教师的平均得分随职称的提升而提高,高级教师与其前面三种职称的教师平均得分存在显著的差异;在教师总体均分上,暂未评定职称的教师和高级教师的得分存在差异。幼儿园教师的职称能够在一定程度上反映教师的专业素养。职称越高的幼儿园教师,其各方面的经验和技能会相对较高,且职称的评定往往和教龄相关。有研究发现,具有高级职称的幼儿园教师在教育教学活动设计和引导方面具有较强的能力。③

---

① 朱旭东,李琼.澳门教师专业发展与规划研究[M].北京:北京师范大学出版社,2011.
② 姜勇,阎水金.教师发展阶段研究:从"教师关注"到"教师自主"[J].上海教育科研,2006(7):9-11.
③ 任冰.幼儿教师专业能力的现状与对策研究——以河南省X市城区幼儿园为例[D].新乡:河南师范大学,2017.

表 2-29 教师在不同专业维度平均得分及总体均分的职称差异

专业维度	职称	均值	标准差	F	事后检验
理念与态度	1. 暂未评定	5.374	0.591	3.630**	
	2. 二级教师	5.460	0.520		
	3. 一级教师	5.448	0.568		
	4. 高级教师	5.509	0.538		
	5. 正高级教师	5.926	0.128		
知识	1. 暂未评定	4.883	0.766	2.180	
	2. 二级教师	4.927	0.655		
	3. 一级教师	4.972	0.690		
	4. 高级教师	5.028	0.738		
	5. 正高级教师	5.381	0.577		
能力	1. 暂未评定	4.773	0.752	7.124***	1<4***,2<4**,3<4*
	2. 二级教师	4.868	0.649		
	3. 一级教师	4.846	0.695		
	4. 高级教师	5.080	0.628		
	5. 正高级教师	5.631	0.508		
总体	1. 暂未评定	4.950	0.666	5.594***	1<4***
	2. 二级教师	5.033	0.560		
	3. 一级教师	5.026	0.617		
	4. 高级教师	5.180	0.589		
	5. 正高级教师	5.657	0.375		

注：* 表示 $P<0.05$，** 表示 $P<0.01$，*** 表示 $P<0.001$

（六）教师在专业理念与态度维度和专业知识维度存在学历差异

研究者将教师学历分为研究生、本科、专科、高中及以下四类，采用单因素方差分析，探究教师在不同专业维度中平均得分及总体均分的学历差异。从各个专业维度来看，在专业理念与态度维度，教师的平均得分存在显著的学历差异，$F=3.452$，$P=0.016<0.05$，事后分析的多重比较结果显示，本科学历教师的平均得分显著高于高中及以下学历的教师（$P=0.003<0.01$）；在专业知识维度，教师的平均得分存在显著的学历差异，$F=3.441$，$P=0.016<0.05$，事后分析的多重比较结果显示，本科学历教师的平均得分显著高于高中及以下学历的教师（$P=0.003<0.05$），专科学历教师的平均得分

显著高于高中及以下学历的教师($P=0.005<0.05$);在专业能力维度,教师的平均得分不存在显著的学历差异,$F=1.113$,$P=0.343>0.05$。从教师的总体均分来看,教师的平均得分不存在显著的学历差异,$F=1.893$,$P=0.129>0.05$。

表2-30 教师在不同专业维度平均得分及总体均分的学历差异

专业维度	学历层次	均值	标准差	F	事后检验
理念与态度	1. 研究生	5.333	0.467	3.452*	2>4**
	2. 本科	5.451	0.569		
	3. 专科	5.398	0.570		
	4. 高中及以下	5.307	0.603		
知识	1. 研究生	4.702	0.669	3.441*	2>4**
	2. 本科	4.944	0.706		3>4**
	3. 专科	4.932	0.757		
	4. 高中及以下	4.760	0.753		
能力	1. 研究生	4.521	0.698	1.113	
	2. 本科	4.837	0.698		
	3. 专科	4.834	0.735		
	4. 高中及以下	4.773	0.770		
总体	1. 研究生	4.767	0.594	1.893	
	2. 本科	5.016	0.616		
	3. 专科	4.999	0.654		
	4. 高中及以下	4.908	0.673		

注:* 表示 $P<0.05$,** 表示 $P<0.01$,*** 表示 $P<0.001$

整体来看,教师在专业理念与态度维度存在显著的学历差异,差异主要存在于本科学历教师和高中及以下学历的教师;在专业知识维度的平均得分存在显著的学历差异,差异主要存在于本科、专科学历教师和高中及以下学历的教师;教师在专业能力维度和总体均分上都不存在显著的学历差异。总之,幼儿园教师的学历差距主要集中在专业理念与态度、专业知识两个方面,且主要体现在本科、专科教师和高中及以下学历教师的差距上。当前我国幼儿园教师的学历水平依旧偏低,《国务院关于学前教育事业改革和发展情况的报告》指出,截至2018年底,全国共有287万名幼儿园教师,其中82%为大专以上学历,仍然有部分幼儿园教师为高中及以下学历。随着近年来国家对学前教育的重视和师资培养模式的改革,越来越多的本科毕业生进入幼儿园工作,许多大专学历的幼儿园教师也在通过成人自考、函授课等方式进行学历的提升。

(七) 教师在专业发展三个维度都存在最高职务差异

研究者将教师的最高职务分为配班教师、主班教师或班组长、年级组长、教研主任或保教主任、副园长、园长六类,采用单因素方差分析,探究教师在不同专业维度中平均得分及总体均分的最高职务差异。从各个专业维度来看,在专业理念与态度维度,教师的平均得分存在显著的最高职务差异,$F=4.517,P=0.000<0.001$,事后分析的多重比较结果显示,配班教师的平均得分显著低于教研主任或保教主任($P=0.000<0.001$)、园长($P=0.047<0.05$)的平均得分;在专业知识维度,教师的平均得分存在显著的最高职务差异,$F=3.344,P=0.005<0.01$,事后分析的多重比较结果显示,主班教师或班组长的平均得分显著高于园长的平均得分($P=0.026<0.05$);在专业能力维度,教师的平均得分存在显著的最高职务差异,$F=5.182,P=0.000<0.001$,事后分析的多重比较结果显示,配班教师的平均得分显著低于主班教师或班组长($P=0.006<0.01$)、教研主任或保教主任($P=0.039<0.05$)、副园长($P=0.002<0.01$)、园长($P=0.016<0.05$)的平均得分。

从教师的总体均分来看,教师的平均得分存在显著的最高职务差异,$F=4.051,P=0.001<0.01$,事后分析的多重比较结果显示,配班教师的平均得分显著低于主班教师或班组长($P=0.008<0.01$)、教研主任或保教主任($P=0.012<0.05$)的平均得分。

整体来看,教师在不同维度的差异状况各不相同,在专业理念与态度维度,存在平均得分差异的是配班教师和教研主任或保教主任;在专业知识维度,存在平均得分差异的是主班教师或班组长和园长;在专业能力维度,存在平均得分差异的是配班教师和除年级组长外的各种职务的教师。在总体平均得分中,存在差异的是配班教师和主班教师或班组长,配班教师和教研主任或保教主任。

表 2-31 教师在不同专业维度平均得分及总体均分的最高职务差异

专业维度	最高职务	均值	标准差	F	事后检验
理念与态度	1. 配班教师	5.338	0.615	4.517***	1<4***,1<6*
	2. 主班教师或班组长	5.433	0.565		
	3. 年级组长	5.453	0.556		
	4. 教研主任或保教主任	5.566	0.462		
	5. 副园长	5.418	0.539		
	6. 园长	5.496	0.494		

续表

专业维度	最高职务	均值	标准差	F	事后检验
知识	1. 配班教师	4.864	0.767	3.344**	2>6*
	2. 主班教师或班组长	4.980	0.741		
	3. 年级组长	4.981	0.689		
	4. 教研主任或保教主任	4.988	0.613		
	5. 副园长	4.874	0.683		
	6. 园长	4.753	0.692		
能力	1. 配班教师	4.720	0.778	5.182***	1<2**,1<4*
	2. 主班教师或班组长	4.867	0.714		1<5**,1<6*
	3. 年级组长	4.827	0.672		
	4. 教研主任或保教主任	4.922	0.616		
	5. 副园长	4.979	0.641		
	6. 园长	4.938	0.612		
总体	1. 配班教师	4.908	0.686	4.015**	1<2**,1<4*
	2. 主班教师或班组长	5.035	0.636		
	3. 年级组长	5.019	0.596		
	4. 教研主任或保教主任	5.101	0.523		
	5. 副园长	5.071	0.585		
	6. 园长	5.044	0.549		

注：* 表示 $P<0.05$，** 表示 $P<0.01$，*** 表示 $P<0.001$

（八）教师在专业发展三个维度都具有荣誉状况差异

在本研究中，获得过荣誉称号的教师人数为632人，暂未获得荣誉的教师为1 181人，约占总人数的65.1%。研究者采用独立样本 t 检验，探究教师在不同专业维度中平均得分及总体均分的荣誉状况差异。从各个专业维度来看，在专业理念与态度维度，$t=-5.511, P=0.000<0.001$，在专业知识维度，$t=-4.003, P=0.000<0.001$，在专业能力维度，$t=-7.176, P=0.000<0.001$，即教师在三个不同维度的平均得分都存在显著的荣誉状况差异，获得过荣誉的教师平均得分显著高于暂未获得荣誉的教师。从教师的总体均分来看，教师的平均得分存在显著的荣誉状况差异，$t=-6.607, P=0.000<0.001$。

整体来看，不论是各个专业维度的平均得分，还是总体的均分，教师的平均得分都存在显著的荣誉差异。本研究发现,获得过荣誉的教师在各个维度的平均得分都高于未获得过荣誉的教师。弗里德西希·包尔生认为,客观荣誉是指由行为和品质唤起的某种情感,从而产生对个人某种总的价值的东西。[①] 教师荣誉是一种对教师的付出和成就进行肯定和赞扬的方式,对教师具有良好的激励作用。[②] 由此可见,荣誉状况的获得对于教师的专业发展具有一定的激励和促进作用。

表 2-32 教师在不同专业维度平均得分的荣誉状况差异

专业维度	均值差值	标准误差值	df	t 值
理念与态度	−14.755%	2.677%	1 811	−5.511***
知识	−13.978%	3.492%	1 811	−4.003***
能力	−24.164%	3.367%	1 811	−7.176***
整体	−19.707%	2.983%	1 811	−6.607***

注:* 表示 $P<0.05$,** 表示 $P<0.01$,*** 表示 $P<0.001$

二、专业理念与态度维度发展阶段的现状特点

(一)职业认识与态度需求阶段教师在各方面均无显著差异

研究者采用多因素方差分析,探究在专业理念与态度维度的职业认识与态度需求阶段中,教师所在幼儿园地区(城市/农村)和性质(公办/民办/其他)对教师平均分的影响。结果显示,教师所在幼儿园地区的主效应不显著($F=0.000, P=0.986>0.05$),表明教师在此阶段的平均得分在城市和农村幼儿园中差异不显著;幼儿园性质的主效应都不显著($F=0.500, P=0.608>0.05$),表明教师在此阶段的平均得分在不同性质的幼儿园中差异不显著;教师所在幼儿园地区和幼儿园性质的交互作用都不显著($F=0.733, P=0.482>0.05$),表明幼儿园所在地区和幼儿园性质对教师在该阶段没有明显的交互作用。

研究者采用独立样本 t 检验,探究教师在专业理念与态度维度的职业认识与态度需求阶段中生育状况和荣誉状况的差异。结果显示,生育过的教师平均得分高于未生育过教师的平均得分,$t=-0.813, P=0.418>0.05$,但不存在显著的生育状况差异;获

---

① 弗里德西希·包尔生.伦理学体系[M].何怀宏,廖申白,译.北京:中国社会科学出版社,1988.
② 罗明煜.美、英、新加坡国家教师荣誉制度的共性研究[J].教师教育研究,2014(5):107-112.

得过荣誉的教师平均得分高于暂未获得荣誉的教师，$t=-0.409,P=0.683>0.05$，但不存在显著的荣誉状况差异。

研究者采用单因素方差分析，探究教师在专业理念与态度维度的职业认识与态度需求阶段中年龄段、教龄、职称、学历和最高职务差异。结果显示，教师的平均得分随年龄段增长而增加，但不存在显著的年龄段差异，$F=0.674,P=0.611>0.05$；4—6年教龄教师的平均得分最高，但不存在显著的教龄差异，$F=0.199,P=0.939>0.05$；教师的平均得分不存在显著的职称差异，$F=0.369,P=0.776>0.05$；教师的平均得分不存在显著的学历差异，$F=0.497,P=0.609>0.05$；教师的平均得分不存在显著的最高职务差异，$F=0.909,P=0.477>0.05$。

（二）实践与反思态度需求阶段教师存在荣誉状况差异

研究者采用多因素方差分析，探究在专业理念与态度维度的实践与反思态度需求阶段中，教师所在幼儿园地区（城市/农村）和性质（公办/民办/其他）对教师平均分的影响。结果显示，教师所在幼儿园地区的主效应不显著（$F=0.291,P=0.590>0.05$），表明教师在此阶段的平均得分在城市和农村幼儿园中差异不显著；幼儿园性质的主效应都不显著（$F=0.888,P=0.412>0.05$），表明教师在此阶段的平均得分在不同性质的幼儿园中差异不显著；教师所在幼儿园地区和性质的交互作用都不显著（$F=0.238,P=0.788>0.05$），表明幼儿园所在地区和幼儿园性质对教师在该阶段没有明显的交互作用。

研究者采用独立样本t检验，探究教师在专业理念与态度维度的实践与反思态度需求阶段中生育状况和荣誉状况的差异。结果显示，生育过的教师平均得分高于未生育过教师的平均得分，$t=-0.679,P=0.497>0.05$，但不存在显著的生育状况差异；获得过荣誉的教师平均得分显著高于暂未获得荣誉的教师，$t=-1.999,P=0.046<0.05$，存在显著的荣誉状况差异。

研究者采用单因素方差分析，探究教师在专业理念与态度维度的实践与反思态度需求阶段中年龄段、教龄、职称、学历和最高职称的差异。结果显示，31—40岁年龄段教师的平均得分最高，但是教师的平均得分不存在显著的年龄段差异，$F=0.976,P=0.420>0.05$；4—6年教龄教师的平均得分最高，但教师的平均得分不存在显著的教龄差异，$F=1.671,P=0.156>0.05$；教师的平均得分不存在显著的职称差异，$F=0.583,P=0.626>0.05$；教师的平均得分不存在显著的学历差异，$F=0.238,P=0.870>0.05$；教师的平均得分不存在显著的最高职务差异，$F-1.112,P-0.353>0.05$。

(三) 实践与反思态度强化阶段教师存在年龄及生育状况差异

研究者采用多因素方差分析,探究在专业理念与态度维度的实践与反思态度强化阶段中,教师所在幼儿园地区(城市/农村)和性质(公办/民办/其他)对教师平均分的影响。结果显示,教师所在幼儿园地区的主效应不显著($F=0.208, P=0.649>0.05$),表明教师在此阶段的平均得分在城市和农村幼儿园中差异不显著;幼儿园性质的主效应都不显著($F=2.316, P=0.099>0.05$),表明教师在此阶段的平均得分在不同性质的幼儿园中差异不显著;教师所在幼儿园地区和性质的交互作用都不显著($F=0.577, P=0.562>0.05$),表明幼儿园所在地区和幼儿园性质对教师在该阶段没有明显的交互作用。

研究者采用独立样本 t 检验,探究教师在专业理念与态度维度的实践与反思态度强化阶段中生育状况和荣誉状况的差异。结果显示,生育过的教师平均得分显著高于未生育的教师,$t=-2.774, P=0.006<0.01$,存在显著的生育状况差异;获得过荣誉的教师平均得分高于暂未获得荣誉的教师,$t=-1.841, P=0.066>0.05$,但不存在显著的荣誉状况差异。

研究者采用单因素方差分析,探究教师在专业理念与态度维度的实践与反思态度强化阶段中年龄段、教龄、职称、学历和最高职务差异。结果显示,教师的平均得分存在显著的年龄段差异,$F=2.787, P=0.025<0.05$,事后分析的多重比较结果显示,18—25岁显著低于31—40岁($P=0.032<0.05$);7—9年教龄教师的平均得分最高,但不存在显著的教龄差异,$F=2.187, P=0.068>0.05$;教师的平均得分不存在显著的职称差异,$F=0.551, P=0.698>0.05$;教师的平均得分不存在显著的学历差异,$F=2.196, P=0.087>0.05$;教师的平均得分不存在显著的最高职务差异,$F=0.326, P=0.897>0.05$。

三、专业知识维度发展阶段的现状特点

(一) 实践经验需求阶段教师存在生育状况差异

研究者采用多因素方差分析,探究在专业知识维度的实践经验需求阶段中,教师所在幼儿园地区(城市/农村)和性质(公办/民办/其他)对教师平均分的影响。结果显示,教师所在幼儿园地区的主效应不显著($F=1.265, P=0.261>0.05$),表明教师在此阶段

的平均得分在城市和农村幼儿园中差异不显著;幼儿园性质的主效应都不显著($F=0.597, P=0.551>0.05$),表明教师在此阶段的平均得分在不同性质的幼儿园中差异不显著;教师所在幼儿园地区和幼儿园性质的交互作用都不显著($F=0.371, P=0.690>0.05$),表明幼儿园所在地区和幼儿园性质对教师在该阶段没有明显的交互作用。

研究者采用独立样本 t 检验,探究教师在专业知识维度的实践经验需求阶段中生育状况和荣誉状况的差异。结果显示,生育过的教师平均得分显著高于未生育过教师的平均得分,$t=-2.711, P=0.007<0.01$,存在显著的生育状况差异;获得过荣誉的教师平均得分高于暂未获得荣誉的教师,$t=-0.428, P=0.669>0.05$,但不存在显著的荣誉状况差异。

研究者采用单因素方差分析,探究教师在专业知识维度的实践经验需求阶段中年龄段、教龄、职称、学历和最高职务差异。结果显示,教师的平均得分不存在显著的年龄段差异,$F=1.851, P=0.118>0.05$;教师的平均得分不存在显著的教龄差异,$F=1.392, P=0.236>0.05$;教师的平均得分不存在显著的职称差异,$F=1.481, P=0.219>0.05$;教师的平均得分不存在显著的学历差异,$F=1.264, P=0.286>0.05$;教师的平均得分不存在显著的最高职务差异,$F=0.729, P=0.602>0.05$。

(二)专业理论与通识知识需求阶段教师在各方面均无明显差异

研究者采用多因素方差分析,探究在专业知识维度的专业理论与通识知识需求阶段中,教师所在幼儿园地区(城市/农村)和性质(公办/民办/其他)对教师平均分的影响。结果显示,教师所在幼儿园地区的主效应不显著($F=0.001, P=0.974>0.05$),表明教师在此阶段的平均得分在城市和农村幼儿园中差异不显著;幼儿园性质的主效应都不显著($F=0.242, P=0.785>0.05$),表明教师在此阶段的平均得分在不同性质的幼儿园中差异不显著;教师所在幼儿园地区和性质的交互作用都不显著($F=0.017, P=0.983>0.05$),表明幼儿园所在地区和幼儿园性质对教师在该阶段没有明显的交互作用。

研究者采用独立样本 t 检验,探究教师在专业知识维度的专业理论与通识知识需求阶段中生育状况和荣誉状况的差异。结果显示,生育过的教师平均得分高于未生育过教师的平均得分,$t=-0.695, P=0.487>0.05$,但不存在显著的生育状况差异;获得过荣誉的教师平均得分高于暂未获得荣誉的教师,$t=-0.937, P=0.349>0.05$,但不存在显著的荣誉状况差异。

研究者采用单因素方差分析,探究教师在专业知识维度的专业理论与通识知识需求阶段中年龄段、教龄、职称、学历和最高职务差异。结果显示,教师的平均得分不存在显著的年龄段差异,$F=0.641$,$P=0.634>0.05$;教师的平均得分不存在显著的教龄差异,$F=1.445$,$P=0.218>0.05$;教师的平均得分不存在显著的职称差异,$F=0.891$,$P=0.469>0.05$;教师的平均得分不存在显著的学历差异,$F=0.429$,$P=0.733>0.05$;教师的平均得分不存在显著的最高职务差异,$F=1.925$,$P=0.088>0.05$。

(三)专业理论与通识知识强化阶段教师在各方面均无明显差异

研究者采用多因素方差分析,探究在专业知识维度的专业理论与通识知识强化阶段中,教师所在幼儿园地区(城市/农村)和性质(公办/民办/其他)对教师平均分的影响。结果显示,教师所在幼儿园地区的主效应不显著($F=0.757$,$P=0.385>0.05$),表明教师在此阶段的平均得分在城市和农村幼儿园中差异不显著;幼儿园性质的主效应都不显著($F=0.244$,$P=0.783>0.05$),表明教师在此阶段的平均得分在不同性质的幼儿园中差异不显著;教师所在幼儿园地区和性质的交互作用都不显著($F=1.610$,$P=0.201>0.05$),表明幼儿园所在地区和幼儿园性质对教师在该阶段没有明显的交互作用。

研究者采用独立样本 t 检验,探究教师在专业知识维度的专业理论与通识知识强化阶段中生育状况和荣誉状况的差异。结果显示,生育过的教师平均得分高于未生育的教师,$t=-0.187$,$P=0.851>0.05$,但不存在显著的生育状况差异;不存在显著的荣誉状况差异,$t=1.378$,$P=0.169>0.05$。

研究者采用单因素方差分析,探究教师在专业知识维度的专业理论与通识知识强化阶段中年龄段、教龄、职称、学历和最高职务差异。结果显示,教师的平均得分不存在显著的年龄段差异,$F=1.386$,$P=0.237>0.05$;教师的平均得分不存在显著的教龄差异,$F=0.494$,$P=0.740>0.05$;教师的平均得分不存在显著的职称差异,$F=0.854$,$P=0.492>0.05$;教师的平均得分不存在显著的学历差异,$F=1.902$,$P=0.128>0.05$;教师的平均得分不存在显著的最高职务差异,$F=1.257$,$P=0.281>0.05$。

四、专业能力维度发展阶段的现状特点

(一)沟通交流能力需求阶段教师存在年龄、生育状况、教龄、最高职务及荣誉状况差异

研究者采用多因素方差分析,探究在专业能力维度的沟通交流能力需求阶段中,教

师所在幼儿园地区(城市/农村)和性质(公办/民办/其他)对教师平均分的影响。结果显示,教师所在幼儿园地区的主效应不显著($F=0.556,P=0.456>0.05$),表明教师在此阶段的平均得分在城市和农村幼儿园中差异不显著;幼儿园性质的主效应都不显著($F=2.348,P=0.097>0.05$),表明教师在此阶段的平均得分在不同性质的幼儿园中差异不显著;教师所在幼儿园地区和性质的交互作用显著($F=3.315,P=0.037<0.05$),表明幼儿园所在地区和幼儿园性质对教师在该阶段有明显的交互作用。

研究者采用独立样本t检验,探究教师在专业能力维度的沟通交流需求阶段中生育状况和荣誉状况的差异。结果显示,生育过的教师平均得分显著高于未生育过教师的平均得分,$t=-2.425,P=0.016<0.05$,存在显著的生育状况差异;获得过荣誉的教师平均得分显著高于暂未获得荣誉的教师,$t=-2.006,P=0.045<0.05$,存在显著的荣誉状况差异。

研究者采用单因素方差分析,探究教师在专业能力维度的沟通交流能力需求阶段中年龄段、教龄、职称、学历和最高职务差异。结果显示,教师的平均得分存在显著的年龄段差异,$F=3.762,P=0.005<0.01$,事后分析的多重比较结果显示,18—25岁显著低于41—50岁($P=0.010<0.05$)和51—60岁($P=0.004<0.01$)两个年龄段,26—30岁显著低于41—50岁($P=0.029<0.05$)和51—60岁($P=0.007<0.01$)两个年龄段,31—40岁显著低于51—60岁($P=0.037<0.05$);教师的平均得分存在显著的教龄差异,$F=4.027,P=0.003<0.01$,事后分析的多重比较结果显示,1—3年显著低于7—9年($P=0.032<0.05$)、16年及以上($P=0.000<0.001$)两个教龄段,4—6年显著低于16年及以上教龄段($P=0.008<0.01$);教师的平均得分不存在显著的职称差异,$F=1.481,P=0.219>0.05$;教师的平均得分不存在显著的学历差异,$F=0.036,P=0.991>0.05$;教师的平均得分存在显著的最高职务差异,$F=4.696,P=0.000<0.001$,事后分析的多重比较结果显示,配班教师的平均得分显著低于教研主任或保教主任($P=0.022<0.05$)、园长($P=0.000<0.001$)的平均得分,主班教师或班组长的平均得分显著低于园长($P=0.000<0.001$)的平均得分,教研主任或保教主任的平均得分显著低于园长($P=0.004<0.01$)的平均得分。

(二)管理规划能力和环境创设与利用能力需求阶段教师存在职称、最高职务和荣誉状况差异

研究者采用多因素方差分析,探究在专业能力维度的管理规划能力和环境创设与利用能力需求阶段中,教师所在幼儿园地区(城市/农村)和性质(公办/民办/其他)对教师平均分的影响。结果显示,教师所在幼儿园地区的主效应不显著($F=0.000$, $P=0.992>0.05$),表明教师在此阶段的平均得分在城市和农村幼儿园中差异不显著;幼儿园性质的主效应都不显著($F=0.006$, $P=0.994>0.05$),表明教师在此阶段的平均得分在不同性质的幼儿园中差异不显著;教师所在幼儿园地区和性质的交互作用都不显著($F=0.790$, $P=0.454>0.05$),表明幼儿园所在地区和幼儿园性质对教师在该阶段没有明显的交互作用。

研究者采用独立样本 t 检验,探究教师在专业能力维度的管理规划能力和环境创设与利用能力需求阶段中生育状况和荣誉状况的差异。结果显示,生育过的教师平均得分高于未生育过教师的平均得分,$t=-1.272$, $P=0.204>0.05$,但不存在显著的生育状况差异;获得过荣誉的教师平均得分显著高于暂未获得荣誉的教师,$t=-3.076$, $P=0.002<0.01$,存在显著的荣誉状况差异。

研究者采用单因素方差分析,探究教师在专业能力维度的管理规划能力和环境创设与利用能力需求阶段中年龄段、教龄、职称、学历和最高职务差异。结果显示,教师的平均得分不存在显著的年龄段差异,$F=1.089$, $P=0.361>0.05$;教师的平均得分不存在显著的教龄差异,$F=1.839$, $P=0.119>0.05$;教师的平均得分存在显著的职称差异,$F=2.450$, $P=0.045<0.05$;教师的平均得分不存在显著的学历差异,$F=0.513$, $P=0.673>0.05$;教师的平均得分存在显著的最高职务差异,$F=2.651$, $P=0.022<0.05$,事后分析的多重比较结果显示,配班教师($P=0.002<0.01$)、主班教师或班组长($P=0.002<0.01$)的平均得分都显著低于副园长。

(三)管理规划能力强化阶段教师存在教龄、职称和学历差异

研究者采用多因素方差分析,探究在专业能力维度的管理规划能力强化阶段中,教师所在幼儿园地区(城市/农村)和性质(公办/民办/其他)对教师平均分的影响。结果显示,教师所在幼儿园地区的主效应不显著($F=1.130$, $P=0.288>0.05$),表明教师在此阶段的平均得分在城市和农村幼儿园中差异不显著;幼儿园性质的主效应都不显著($F=0.421$, $P=0.657>0.05$),表明教师在此阶段的平均得分在不同性质的幼儿园中差异不显著;教师所在幼儿园地区和性质的交互作用都不显著($F=2.015$, $P=0.134>0.05$),表明幼儿园所在地区和幼儿园性质对教师在该阶段没有明显的交互作用。

研究者采用独立样本 t 检验,探究教师在专业能力维度的管理规划能力强化阶段中生育状况和荣誉状况的差异。结果显示,生育过的教师平均得分高于未生育的教师,$t=-0.001$, $P=0.999>0.05$,但不存在显著的生育状况差异;不存在显著的荣誉状况

差异,$t=1.962$,$P=0.050$。

  研究者采用单因素方差分析,探究教师在专业能力维度的管理规划能力强化阶段中年龄段、教龄、职称、学历和最高职务差异。结果显示,教师的平均得分不存在显著的年龄段差异,$F=1.325$,$P=0.259>0.05$;教师的平均得分存在显著的教龄差异,$F=3.361$,$P=0.010<0.05$,事后分析的多重比较结果显示,1—3年教龄教师的平均得分显著高于4—6年($P=0.045<0.05$)、10—15年($P=0.001<0.01$)和16年及以上($P=0.003<0.01$);教师的平均得分存在显著的职称差异,$F=3.846$,$P=0.004<0.01$,事后分析的多重比较结果显示,暂未评定教师职称的平均得分显著高于一级教师($P=0.004<0.01$)和二级教师($P=0.008<0.01$);教师的平均得分存在显著的学历差异,$F=2.777$,$P=0.040<0.05$,事后分析的多重比较结果显示,本科学历教师的平均得分显著低于专科学历教师($P=0.018<0.05$)、高中及以下学历的教师($P=0.046<0.05$);教师的平均得分不存在显著的最高职务差异,$F=1.052$,$P=0.386>0.05$。

第三章
幼儿园教师专业发展阶段及路径变化的动态历程

第一节 基于扎根理论探究专业发展阶段及路径变化

一、研究目的

(一)了解幼儿园教师专业发展阶段及路径的具体样貌

通过质性资料的分析和收集,展现当代幼儿园教师专业发展核心特质真实、生动的具体样貌,描绘幼儿园教师在专业发展阶段及路径历程中的动态图景。

(二)丰富量化研究的结果

质化分析的理论建构与量化研究的模型建立具有研究范式与研究理路的差异。通过质化研究梳理的理论框架能够从不同的研究视角展现量化分析框架模型背后的内涵,促使数据在与文本资料的交融中对话,丰富量化研究的结果。

(三)补充量化研究的不足

量化研究本身具有不可避免的局限性,在原始数据经过项目分析、多次探索性因素分析、验证性分析等一系列的过程后,量化分析的"奥康剃刀"在核心特质凸显的同时,也存在对部分关键特质忽略的可能性。因而,本章试图在扎根研究的基础上,补充量化研究可能存在的不足。

二、研究对象

访谈对象来自江苏省 N 市、W 市、S 市的 6 所幼儿园的 30 位幼儿园教师。具体信息如表 3-1 所示。从被访谈幼儿园教师的年龄来看,18—25 岁的教师有 7 人,占 23.3%;26—30 岁的教师有 11 人,占 36.7%;31—40 岁的教师有 11 人,占 36.7%;41—50 岁的教师有 1 人,占 3.3%。从教师教龄来看,1—3 年教龄有 7 人,占 23.3%;4—6 年教龄有 7 人,占 23.3%;7—9 年教龄有 5 人,占 16.7%;10—15 年教龄有 6 人,占 20.0%;16 年及以上有 5 人,占 16.7%。从教师生育情况来看,已经生育的教师有 19 人,占 63.3%;怀孕中的教师有 2 人,占 6.7%;未生育的教师有 9 人,占 30.0%。从教师的职称来看,未评职称的教师有 9 人,占 30.0%;二级教师有 5 人,占 16.7%;一级教师有 15 人,占 50.0%;高级教师有 1 人,占 3.3%。从教师学历来看,专科学历教师有 4 人,占 13.3%;本科学历教师有 26 人,占 86.7%。从教师职务来看,担任配班教师的有 9 人,占 30.0%;担任主班教师的有 8 人,占 26.7%;担任年级组长的有 9 人,占 30.0%;担任教研组长的有 3 人,占 10.0%;担任副园长的有 1 人,占 3.3%。

表 3-1 被访谈幼儿园教师信息一览表

编号	年龄	教龄	是否生育	职称	学历	职务
T1	40 岁	20 年	是	一级	本科	副园长
T2	47 岁	28 年	是	一级	本科	年级组长
T3	28 岁	6 年	是	二级	本科	配班教师
T4	28 岁	6 年	怀孕	二级	本科	主班教师
T5	37 岁	17 年	是	一级	本科	年级组长
T6	35 岁	15 年	是	一级	本科	年级组长
T7	39 岁	20 年	是	一级	本科	年级组长
T8	35 岁	13 年	是	一级	本科	主班教师
T9	24 岁	2 年	否	未评	本科	配班教师
T10	24 岁	2 年	否	未评	本科	主班教师
T11	27 岁	5 年	否	未评	本科	配班教师
T12	27 岁	4 年	否	二级	本科	配班教师
T13	25 岁	5 年	怀孕	二级	本科	主班教师
T14	27 岁	3 年	否	未评	本科	配班教师

续表

编号	年龄	教龄	是否生育	职称	学历	职务
T15	22岁	2年	否	未评	专科	配班教师
T16	22岁	2年	否	未评	专科	配班教师
T17	21岁	1年	否	未评	专科	配班教师
T18	24岁	3年	否	未评	本科	配班教师
T19	34岁	11年	是	一级	本科	主班教师
T20	39岁	17年	是	一级	本科	年级组长
T21	29岁	5年	是	未评	本科	主班教师
T22	33岁	10年	是	一级	本科	主班教师
T23	29岁	7年	是	一级	本科	教研组长
T24	33岁	9年	是	一级	本科	年级组长
T25	28岁	7年	是	一级	本科	教研组长
T26	30岁	8年	是	一级	本科	年级组长
T27	29岁	8年	是	二级	本科	年级组长
T28	32岁	12年	是	一级	本科	年级组长
T29	29岁	5年	是	一级	专科	主班教师
T30	32岁	12年	是	高级	本科	教研组长

三、研究方法

本部分的研究以扎根理论为方法论基础。扎根理论(Grounded Theory)是由格拉斯和施特劳斯提出的一种从资料中建立理论的特殊方法论,是一种源于质性分析资料的理论建构。[①] 扎根研究的目的是能够超越描述,让研究人员根据研究参与者的观点,对一个过程、一个行动或一个相互作用产生或提出一个理论。[②] 扎根理论的发展能够帮助研究者解释实践,从数据中产生、修改或拓展现有的理论,并可以为后续研究提供研究框架。

在本研究中,研究者从扎根研究的使用原则、资料收集与分析、编码方式三个方面

---

① 科宾,施特劳斯.质性研究的基础:形成扎根理论的程序与方法[M].朱光明,译.3版.重庆:重庆大学出版社,2015.

② Strauss A, Corbin J. Basics of Qualitative Research: Grounded Theory Procedures and Techniques (2nd ed.) [M]. Thousand Oaks, CA: Sage publications, 1990.

综合运用该方法。在使用原则上,扎根理论的研究强调通过过程将变化建构到方法中,认同个体能够根据自己对资料的感知做出选择;在资料收集与分析中,扎根理论的研究强调将资料收集与分析相互关联,将概念作为分析的基本单位,将类属进行发展和关联,将不断比较作为分析方法;在编码方式上,扎根理论的研究包括开放编码(一级编码)、轴向编码(二级编码)和选择性编码(三级编码)三种基本编码方式。[1] 研究者一般从开放编码开始,对主要信息类别的资料进行编码;然后运用主轴编码将一个开放编码类别作为核心现象;最后是选择性编码,发展出与类别相关的命题或假设,或组合出描述类别间相互关系的故事情节。[2]

四、研究工具

研究者采用 NVivo11 软件进行扎根编码分析。NVivo 软件是国际最早也是目前最新的计算机辅助质性数据分析软件。[3] 它是被质化研究者在研究的过程中开发,并且持续根据研究需要的反馈拓展对研究支持的研究工具。

有研究[4]认为,使用计算机软件并不是为了取代由来已久的编码方式,而是为了增加编码的有效性和效率。NVivo 软件可以提高研究的效率,允许研究者对资料进行管理,并增加检查所记录内容含义的方法。研究人员可以利用计算机记录、分类、匹配和链接的能力来帮助回答资料来源的研究问题。使用软件能够在某些情况下帮助研究者获取不使用软件时可能错过的资料。具体来说,使用 NVivo 软件作为研究工具的作用有以下几个方面。

其一,资料管理:对资料进行组织和追踪。NVivo 软件可以管理的资料不仅包括从采访、文件调查、焦点小组或野外观察中获取的原始资料,还可以包括已经出版的研究资料、图像、图表、音频、视频、网页、纪录片、备忘录中的笔记和想法、数据源信息等。

其二,概念管理:组织和提供对研究过程中产生的概念和理论知识以及支持这些知识的数据的快速访问,同时保持对这些资料来源出处的随时访问权限。

---

[1] Corbin J M, Strauss A. Grounded Theory Research: Procedures, Canons, and Evaluative Criteria[J]. Qualitative Sociology,1990(1):3-21.
[2] Bloomberg L D, Volpe M. Completing Your Qualitative Dissertation: A Road Map from Beginning to End[M]. Thousand Oaks, CA: Sage Publications, 2008.
[3] 刘世闵,李志伟.质化研究必备工具:NVivo10 之图解与应用[M].北京:经济日报出版社,2017.
[4] Bazeley P, Jackson K. (Eds.). Qualitative Data Analysis with NVivo[M]. Thousand Oaks, CA: Sage Publications Limited, 2013.

其三,资料查询:查询简单或复杂的资料问题,并让程序从资料库检索与这些问题的答案有关的所有信息。查询结果将被保存以便进行进一步的查询,因此查询或搜索成为正在进行的查询过程的一部分。

其四,可视化数据:在解释过程的不同阶段,展示案例、想法、概念、抽样策略、时间线等的内容或结构,并在一系列的图表中直观地表示这些项目之间的相互关系。

其五,数据报告:利用定性资料库的内容,包含关于原始资料源以及原始资料库中存在的信息,从原始资料源中发展出思想和知识。

总之,NVivo软件能够对文字、图片、声音、视频等研究资料进行编码分析,能够增进质化研究的严谨性、可信度、趣味性,帮助研究者节省资料处理的时间,增强研究能力,通过建立节点、资料分类、形成群组等多种方式对原始资料进行扎根研究,从而形成系统化的扎根理论。

五、研究过程

(一) 实地访谈

研究者历时三周,对研究对象进行了一对一的当面深度访谈,访谈提纲具体见附录二。访谈之前,研究者与被访者说明访谈背景,并询问被访者是否同意全程进行录音。30位被访者中,共有25位同意录音。

在访谈过程中,研究者在抛出相关问题后,认真倾听被访者的表达,不随意打断他们,以便获得被访者关于某个问题深入而真实的经验流露和表达。此外,在访谈过程中,研究者适当进行现场记录,抓取关键信息,以便辅助后期的访谈内容整理。访谈结束后,研究者向被访者表达感谢。

(二) 资料转录

根据访谈的录音资料,结合现场的记录,研究者在访谈后及时转录并整理成文本,整理出共计216 359字的原始文本资料。

(三) 扎根编码

采用NVivo11软件对原始资料进行扎根编码,具体过程包括以下四个阶段。

其一,原始化阶段:将原始的文本资料有顺序地导入软件。

其二,标签化阶段:新建节点,为原始资料贴上本土化现象的标签。

其三,概念化阶段:将不涉及相似概念的标签概念化,将节点名称改为概念化后的名称,将具有相似概念的标签仔细对比,如果两者概念相同,则将标签合并(选中文本拖动,删除原先的节点)。

其四,范畴化阶段:可以通过新建节点和拖动节点形成新的范畴,从而促使三级编码及更高级别编码在此基础上依次按树状结构形成。

第二节 基于各维度核心特质变化的专业发展阶段及路径的动态图景

研究者依托 NVivo11 软件逐级编码,综合使用类属分析与情境分析相结合的方式对原始资料进行分析,建立扎根理论。"类属"是建立在码号之上的意义单位,类属分析是把相同的资料内容放到一起,然后进行分门别类的陈述;情境分析是指将资料放置于研究现象所处的自然情景中,按照故事发生的时序对有关事件和人物进行描述性分析。[①] 研究者通过类属分析厘清原始资料蕴含的意义层次和结构,通过情境分析丰富资料呈现的内容情节,从而获得"共时性"与"历史性"的统一。

通过对资料的分析和编码,研究者发现教师在专业发展过程中特质变化的方面主要有专业理念与态度、专业知识、专业能力三个方面,每个方面都涉及不同的核心特质属性。

一、专业理念与态度维度的变化

幼儿园教师的专业成长是一个复杂而动态的过程。在此过程中,幼儿园教师的教育观、儿童观、职业观在不断重塑、变化。

1. 教育观的变化

教育是有意识的以影响人的身心发展为直接目标的社会活动。[②] 教育观是关于教

---

① 陈向明.教师如何作质的研究[M].北京:教育科学出版社,2001.
② 叶澜.教育概论[M].北京:人民教育出版社,1991.

育现象和问题的基本观念体系。① 它是教师对教育的本质、目的、功能、体制、内容、方法、教师和学生等各个方面的基本看法。幼儿园教师的教育观念在实践中不断发生变化。

T30：教育观在慢慢地转变，很多东西可能还是要做到实处，真的是给予孩子的，而不是给别人看的。现在就是这种观念，(跟以前)不一样。其实就是不需要那些很虚、类似于噱头的东西，就是很日常的这种教学，或者就是小朋友之间的一个谈话，这个事情也就做到了。就是反而现在没有之前那么觉得要怎么样了，而是觉得要做到实处，不能是虚的东西。举个例子，比如你把装饰品挂得再漂亮，对于孩子来说挂那么高，孩子看不到，其实你就把它贴在那里，甚至不要那么好看，孩子跟我一起贴，反而这个价值更高，我认为这个反而是好的，比你到处贴得花花绿绿的、亮晶晶的好，这样子落到实处，我觉得是好的。

什么是有价值的教育方式，采取怎样的方式更加适合儿童？幼儿园教师对教育本质的理解会反映在日常教育教学和与儿童互动的方方面面。正如这位教师在访谈中提到，从之前对形式的"虚"的追求，到认识"实在"的意义，虚实之间的变化正是教育观转变的直接反映。

T18：以前觉得教完一节课，然后孩子玩一玩，就觉得对孩子还挺好的，但是我现在发现，其实有的时候在玩的过程中，我也是可以教他的，就是游戏跟课是可以结合在一起的，就像我们现在进行的这个。因为游戏也是他的一种学习方式。因为有的时候在游戏的过程中，有些孩子就会提出："老师，我觉得可以这样玩。"老师这个时候就可以进行引导："你发现了什么？你觉得这样有什么好处？"我觉得其实孩子还是能有收获的。就是以前我没有认识到这一点，所以现在就觉得其实孩子的学习方式还是有很多种的。

幼儿园教师在入职后会对教育的方方面面形成自己的观点和看法，逐渐形成自身的教育观。例如，案例中的幼儿园教师对教育教学的方式看法的变化，教师逐渐认识到教育教学的方式不只是教室中进行的"一节课"，孩子的一日生活都是教育的历程，充满了学习的机会。儿童的游戏也是儿童学习的重要方式，教师在儿童游戏的过程中可以适当地进行引导，促进儿童在自身的最近发展区内获得进步。

2. 儿童观的变化

儿童观是指对儿童的看法或观点。② 儿童是自然、社会与精神的存在，科学的儿童

---

① 顾明远.教育大辞典[M].上海：上海教育出版社，1998.
② 林崇德，杨治良，黄希庭.心理学大辞典[M].上海：上海教育出版社，2003.

观以儿童身心发展的基本规律为出发点,以社会发展的需要和期待为引导。[①] 从发现儿童的先驱夸美纽斯,到讴歌儿童重要地位的卢梭,从呼吁"follow the child"的蒙台梭利到提出儿童中心论的教育体系的杜威,教育史上的历代先贤们用他们对儿童的全部热情和对教育本质的理解铸就了辉煌的教育思想,从发现儿童,到确立儿童的地位,以教育实践服务儿童,再到科学实证的探究。对儿童的认识走过了一条由理论走向实践,由理念确立到具体实质的发展过程。

当代的幼儿园教师在职前培养阶段都接受过儿童观方面的理论学习。然而当场域从理论的阐述变为实践的行动时,教师的儿童观也经历了一次次实践化的转变与丰富。将"玻璃罩"中真空的儿童观与现实对接,幼儿园教师在专业发展的过程中对儿童的看法有了真切而具体的变化。

(1)"每个小朋友都不一样"——更加熟悉儿童

T18:一开始的心态就是觉得,可能对每个孩子来说,你都要去慢慢地跟他说,但是我发现有些孩子其实并不是,就可能真的是每个孩子所接受的方式不一样。有的孩子你跟他说,这样做、那样做他能接受,但有些孩子就是不能接受,这个时候你就要把这件事放一放、缓一缓,可能这个时候就不要再让他去做这件事了,因为他接受不了。

从刚开始对孩子"整体""模糊"的看法和认识,到在实践中意识到孩子的个体差异性,发现"每个孩子,其实每个孩子都要有对应他的方法。现在每个孩子都不一样(T16)"。幼儿园教师对儿童的认识更加全面,而且他们更加熟悉儿童的特点和个体差异性。

(2)"根据孩子的需求去选择"——更加尊重儿童

T6:再到后来,除了去想开始要做什么,还会去想怎么让孩子发展更好,到现在会去想孩子有什么需要,根据孩子的需求去选择一些东西,不论是设计活动也好,选择他们要玩的内容也好,还是去安排每天的活动也好,现在更有目的性,肯定是有变化的,这个变化的确是需要时间的。

从完成课程任务,到主动思考儿童的需求,从根据教师的要求设计内容,到根据儿童的需求选择活动,观念转变的背后是幼儿园教师对儿童身心发展特点的尊重,是对儿童发展需求和兴趣的尊重,是对儿童主体性的尊重。

(3)"吵起来还挺可爱的"——更加热爱儿童

T9:我跟我们新来的几个老师谈,我感觉他们也和我刚进来的时候一样,他们就一

---

① 虞永平.学前教育学[M].苏州:苏州大学出版社,2001.

直对我说班里小孩比较吵闹,也不知道怎么管,反正和我那时候感觉一样。但现在,他们有的时候也吵,但我觉得他们吵起来还挺可爱的,就不觉得他们很烦,没有这种感觉,一点都没有。

许多幼儿园教师在刚入职时,面对幼儿园的孩子可能会手足无措,幼儿的吵闹甚至会激起教师急躁和厌烦的情绪。随着工作的深入,幼儿园教师对幼儿的爱也与日俱增,并且这种爱是发自内心的爱,因而面对幼儿的吵闹丝毫不再有厌烦的情绪。有的教师甚至对"爱孩子"的理解更加深刻,"现在会觉得是爱孩子,不仅是有爱,还要有专业能力,这才是爱(T3)"。

(4)"眼睛里有孩子"——更加理解儿童

T22:我们也知道以他为主体啊,这些道理也都懂,但是我们作为成人,毕竟已经不是孩子了,但要处处站在一个孩子的角度去思考,这个其实是有难度的,而且一不小心或者在一种什么情境下,你就可能把它给渐渐地忘掉。然后又经历了几年的成长,到现在我才能感觉到我是真的能够温柔地对待孩子了,这种温柔,不是说我不去批评他或者是我不去凶他,而是我能够理解他了,而且我眼睛里面是真正有孩子了,因此我觉得这是一条必经的路。就是可能有人快一点,但我觉得也快不了多少,现在我知道他这个年龄就是应该能够达到什么水平,如果他超出这个水平,我就觉得他这一块发展得很好,如果没有达到,我就知道,不能怪孩子,要么我们的教学方法有问题,要么我们的活动设计有问题,就会从这些方面去思考。比如昨天才开展了一节小班的游戏活动,叫"水果蹲",正好是水果主题,然后就直接"苹果蹲、苹果蹲,苹果蹲完香蕉蹲",这个对于小班小孩来说勉强能玩下来,但是没有趣,可以讲趣味平平。为什么呢?因为它难!对于一个刚上小班两个多月的小孩,你要他念"水果蹲",就这一句话叫他念,就是他要学习的东西,然后他又要一边蹲、一边念,还要记住自己是什么水果,还要在讲的过程中、蹲的过程中、念的过程中记得马上他要讲到什么水果,然后在别人说到他的时候,他要马上反应过来,这些事情就是难了,这个游戏对他来说本来就是练反应能力的,如果缺失了这个反应,它就不好玩了。所以我就知道这个是我们课程的问题,有需要调整和再审议的地方,然后我就不会讲,看,这些孩子怎么教这么久了,还不会。

"站在儿童的角度思考""以儿童为中心"这些耳熟能详的理念在教师职前的教育中被反复强调。然而进入实践场域后,教师能够真正做到是极其不易的。一些教师往往是行为与理念不符,实践与理论脱节,说着"以儿童为主体"的话,做着"以成人为本位"的事。"眼睛里有孩子"不只是表面能看到幼儿的活动,而是将以儿童为本的理念深入内心,并在自身的行为中自然、自觉地流露出,真正地站在儿童的角度去理解儿童。

3. 职业观的变化

职业观是对职业的基本看法和态度,是一种对职业的认知、情感和行为的综合。具有良好职业观的幼儿园教师能够积极面对幼儿、家长和同事,主动地参加园内外的各种活动,努力地促进自身的专业成长。幼儿园教师的职业态度在专业发展过程中会表现出不同的变化。

（1）保持对职业的热爱

幼儿园教师是一份需要爱心、耐心、责任心的职业。只有真心地热爱这份工作,才能保持对幼儿教育的热情。访谈中很多老师都动情地说"我真是喜欢这一行(T2)""真的就是喜欢这份工作(T26)",甚至有的老师在儿童时期就对这份职业抱有憧憬,"喜欢,真的从小就喜欢,幼儿园老师问过我长大干什么,我就说当幼儿园老师,就一直冲着这个目标(T6)"。

因为热爱这份职业,开心上班而无职业倦怠,"你是真的喜欢这个工作,你就会很开心地上班";因为热爱这份职业,永葆幼儿教育的热情,"幼儿教育事业的热情从来没有消减过(T22)";因为热爱这份职业,将职业与生活交融,"在幼儿园的生活,我觉得现在已经是我生活中不可缺少的一部分了(T2)"。对职业的热爱让幼儿园教师既体验到了职业带来的快乐,也收获了职业中的成就感。

（2）形成职业责任感

幼儿园教师的职业责任感是在一系列的环境、事件引发下逐渐形成的一种职业情感态度,"就是你自从工作了以后,你就感觉确实是有一种教师的使命在身上(T16)"。作为一种积极的心理体验,职业责任感通过外部的行为得到体现。具有职业责任感的幼儿园教师会主动自觉地关注儿童,积极细心地引导儿童,"哪怕你不工作的时候,你看到其他孩子做了一些可能不太合适的举动,你也会觉得应该去管一管,就还是有那种感觉。可能平时带班太多了,班上孩子有些什么问题,你肯定都会及时去帮他们,就越来越敏感,使命感更高,很有责任感(T6)"。

（3）充满波折的职业态度

并非所有的幼儿园教师都能够一直保持职业的热情,不断增强职业责任感。事实上,很多幼儿园教师对职业的态度是在职业历程中不断变化的,甚至充满了波折和矛盾。

有的幼儿园教师认为自己的工作态度在改变,"我觉得没有刚开始认真,刚开始很认真(T15)"。有的教师感到"开心与矛盾并存(T14)"。幼儿园教师关于职业态度波折

的变化呈现出不同的特点,各种现实因素是导致变化的导火索。正如访谈中一位已经工作17年的教师谈到自己职业态度的变化历程:

T20:比如刚开始工作的时候,应该就是充满热情,然后到了"成熟期"的时候,我觉得更多的就是淡定了,遇到事情也知道该怎么解决,不慌不忙的。那到了像我讲的"瓶颈期"的时候,多数就是倦怠,那个时期就是不知道方向在哪,会有一些疲倦,没有方向感。然后过了那个时期以后,现在对自己的工作还是蛮有热情的,觉得有趣。

幼儿园教师职业态度的曲折变化特性是一种真实状况的写照,反映出幼儿园教师职业的生态特点。一方面,幼儿园教师的职业态度较易受到外界因素的影响,例如家庭的变故、园所氛围、社会地位等;另一方面,教师个人的职业态度变化是独特的、具体的,每位教师的职业态度都是充满个性化的。

二、专业知识维度的变化

(一) 实践经验方面的变化

"实践性知识"一般指教师在教育教学实践中实际使用和(或)表现出来的知识。[①] 由于实践性知识具有在场性和情境性的特点,难以通过直接的问卷调查的方式获取。因此,研究者在访谈中尽可能聆听教师的阐释,把握教师在实践经验方面的变化,力图发掘教师可能展现出的实践性知识。

1. 教育经验的提升——对幼儿年龄特点的把握更加深刻具体

幼儿园时期是幼儿身心发生巨大变化的关键期。从身体生长到认知能力发展,每个年龄段的幼儿都有其显著的年龄特征。对于幼儿园教师来说,职前培养中学习的幼儿年龄阶段特点是笼统的、概括的,而通过带班等实践经历,幼儿园教师感到"对孩子的特点抓得更牢了(T17)","对各个年龄段孩子的了解也会有所加深(T19)"。对幼儿年龄特点的把握不再只是书本上的特点总结,而是现实班级中一个个鲜活、具体的案例。

幼儿园教师对幼儿年龄特点差异性的把握更加深刻具体。教师逐渐发现幼儿发展的"多面性""差异性",即使是同一年龄段的幼儿也各有不同,意识到每个幼儿都有其独特的发展特点。

---

① 陈向明.教师实践性知识研究的知识论基础[J].教育学报,2009(2):47-55.

T21：以前学的专业知识就是纸上谈兵，工作以后就会发现，其实孩子真的是多面性的，你不可能写一本书，把孩子的特点就总结进去了，像什么年龄特点啊，就是基本上整体状况是相符的，但其实真正落到每个孩子身上还是会很不一样的。就像专业知识，我感觉以前可能是比较系统的，大而笼统的，形而上的那种，现在就是很具体的，落实到每个孩子身上。

幼儿园教师对幼儿年龄特点阶段性的把握更加深刻具体，"你一个循环班、几个年龄班带下来，你知道小班，你做什么样的教玩具放在区域里，他会感兴趣，能培养他的什么能力。中班、大班，你就知道什么样的玩具更适合你们班的孩子（T27）"。对幼儿年龄特点的把握有助于教师更好地开展教育教学活动，针对幼儿不同的年龄特点调整教育教学策略，从而满足不同年龄段幼儿的发展需求。

2. 保育经验的提升——对幼儿的照顾更加细致周到

幼儿园阶段是保育和教育相结合的时期。相比于其他阶段，幼儿在幼儿园的一日生活中需要得到教师更多的照顾，尤其是小年龄段的孩子，穿衣、吃饭、午睡等各个环节都需要教师细致而周到的关怀。在幼儿园中得到教师细致周到的照顾，幼儿能够身体发育良好，情绪愉悦安定。

T30：比如照顾孩子，就是生活上的照料，比如说穿衣服呀、扎辫子呀，之前就是可能这个辫子扎得也不是太好，或者是帮孩子穿衣服没有那么细致，领子没有翻也没有发现，鞋子穿反了也不一定发现，因为我是一个比较粗心的人。但是现在可能就是对于孩子照顾这一块，越来越细心了。我觉得，包括扎辫子、穿衣服、扣扣子啊，之前动作很快，可能那个力度很大，虽然孩子不一定会觉得老师怎么这么用力，但现在就是会放慢速度，变得很温柔了。

随着实践经验的增加，幼儿园教师不仅获得了关于幼儿教育方面的知识经验，有关如何照顾幼儿的保育经验也有所提升。一方面，幼儿园教师对幼儿的生活照料经验更加丰富，能够胜任各种日常的保育工作；另一方面，幼儿园教师对幼儿的照顾更加细致，更加能够体察幼儿的需求和感受。

3. 特殊教育经验的提升——对特殊儿童的关注更加敏感专业

T20：现在这样的孩子非常多，虽然不能说每个班都有，但是不少。我们班有，我们隔壁班也有。孩子表现不一样，有的是表现出攻击行为，有的是表现出怪异行为。所以我觉得碰到这样的孩子，也需要我们去了解这方面知识，可能更多地向医生了解。我们有的时候开讲座，也会请来脑科医院的医生，有的时候我们也会咨询他们。我们班有一个孩子就是行为习惯很怪异,而且他从来不玩玩具,他就在那里呆坐着,就是别人玩的时候,他永远就坐在那里,你跟他说"你去玩",他看看你,不说话。他爸爸妈妈说他在家时,所有小孩的玩具都不玩,就很奇怪。现在这样的小孩越来越多,也是我们得关注的一个方面。现在的孩子身体出问题的也很多。比如有的孩子是"内八字",他的家长就是从上幼儿园之前一直都不知道他是"内八字"的,他的脚是这样子走路的。但是这样的孩子一上小班,我一看就知道他是"内八字",这也影响他的发育,因为他走路的时候会不经意地摔跤。

特殊儿童是指生理和心理方面存在异常的孩子,例如身体发育异常、行为表现异常等。访谈中有多位教师提到,近年来,幼儿园中的特殊儿童比例在逐年升高。从原先每个幼儿园一到两位,上升为每个年级组,甚至每个班一到两位。这一现象也使得幼儿园教师更加敏感地对班级特殊儿童进行辨别、关注。

随着工作经验的增加,幼儿园教师在判断和分析幼儿问题方面更加专业,"可能主要的还是依靠经验。经验可以帮助我判断孩子。一个孩子,比如他身上会出现一些问题,有些表面是看不出来的,有时候就靠我们的经验来分析,因为见得比较多,也就能感受到(T20)"。很多幼儿的家长可能在孩子入园前都没有意识到孩子的问题,而专业的幼儿园教师却能够以多年的工作经验判断,并将问题反馈给家长,使其尽早带孩子进行检查、确认和干预,减少幼儿健康成长的不利因素。

(二) 理论知识方面的变化

"理论知识"通常可以通过阅读和听讲座获得,包括学科内容、学科教学法、课程、教育学、心理学和一般文化等原理类知识。[①] 理论知识是构成幼儿园教师专业特性的重要方面,占据了幼儿园教师职前培养的主要部分。理论知识的学习既奠定了幼儿园教师专业发展的基础,也是幼儿园教师应坚持进行提升的重要方面。

1. 理论知识的欠缺——"理论知识自己还要再抓一抓"

《教育部幼儿园教师专业标准(试行)》中提倡幼儿园教师应具有终身学习的理念,鼓励教师学习先进学前教育理论,了解国内外的发展经验和做法。然而,许多教师进入幼儿园工作后,在理论知识方面却处于停滞、欠缺的状态。

一方面,幼儿园教师积极肯定职前学校教育中理论知识的学习对自身的重要影响,"学校里面学到的这种知识、理念啊,对自己的影响是很大很深刻的(T23)";另一方面,在职工作的幼儿园教师又认为工作后自身在理论上的提升很有限,"理论上只能说是略

---

① 陈向明.教师实践性知识研究的知识论基础[J].教育学报,2009(2):47-55.

微地有点提升(T14)"。谈及理论知识,多位教师表示自身存在理论知识方面的不足和欠缺,"理论知识不够硬(T17)""理论要再学习(T20)""理论知识特别不足,多加强理论方面(T26)"。

2. 理论与实践的脱节——"在理论与实践的边缘挣扎"

T21:可能在大学里学的和工作中遇到的还是有很大差距的。我感觉大学老师他们所教授的知识,可能是一些基础的理论知识,不能说没有用,但是跟你真正到一线工作以后遇到的还是有很多不一样。那个只能说是打了一个特别基本的理论基础。我感觉可能大学跟幼儿园还是脱节的吧,所以来了以后,其实有很多方面不是特别了解,包括对孩子,虽然我们也学什么心理学、卫生学,但来了以后才发现很多东西还是从零做起,理论知识虽然也有帮助,但是呢,像一些真正操作的还是不一样的。

另一方面,除了理论知识的不足,一些幼儿园教师感到困惑的是理论与实践的脱节。尽管职前学校的教育中已经进行了相关理论知识的学习,然而在实践应用的过程中,部分刚入职的新手幼儿园教师感到"学的根本就不搭边,就是觉得可能用不上(T16)"。书本上的理论知识更多是系统的梳理和介绍,而实际操作中面对的是一个个需要解决的具体问题,二者在逻辑体系、应用方式等方面存在较大差异,因而部分新手教师可能会在入职初期存在理论与实践的脱节感。

3. 理论与实践的结合——"把实践和理论更好地结合在一起的探索过程"

T4:当时在大学也是学了很多理论知识,(将其)运用于自己的实践,开始感觉做不到。慢慢和孩子磨合,通过不断的学习,听专家讲座,外出观摩,才慢慢能把这些东西真正运用到教育工作中去。

理论与实践相结合是幼儿园教师提升理论知识的一种重要而有效的方式。廷伯利等人认为在有效的专业发展中,这种整合使教师能够以他们的理论理解为基础,对实践做出持续的、有原则的决定。[①] 虽然部分幼儿园教师感到了理论与实践的脱节,但是许多幼儿园教师仍然在实践中不断求索,努力将理论与实践相结合,"我在这四年当中,一直处于这样一个去把实践和理论更好地结合在一起的探索过程(T8)",从而让理论知识能够更有针对性地指导实践操作,让实践经验丰富拓展理论知识的学习,形成互补的良性循环。从一开始的"做不到"到"真正运用到孩子中去",既有自身不断地累积和学习,也有专家讲座、外出观摩的助力。

---

① Timperley H, Wilson A, Barrarand H, et al. Teachers' Professional Learning and Development [M]. Auckland: Ministry of Education University of Auckland, 2007.

三、专业能力维度的变化

(一) 沟通交流能力的变化

幼儿园作为一种社会组织的形式,是幼儿园教师主要工作的场域。活动的设置、工作的开展,离不开整个系统中各个层面人员的合作与协调。正如一位幼儿园教师所说,"并不只是跟小孩相处,还有很多的人际关系(T18)"。与不同的对象和群体进行沟通交流是幼儿园教师的重要能力,也是幼儿园教师在专业发展中必不可少的一个方面。

1. 与家长的沟通交流

自20世纪改革开放以来,随着人们物质生活条件的提高和"独生子女"政策实施的影响,儿童成了家庭的中心。家长普遍将孩子看得无比重要,在"6+1"的核心家庭模式下,孩子俨然成了全家的核心,成了家庭中"小公主""小皇帝"。除了孩子的父母之外,爷爷奶奶、外公外婆常常承担着接送和照顾的孩子的任务。因而幼儿园教师要面对的家长数量可能是班级孩子数量的四到五倍之多。如何与年龄阶段、认知层次、性格特点都不同的家长们沟通交流已经成为幼儿园教师日常工作的重要组成部分。

(1) 与家长的沟通交流是幼儿园教师的重要工作

T13:首先家长工作要做好,要是家长工作没处理好,后面会有很多麻烦。不要只想着给孩子多付出什么,家长工作没处理好,再怎么都无济于事。

T18:跟家长要做好沟通和交流,我觉得这一块也是最让老师头大的,就是遇到有一些能理解你的家长,他就觉得老师是辛苦的,我会多包涵你,我们要相互理解。但是如果遇到那些他觉得老师就是应该给我带孩子的,就比较难沟通啦。我觉得只有家长和我们老师更好地配合,孩子才能更好地发展。

谈及专业能力,大多数受访的幼儿园教师都提到了与家长的沟通交流,教师们直言"现在家长工作也难做(T16)","我觉得这一块也是最让老师头大的(T18)"。随着信息技术的发展,各种线上家园沟通平台的流行让当今家长工作不仅仅存在于每天接送时的面对面交流。访谈中有教师坦言,"每天下班后已经很疲惫,但是家长微信群里的各种信息不断,需要认真回复(T18)"。幼儿园教师与家长沟通交流的时间跨度、频率、方式都发生了变化,家长工作已经成为幼儿园教师日常工作的重要组成部分。与家长的沟通交流是幼儿园教师工作顺利开展的前提,是家园配合的基础,是促进幼儿更好发展的保障。

(2) 与家长的沟通交流能力在不断提升

T23：我刚开始和家长沟通的时候，没有自信，也比较胆怯。因为那时候家长基本上年纪都比我大，然后自己一个小丫头，感觉不敢和家长讲话，沟通都很少，在家长面前基本上都是夸孩子，就不怎么敢去讲孩子有哪些不好的地方，就怕家长不高兴。但现在经验多了，感觉和家长聊起来，你会给他一些教育方面的指导，觉得家长会去相信老师的话。

T16：在家长沟通方面，刚开始可能在遇到家长时，就是当新老师的时候，家长到门口去打招呼，你会觉得有点尴尬，就是不知道你该跟他说什么，可能会有点刻意地想回避一下。然后现在就是能主动迎上去交流，可能家长不一定问你，你可能就会主动开口跟他讲，比如说孩子最近怎么样，就是这种变化还是蛮大的。我以前是比较逃避的。

幼儿园教师与家长的沟通交流能力能够在实践中不断提升，有的幼儿园教师认为"跟家长的沟通是成长最大的一方面吧（T18）"。具体来看，从与家长沟通交流的情感方面来看，教师从"胆怯""不敢""尴尬"到能够"聊起来"，逐渐能够接受与家长的沟通；从行为变化方面来看，教师从"比较回避"到"主动迎上去交流"，逐渐能够主动与家长交流；从沟通内容方面来看，从"不知道说什么"到"给他一些教育方面的指导"，逐渐能够让沟通更加有效。

(3) 与家长的沟通交流更加讲究策略方法

随着与家长沟通交流经验的积累，幼儿园教师已经认识到"与家长的沟通是非常讲究艺术性的（T8）"，在与家长互动中更加注重沟通的方式，从而让沟通更加顺畅，家园工作更好地开展，形成教育合力。

第一，欲扬先抑——家长更加配合。

T14：与家长沟通现在也好很多，我是一个说话比较直接的人，刚开始与家长沟通时，比如孩子哪天犯错了，我就直接把孩子的问题讲给家长听，其实到后来慢慢才觉得，应该把孩子一天的优点先说给家长，然后再说缺点，而且你应该笑眯眯地跟他讲，不要那么严肃，不要一见面就说你孩子今天怎么了。虽然孩子是犯错了，但是家长接受程度是不一样的，他很不开心，肯定觉得老师批评孩子了。但如果你先把孩子的优点说出来，说他今天表现很好，家长就很开心，然后你再笑嘻嘻地给他提一提表现不足之处，这样家长也能接受了，最后回家也会教育一下。

在与家长的基本沟通交流基础之上，一些教师还摸索出如何与家长更加有效地沟通交流。例如在沟通内容的顺序上采取"先说优点，再说缺点"的方式，在沟通的氛围和态度上采取"轻松嬉笑，不要严肃"的方式。良好的沟通策略能够让家长更加乐于接受教师的意见和建议，促进家园配合。

第二，以自身的经历和角色——家长更加信服。

T20：我觉得沟通的话，我现在会跟他们沟通得更得心应手一些，就是站在家长的角度，而且这种方式特别有说服力，真的特别有说服力。你如果站在一个老师的角度，你说你这样不行，你要帮他养成好习惯，没有用，你只有拿出你的切身经历。我经常跟他们说我家儿子，如果那个时候我要是这样做的话，他现在会更好。就是我也会很后悔，但是我现在告诉你们，就是希望你们不要做后悔的事情，家长就特别听、特别信服，沟通方面现在就是很顺畅，很有策略。很多家长遇到问题的时候，会主动找我聊一聊，我和家长关系也很不错，最起码我在需要他们帮助的时候，他们能够主动来帮助我。有时班上的一些活动需要家长配合的，他们都能很积极主动，那我也很知足了。

这位教师以自己养育孩子的经验和自己作为一个家长的角色，而不是以教师的角色与家长沟通和交流孩子的读书习惯问题。"切身经历"以真实的历程和案例更具说服力，而"家长的角度"能够让家长产生共鸣，消除教师和家长角色之间的距离感，从而达到事半功倍的效果。如此，既让家长信服，又促进了家园关系的良性发展。

第三，特殊情况委婉交流——家长更易接受。

T20：其实，我们有时候说话也特别小心，因为现在很多家庭就一个孩子，家长自己也很维护，然后我们说得也很婉转。你又不能说得太严重，你不能说你带他去医院看看，因为我们也是爸爸妈妈，我们也有孩子，如果别人这样说我们的孩子，我们肯定很伤心，还是要很婉转地说，我觉得这也是一种能力。你不讲又觉得不行，不讲我觉得是对他孩子的不负责任。那如果要是早干预的话可能会好一些。我觉得，我发现了问题，我不跟家长说，是我对他们不负责任，但是说的时候要注意，要很婉转。这也要学。

这位教师的班级中有一位行为怪异的"特殊儿童"。面对这样"处境不利"的幼儿，在家长不愿承认、不愿接受的前提下，如何在与家长沟通交流的过程中，既尊重维护家长敏感的自尊心，又要婉转地表达出对孩子实际状况的建议，这是一种对幼儿园教师沟通交流能力的考验。该教师以自己的同理心代入，在理解家长的心情和对幼儿关怀的基础上婉转地向家长提出建议，从而帮助该幼儿尽早干预，促进幼儿的发展。

2. 与幼儿的沟通交流

儿童是幼儿园教师开展教育教学活动的对象，如何读懂"儿童的一百种语言"也是幼儿园教师专业能力的重要组成方面。与幼儿的沟通交流和与作为成年人的家长沟通交流是不同的。与家长的沟通交流更多是语言、想法的交流，而与幼儿的沟通交流还涉及教师对幼儿的观察理解、倾听解读等方面。

(1) 在沟通交流中学会解读和理解幼儿

T23:最明显的是和孩子的沟通和互动的能力吧。和孩子在一起互动的时候,应该需要解读和理解孩子的能力。一开始看孩子,看他们做什么,可能就是有一些不太理解,读不懂。就比如写一篇观察记录,记录了却不知道孩子这样做的原因是什么,要花好大的力气去解读。现在感觉可能会在解读孩子方面,看他们做了什么东西,会很快地分析出他们这样做的原因是什么,应该用什么策略应对。

幼儿园教师在与幼儿的互动交流中能够提升对幼儿的理解能力,学会解读幼儿。一方面,解读与理解幼儿能够促进幼儿的全面发展。为全面了解幼儿的身心发展情况,促进幼儿在原有水平上的进步,幼儿园教师仅仅靠在日常生活中获得的表面的信息是远远不够的,必须对幼儿进行全面细致的观察解读,掌握大量的行为信息才能更加深入了解幼儿。另一方面,解读理解幼儿能够促进幼儿园教师的专业成长。幼儿园教师对幼儿的行为表现进行观察理解的过程,也是一个认识和理解幼儿的过程,一个联系和思索的过程。

(2) 在沟通交流中学会倾听幼儿和与幼儿对话

T19:和孩子的这种沟通交流工作应该是最多的,是吧?一开始不是很了解应该用哪种语气跟孩子说话,包括你的站姿,还有你如何组织语言?孩子是否能听得懂,还有你怎样讲才能够让孩子更容易、更愿意来跟你说,其实也是需要积累的,你不是一开始就知道该怎么跟孩子沟通。

倾听与对话是教师与幼儿沟通交流的重要方式,是凸显儿童主体地位的重要保证。倾听是教师全面了解儿童的重要途径,是师生对话的基点;对话是师生交流的桥梁,是师生互动的动态过程。多尔的后现代理论认为:"师生关系带有对话交往的个人特点——是双向的和交互作用的,而不仅仅是单向的和信息性的。这些变化要求教师成为好的倾听者和交往者,而不仅仅是好的讲解人。"[①]

倾听与对话意味着对儿童已有经验的认识和把握,意味着平等的互动。在倾听对话的互动中,儿童的想法得到了重视,能力得到了肯定,兴趣可能被激发。由于幼儿的认知和语言能力还处于发展的过程中,在表达和交流方面需要幼儿园教师付出更多的耐心和给予引导。幼儿园教师在与幼儿的沟通交流中需要综合考虑站姿、语气、对话的内容、表达的方式,认真倾听幼儿的话语,鼓励幼儿主动表达,从而促使幼儿更加乐意、

---

① 小威廉·E.多尔.后现代课程观[M].王红宇,译.2版.北京:教育科学出版社,2015.

主动地与教师进行沟通交流。

（3）在沟通交流中学会关注幼儿的个体差异

T19：还有不同的孩子,不同性格的孩子,你跟不同的孩子交流是不一样的,这种经验也需要慢慢积累。刚开始也是不太清楚,只知道要跟他轻声细语地说,但怎么讲、讲什么,跟这个孩子要怎么讲,跟那个孩子要怎么讲,心里面没底。那现在就是比较清楚,现在不能说很清楚,就是心里稍微有数了,和孩子相处时间长了之后,随着带班时间越来越长,对孩子的了解其实也在加深。

幼儿发展过程中的差异性是客观存在的。幼儿的学习兴趣、知识经验、认知能力、气质个性等都具有较大的差异。幼儿的个体差异是对教师沟通交流能力的挑战,教师需要根据幼儿的年龄特点调整沟通交流的方式,根据幼儿的个体差异调整沟通交流的方式。但同时,个体差异也是一种教育资源。教师应充分利用班级幼儿客观存在的个体差异,通过交流和沟通促进自身与幼儿相互之间的理解,并丰富对每个幼儿的个人理解。

3. 与同事的沟通交流

同事是幼儿园教师在工作中的重要合作者。搭班教师、班组长、年级组长、园长等各个层次的人员都是幼儿园教师的同事。与同事的沟通交流既是幼儿园教师日常工作的组成部分,也是促进其专业发展的重要途径。

（1）与搭班教师的沟通交流更默契

T17：我也跟主班老师聊天,就是说我的一些感受,就是我不开心的地方或者什么,我觉得我这个人就是,我想说,我一定要说出来,我不说出来,我觉得我还是难受。要沟通,我就觉得沟通很重要,就像我跟主班老师,我们有时候偶尔坐在一起,我们几个人坐在一起也会聊,她也会说你们不说这些问题,我也不知道,那就是说我们要常沟通。现在这种沟通交流更默契、更好了。

搭班教师是幼儿园教师在工作中接触最密切的同事。幼儿园班级中一般会配备两到三位教师,幼儿园教师需要在一段时间内与搭班教师朝夕相处。班级教师之间的沟通交流能够让班级工作的开展更加顺畅,彼此的合作更加默契,从而促使班级各项活动有序开展,保障幼儿的健康成长。

（2）与园内同事的沟通交流更密切

T29：我们班保育老师,她年龄比我爸妈稍微小一点。但是,有的时候,比如做家长工作方面,我还是不能像她一样想得全面一些,因为她稍微年长一点,所以她跟我沟通的时候,我常认为她讲的也对。我觉得她的沟通方式也是值得我学习的。

每位教师都有自身擅长和不足的方面,工作中的交流能够帮助教师取长补短。例如,保育老师通常具有丰富的工作经验,在家长工作方面积累了许多经验,可以给予年轻教师一些指导。随着幼儿园教师与同事的交流逐渐密切,教师能够在与班级教师的沟通交流中不断学习,获得专业发展中的帮助。

T18:组内的教研老师,她可能不会像你师傅那样,很明确地告诉你这个应该怎么弄、那个怎么弄。她会让你自己去想,你这个东西弄出来,你想告诉孩子的是什么?弄出来的意义是什么?她可能更多的是让你去反思,让你自己去想。那这个时候你一想,唉,这好像说得有道理,我这个环节好像也不是必要的,真的是可有可无的。她提出的问题就会让我去反思自己的这个东西到底是不是真有问题。同事们之间还是应该相互帮助,这个其实很重要。

与同事的沟通交流具有多种方式。除了面对面的聊天谈心,还包括各种专业交流,例如听课、开课、教研组讨论等。幼儿园会为不同层次的教师提供相互交流的机会,促使教师在各种学习小组、教研活动中提高相互交流的频率和质量,从而促使教师反思改进,促进专业成长。

(二) 管理规划能力的变化

管理是指通过其他人或者与其他人一起有效率和有效果地将事情完成的过程,管理的重要特征是过程有效率和有效果。[①] 对于处于不同阶段的幼儿园教师来说,管理规划能力是工作中必备的一项能力。普通带班教师需要对班级的常规和各项事务进行管理,管理层教师需要对全园业务进行统筹协调,骨干教师需要对年轻教师进行专业的引领和指导,等等。

1. 班级管理能力

美国管理学家代明认为,管理活动包括计划、实行、检查、总结四个阶段,四个阶段形成一个完整而不断循环的管理过程。[②] 班级管理是指教师通过组织、计划、实施、调整等方式充分运用各种资源,达成管理目标的过程。对于幼儿园整体来说,班级管理是幼儿园管理的基础。对于幼儿园教师来说,班级是其工作的具体场域,班级管理是保障

---

① 罗宾斯,德森佐,沃尔特.管理学:第7版[M].李自杰,刘畅,赵众一,等译.北京:机械工业出版社,2013.
② 工学聪.成功幼儿园管理制度全书[M].长春:吉林摄影出版社,2002.

日常教育教学活动有序、顺利开展的前提。班级管理包括多个方面，涉及常规管理、事务规划、活动组织等多个方面，是对幼儿园教师综合管理能力的考验。

(1) 班级常规管理能力——"有一套自己的方法"

T16：之前关于纪律方面，可能会没有头绪，不知道该怎么去表达，怎么去说，然后到现在已经有了一套自己的方法，可以将班级的日常生活都安排得比较好。

T23：最开始，班级管理很差，因为带的班级的常规特别差，然后现在慢慢地，能够找到一种平衡，就在让他们自主活动的情况下也能保证好班级的常规。

班级常规管理是班级管理的基础。班级常规的建立可以帮助幼儿养成良好的生活作息习惯，培养良好的学习品质，有效参与各项活动。对于新入职教师、中途插班教师来说，一开始可能会感到"没有头绪"，不知道适合的做法是什么。部分教师还会陷入常规管理与儿童自由活动的矛盾中，思考班级常规是否会压抑孩子的天性，如何在自由与规则之间找到平衡。随着不断成长，教师对班级常规的建立能够逐渐形成自己的方法，找到维持良好班级常规的平衡点。

(2) 班级事务规划能力——"感觉有提升"

T25：因为幼儿园老师这项工作还是很琐碎的，就有很多东西。小朋友的事情也是需要你指导啊，做好规划，基本上小朋友还是跟着你的步伐走的。这方面的能力，我感觉是有提升的。

班级事务是烦琐和零碎的，包括教育教学活动安排、幼儿一日生活照料、园内大型活动开展等都需要幼儿园教师合理安排和规划。教师可以按照事务的轻重缓急，有计划地进行安排，将各项工作平衡分配，从而做到忙而不乱，提升自己的事务规划能力。

(3) 班级活动组织能力——"更加有条不紊"

幼儿的一日生活是由形式多样的活动整合在一起的，从入园开始的晨间活动、游戏活动到教育教学活动、进餐活动、午睡休息、户外体育活动等，都需要幼儿园教师合理地组织。除此之外，还有亲子活动、远足郊游活动、运动会、家长开放日等大型活动的组织开展。

活动组织无序会影响幼儿情绪的安定，造成秩序混乱，增加不安全因素。有条不紊地组织活动，可以促进班级形成和谐有序的氛围，保障活动的顺利开展。对于幼儿园教师来说，随着活动组织能力的提升，"整体的一日活动的带班，就是整体的活动流程的组织，会比以前更加地有条不紊(T19)"。幼儿园教师在组织各项活动时，应注意把握幼儿的年龄特点和个体差异，采取动静结合、安全有序的方式进行。

2. 统筹协调能力

T20：我之前是在分园担任年级组长，我刚开始担任的时候，还分本部和分部，然后以本部为主，分部为辅，那时候又刚开始当年级组长，有很多东西可能也不太清楚，就跟着本部的年级组长一起来做，比如该做什么事情啊，他们会通知我们一下，我们要做什么事情，那我们就协调年级组来做一下。那么特别是到本部这边来了以后，很多事情就没有人来带着你了，就是你自己带着老师来干了。所以我觉得自己在这方面提高得也是挺快的。全盘的规划、考虑，然后包括协调，和其他年级组之间的协调，因为有很多事情你不需要去找领导，几个年级组之间协调一下就可以了。跟别的年级组长讨论这件事情我们怎么处理，比如这个时间我们怎么安排，这些器械我们放在哪儿，你们用什么，我们用什么，年级组之间相互协调。

幼儿园是一个复杂的生态系统，各个班级、年级组，各个部门都不是孤立存在的。没有整体的统筹与协调，幼儿园的各项活动将难以有序开展。这位教师是一位已经工作17年的教师，在一所公办幼儿园中担任年级组长。该教师原先在幼儿园的分部工作，因此虽然担任年级组长，但主要是跟随本部的年级组长一起做，"比如该做什么事情啊，他们会通知我们一下，我们要做什么事情，那我们就协调年级组来做一下（T20）"。回到本部后，"很多事情就没有人来带着你了，就是你自己带着老师来干了（T20）"，因此在统筹规划能力方面提升较快。除了日常的带班活动，作为年级组长还需要承担整个年级组的活动安排和规划，与园部和其他年级组统筹协调。统筹协调需要教师不仅仅考虑自己班级的事务，还需要"全盘考虑"，"考虑的不仅仅是班上这个小盘子，可能更多的是一些大的盘子"。统筹协调需要教师成为园部与年级组、年级组与各个班级之间的联系桥梁，与不同的对象沟通讨论。因此，统筹协调能力是一种综合性较强的管理规划能力。

3. 引领指导能力

T30：就是可能会看得再深入一点，比他们再深入一点，所以就是一些指导的东西，他们还是比较受用的，就不是长篇大论的那种理论的东西，可能很多东西会指导他们具体怎么做，甚至也会跟他们讲这么做背后的意义是什么。因为有的年轻老师，你跟他讲怎么做，他就这么做了，但其实他们不理解这么做的意义是什么。所以就是很多时候你跟他讲完之后，你会告诉他事实，就是这个到底为什么要这样做，让他慢慢树立一种更好、更合适或者更正面的教育观或者儿童观。我就是在引领老师方面也有更多的策略了。

这是一位已经工作12年,在幼儿园担任教研组长的教师。教研组长的主要职责是组织教研活动,带领教师在专业方面获得成长。由于自身的工作角色和丰富的经验,该教师在引领教师专业成长方面积累了更多的经验。她认为一方面应该避免长篇大论的理论说教,而要提出具体的操作步骤,另一方面应阐述具体做法背后的原因,从而让年轻的教师更易接受,树立正确的观念。

(三)环境创设与利用能力的变化

幼儿园的环境不仅是美感的需要,还是传递教育者教育意图的中介。环境对幼儿的发展具有潜移默化的作用,幼儿在与环境的互动中不断获得认知的发展,环境是幼儿园的"隐性课程"。为幼儿创设良好的环境是教师的基本工作之一。幼儿园教师应具有创设与利用环境的能力,使环境起到支持和引导幼儿的作用,满足幼儿身心发展的需求,从而促进幼儿的发展。

1. 环境创设方面——"考虑得更多一点"

T15:然后区域的话,我觉得还是有进步的。刚开始的时候不知道做什么,比如说对班级的布局考虑得不是很全面,现在就会考虑得更多一点,如实用性啊,小孩子玩的一些情况啊,层次性啊,会考虑到这些方面。但是刚开始的时候不行,现在在这方面还是有成长的。

环境创设包含丰富的内容,涉及区域活动设置、墙面布置、活动室布置等多个方面。环境创设不是凭空产生的,而是需要教师综合考虑各方面的需求,发挥环境的教育、审美、安全等功能。环境创设的过程是提升教师专业素养的过程,幼儿园教师需要在空间利用、材料提供、呈现方式等方面综合考虑。然而,幼儿园教师在入职初期对环境创设的考虑往往缺少全面性,容易顾此失彼,甚至"不知道做什么"。随着工作经验的增加和环境创设能力的提升,幼儿园教师能够综合考虑,通过对环境创设的准备和调整,在环境创设中发挥引导与支持的作用。

(1) 在环境创设中考虑幼儿的参与和需求

T27:刚开始工作的时候,可能更多的我们会去参照一些辅导书,我记得有一套书叫什么玩美,这套书里面有很多内容,它会告诉你区角做什么,主题墙做什么,这样的辅导书现在也有。但是呢,以前我就会参考辅导书上面,做出来就可以了,那现在我会去思考:孩子需要什么,我们班的孩子适合什么,喜欢什么。他们也是我们班级的小主人,我会跟他们去交流,这学期我们要做什么样的主题,我们现在的主题墙上有哪几个板块,你觉得这个板块里面我们应该放一些什么东西,放一些你们平时自己的调查表,还是你们自己画的画或活动时的照片。现在我就会有更多的思考,会考虑孩子如何参与,主要考虑孩子的需求。

T21:可能一开始不太清楚每个区域的游戏可以怎么设置,或者是说设置什么样的游戏比较适合现阶段的孩子。现在呢,就是有一些了解以后就大概知道,比如每个年龄阶段的孩子要设置什么样的游戏,既能让孩子感兴趣,又能真正促进孩子发展。

环境创设本身也是一个积极的教育历程。幼儿不仅是环境的使用者,也是环境的创设者。幼儿是"班级的小主人",只有考虑到幼儿的参与和需求,才能真正促进幼儿的发展。首先,幼儿园教师在环境创设中更加注重幼儿的参与。幼儿的积极参与不仅可以提高幼儿合作、交流、设计、解决问题的能力,还能够让幼儿在参与的过程中发挥主动性和发展主体意识。一方面,物品的精美不是环境创设的标准,重要的是幼儿参与、表达、设计和制作的历程。另一方面,环境不仅包括物质的环境,还包括内在的心理环境创设。尊重幼儿的需求,考虑幼儿的参与,允许幼儿自主表达意愿、自由选择材料,本身就是在营造宽松、和谐的心理环境。其次,幼儿园教师在环境创设中更加注重幼儿的年龄特点和兴趣需求。例如在给小班幼儿与中、大班幼儿提供游戏材料方面存在差异,教师会为小班幼儿提供同一种类的多个数量的游戏材料,这比较符合小班幼儿平行游戏的特点。

(2)在环境创设中考虑与课程主题的联系

环境创设本身就是幼儿园课程的有机组成部分,是课程形式多样化的体现,而不是单独割裂的一部分。环境创设与主题课程的相互联系是紧密不可分割的。幼儿园教师在环境创设中"刚开始只是为了做而做(T11)",并没有认识到环境创设的课程价值及其与课程的关系。随着教师环境创设能力的提升,"现在能把主题、内容体现出来,把课和区域联系起来(T11)"。这种联系是将课程的理念体现在环境的创设中,将课程的内容反映在环境的创设中,将课程的结果记录在环境的创设中,真正使环境创设与课程主题之间建立有机、内在、整体、连续的联系,从而帮助幼儿经验连贯、持续地获得提升。

2. 资源利用方面——"更加得心应手"

T23:刚工作的时候,对于区域游戏完全不知道自己该干什么,现在因为工作这么多年,有经验可循了,就比以前轻松很多,能够运用一些经验,就是不费力。以前做一个区域游戏要好久好久。首先自己要想,思考好久。在做的过程中,找工具啊,找适合的材料啊,自己做,手工能力不强。可能做完了之后,孩子也不喜欢玩,会浪费很长时间。现在就是能够运用一些现有的资源,能够尽量地减少自己的劳动,然后把游戏做出来。

T27：第二就是更加得心应手。比如我看到这个纸杯，一次性纸杯，原先我可能就觉得它是用来喝水的，那现在我把它剪一剪，可以做成花嘛，再把它剪一剪，可以做只小蜜蜂。就是有这样子的经验积累，慢慢就会了。

环境的创设离不开对资源的运用。刚参加工作的幼儿园教师在资源利用方面可能存在以下问题：资源利用意识不强，没有资源整合的意识；资源利用挖掘不够，资源利用停留在表面。随着工作时间的增加，幼儿园教师对资源利用的能力不断提升，他们不仅能"运用一些现有的资源"，而且对资源的利用"更加得心应手"。

幼儿园的资源不仅包括物质资源，还包括人力资源、社区资源。在物质资源利用方面，幼儿园教师的资源利用能力一方面表现在能够运用已有的资源，有资源利用的意识和能力；另一方面表现在对现有资源的再利用和改造能力，发挥资源的内在价值；在人力资源利用方面，幼儿园教师能够动员家长，邀请有相关经验的家长参与幼儿园的活动。例如在端午节，教师邀请会包粽子的爷爷奶奶教幼儿体验包粽子；在社会资源利用方面，能够尝试带领幼儿走进社区，利用社会的丰富资源，让家园、社区形成教育合力，共同促进幼儿的发展。

（四）教育教学能力的变化

幼儿园的教育教学途径不仅包括专门组织的集体教学活动，还包括各种区域活动、一日生活活动等各个方面。

1. 教育教学活动设计能力的变化

教育教学活动设计能力是教师教育教学能力的重要组成部分。教育教学活动的设计是实施教育教学活动的前提，是教师教育教学基础能力的体现。幼儿园教师在教育教学活动设计能力方面的变化主要体现在活动设计的针对性和阶段性。

（1）教育教学活动设计能力的针对性——"切中孩子需要的那个点"

T14：我觉得现在成长了很多，刚开始在教学上很空，而且设计得很满、很充实。但是上课的时候因为抓不到孩子的点，所以常出现孩子不听你的情况或者很乱的局面，根本就用不上设计的那些内容。后来慢慢发现，其实只要根据孩子的特点，哪怕一个很小的环节或者一个很小的策略，孩子都会跟着你走，也就是找到了更适合孩子的方式。现在就是有针对性，能下手了。以前就是那个教案写得特别满，然后什么层次啊，重点啊，难点或者好多的教学策略都有，但其实根本就用不上。现在就是内容越来越聚焦，越来越有针对性了，更懂孩子了，知道什么更适合孩子。

教师在教育教学活动开展之前,会对教育教学活动的开展有基本的思路和想法。访谈中,这位教师坦言,刚开始虽然教案写得"很满",看似内容很多很充实,但实际上却是"很空",因为活动设计并没有抓住幼儿的兴趣点,内容不聚焦,所以实际的教育教学效果也不理想。随着教师对幼儿特点的把握,活动设计更加有针对性,不需要面面俱到,只要找到更适合孩子的方式。

(2) 教育教学活动设计能力的阶段性——从"照本宣科"到"发挥主动创造性"

T13:开始写教案,会看人家怎么写,后期自己看到课题,就知道教案该怎么写了。现在上课的时候,看到课题会有自己的想法,会根据我们班孩子的能力设计,不需要一步一步地按照书上的,这也是成长吧。一开始工作的时候,肯定都是按照教案上课,后来发现它不一定适合我们班孩子,就会改,这种变化发生在工作后的第二学期。

T20:教育教学方面,我刚开始工作的时候,多数是照本宣科,就是因为我的能力达不到去修改那些已经成熟的教案,这些能力我还没有,我只能照本宣科,然后开始慢慢地尝试改变一些,就是根据自己班孩子的情况和自己的想法,做一些调整。到现在这个时期,我觉得可能发挥自己的主动性更多一些。比如班上有年轻老师,然后这节课就可以多讨论讨论,商量可以怎样上得更有趣一些,我的经验加上他的创意,可能会有不一样的效果。当遇到一些比较难处理的活动时,现在的我更愿意发挥自己的创造性和主动性,去探索一些新的方法。

教师的教育教学活动设计能力会经历不同的发展阶段。一开始,教师更多的是"照本宣科""一步一步地按照书上的",教师自身对活动设计并没有直接的想法;随着教师经验的增加,开始"尝试改变一些",例如根据班级幼儿的实际情况进行调整,初步具有了自己对教育教学的想法。后来,教师在教育教学活动设计中更加具有主动性、创造性,积极思考"怎样上得更有趣一些",能够主动"探索一些新的方法"。这些变化说明了教师在教育教学活动设计能力方面的发展阶段性,也体现出教师教育教学能力的变化。

2. 教育教学活动实施能力的变化

教育教学活动实施是教师将教育教学活动设计方案付诸实践的过程。在这个过程中,需要幼儿园教师对实施流程具有清晰的把握,综合运用各种教育教学策略组织实施活动,并在过程中注重自身的教态和与幼儿的互动。

(1) 教育教学活动实施的思路更清晰

T15:刚开始虽然我实习过,但是上的课很少,然后自己开始独立带班上课,上什么课,设计什么环节,其实有时候跟学校教的不一样,而且你还要根据孩子的情况去调整。刚开始我会向老教师请教,然后到现在,自己拿到一个教案,只要看一下,扫一眼,心里大概会有一个流程。

T16:比如教育教学能力,之前拿到一个教案,可能看半天,不知道从何处开始或者怎么组织语言,现在拿到一个教案,看一下能反应过来了,理清思路了就能上课。就是不像之前很紧张,不知道该怎么说,然后说一半可能就卡住了,但现在就好多了。

教育教学活动实施的思路是指教师在实施教育教学活动前对流程的整体把握,在实施教育教学活动过程中对环节的调整。教师应具备清晰的思路,能够把握教育教学活动的流程,熟悉本次活动的重点和难点,明确本次活动需要解决的问题,知晓如何启发与鼓励幼儿,准确地表达教学语言。幼儿园教师对教育教学活动实施的思路越清晰,就越能准确地把握教育教学活动实施的各个环节,从而为教育教学活动的进一步组织和开展奠定基础。

(2)教育教学活动实施的组织更熟练

T21:组织教育活动比以前更加熟练,比如哪些活动使用什么样的教具,或者问题的提问方式,或者如何跟孩子对答,就是在一问一答,如何回应孩子的问题等方面,日常教学活动比以前更得心应手。

T11:发生变化的主要是上课,刚工作,上课无从下手,看别人,观摩别人是怎么上课的,现在已经有自己的想法了,知道怎么上课更好。

幼儿园教师是教育教学活动的组织者和指导者。幼儿园教师组织教育教学活动的过程,是师幼互动的过程,是促进幼儿认知发展的过程,是提升教师教育教学能力的过程。教育教学活动的组织有多种形式,包括集体教学活动、小组活动、个别活动等。对于幼儿园教师来说,"觉得感受最深的就是上课(T29)"。在组织教育教学活动过程中,教师需要综合考虑教学内容的年龄适宜性、教学方式的有效性,思考如何与幼儿互动,渐渐地教师感到"更加得心应手(T27)""知道怎么上课更好(T11)",从而能够熟练组织教育教学活动。

(3)教育教学活动实施的状态更良好

T23:比如教育教学方面,自己现在的教学状态和刚开始工作时肯定是有变化的。刚开始的时候,就是一些基本的教态,和孩子的互动方面,包括上课的时候,以前和孩子互动的时候,可能只会关注个别表现特别积极的,或者是表现特别不好的孩子,对于其他的中间那些孩子会忽视。现在教学活动过程中会有意识地去给每一个孩子和老师互动的机会。

幼儿园教师教学的状态既包括教师的教态,例如身体姿势是否自然,语气语调是否合理,也包括教师在过程中与幼儿的互动状态,例如互动的频率是否合适,互动的方式是否合理,互动的对象是否包含每一位幼儿等。幼儿园教师在教育教学活动中的状态对幼儿的发展具有重要意义。一方面,幼儿园教师良好的教态能够使教育教学活动过程更加流畅自然,吸引幼儿积极主动地参与到活动中,愿意与教师和同伴互动;另一方面,良好的师幼互动状态是幼儿身心健康发展的保障,能够增强幼儿的自信心和表达能力,使幼儿体验到被尊重和关注。

(4) 教育教学活动实施的策略更丰富

T27:我觉得可以用四个字"教育机智"来概括,原先我们作为年轻老师的时候,就什么东西都在学习,上课的时候也有一点畏首畏尾,我自己不确定正不正确,所以可能不太敢说,但是现在呢,我知道遇到什么样的问题,可以用什么样的策略来去解决。

T29:比如刚开始上课,看到小孩我很紧张啊。刚开始的时候,有些教案设计好了,但是真正上课的时候,孩子给出的答案未必是当初你设想的那个答案,他们会有各种各样的让你意想不到的状况。这种在上课时的应变能力,刚开始是肯定不行的,有点慌啊,怎么办?怎么跟我预期的不一样?但是在平时工作中,面对这种情况会越来越淡然,就觉得啊,也可以换一种教育策略,虽然内容和之前的教案有所出入,但是大体方向还是一样的,只是和之前的教案稍微有点不同。这方面的能力从开始工作的两年,慢慢到现在,还是有所提高吧。

教育教学活动的实施过程中,教师需要教育机智,以应对和解决可能遇到的各种状况。例如如何应对幼儿的突发奇想,怎样根据幼儿的需要及时调整,如何接住幼儿"抛来的球"。从一开始的"畏首畏尾""紧张""有点慌"到逐渐知道"用什么样的策略来解决""越来越淡然",教师逐渐在教育教学活动过程中具有了丰富的策略。一方面体现在教育教学活动中的教学方法上的提升,另一方面体现为教师的策略运用更加有效,"更能够切中孩子他需要的那个点(T22)"。

研究者通过扎根理论的编码分析发现,在幼儿园教师专业成长的过程中,教师专业发展特质主要在专业理念与态度、专业知识、专业能力三个维度发生变化,每个维度之下涉及不同的核心特质。在专业理念与态度维度,幼儿园教师在教育观、儿童观、职业观方面产生了变化;在专业知识维度,幼儿园教师在实践经验和理论知识方面产生了变化;在专业能力维度,幼儿园教师主要在沟通交流能力、管理规划能力、环境创设与利用能力、教育教学能力四个方面产生了变化。质化分析的结果与量化分析构建的结构模型中的核心特质和架构基本一致,在覆盖结构模型的核心特质的基础上,也有一些补充和拓展。随着这些核心特质的不断变化,教师也在不断成长和变化。

　　本章的研究展现了幼儿园教师在专业发展的历程中,在专业阶段的变化中,教师的专业理念与态度、专业知识和专业能力是如何逐步形成、发展和变化的,呈现了动态生动的幼儿园教师专业发展图景。资料分析的结果丰富了量化研究的框架,展现了幼儿园教师专业成长的真实样态,为基于专业发展特质建构发展阶段及路径模型提供了事实依据。

第四章
幼儿园教师专业发展阶段及路径的影响因素

教师专业发展是一个复杂的历程,并受到各种因素的综合影响。本章试图结合访谈及调查结果,逐层梳理影响幼儿园教师专业发展阶段及路径的各方面因素。在章节的展开中,立足调查资料,在资料的组合与抽离中补充和完善各个层面的影响因素,力图描摹和展现幼儿园教师的真实样貌。

首先,研究者对幼儿园教师的自身因素进行分析,从个人态度、个人状态、个人能力三个方面展现幼儿园教师个体层面的核心影响因素;其次,研究者以"角色转变""重要他人""关键事件"作为微观层面的影响因素;再次,研究者从幼儿园的环境与氛围、机会与平台、理念与管理三个方面剖析中观层面中影响幼儿园教师专业发展阶段及路径的因素;最后,幼儿园教师作为专业人员的发展,不断地受到社会变迁的影响而发生着变化,[①]研究者将依据幼儿园教师在调查中展现的真实样貌,梳理社会层面中影响幼儿园教师专业发展阶段及路径的宏观因素。

第一节 扬帆起航——个人影响因素

一、个人态度是专业发展之船的发动机

(一)职业态度

职业态度是指幼儿园教师对待工作的看法,表现在幼儿园教师的职业追求、职业责

---

① Nasiopoulou P, Williams P, Sheridan S, et al. Exploring Preschool Teachers' Professional Profiles in Swedish Preschool: A Latent Class Analysis[J]. Early Child Development and Care, 2019(8): 1306-1324.

任、职业热情等各个方面。"你怎么看待你的职业,从什么角度来看待,取决于你对职业的态度(T2)。"幼儿园教师的职业态度决定了教师对职业的认识,从而影响教师的职业发展。

职业追求:幼儿园教师的职业追求体现了教师对自身工作的定位。访谈中,有幼儿园教师坦言:"对专业发展追求不一样,我属于家庭型,一开始就是家庭型,不去钻研,就不如别人(T7)。"该教师认为自己属于家庭型,对工作没有较高的追求和期待,因而对待工作中的各种问题也不愿钻研,难以获得专业提升。

职业责任:幼儿园教师的职业责任体现了教师的工作使命感和责任心。对于幼儿园教师来说,职业责任既是对自身工作负责,认真做好本职工作,"也没有考虑这么多,既然选择了这个专业,学了这个专业,又是工作和服务于这个专业,就把这些事情做好,我可能想得比较简单,尽我最大的能力把这件事情做好(T1)";也是对工作对象——幼儿负责,努力满足幼儿的发展需求,"因为我觉得3到6岁的孩子还有很多关键期,错过就错过了。孩子到小学课业负担又很重,在幼儿园如果不能把孩子关键期内各领域的能力发展好,那么我会愧对孩子的。我工作这么多年,就是把他们当作自己的孩子去看待(T1)"。

职业热情:幼儿园教师的职业热情体现了教师对工作的热爱,具有职业热情的教师能够在工作中保有工作的激情。访谈中,许多幼儿园教师都直抒自身对幼儿教育工作的热爱之情,"我真是喜欢这一行(T2)","喜欢,真的从小就喜欢(T6)"。幼儿园教师对职业的热爱一方面来源于教师对幼儿的喜爱,这种对幼儿的热爱之情是教师工作的动力、支点,"以前上学的时候就挺喜欢幼儿园这一块的,很喜欢孩子这份单纯的感觉(T17)","老师需要一个支撑点,支撑我的点就是小孩啊,就是觉得孩子可爱(T18)","现在还是喜欢孩子。看到孩子这种状态就出来了,例如,在马路上看到别的家长带小孩,我就会情不自禁地去抱一抱;看到一些孩子的行为,我也会情不自禁地去找孩子聊一聊,引导一下(T2)";另一方面来源自幼儿园教师的职业成就感和在职业中获得的快乐,例如家长的认可能够给教师带来内心的欣慰,孩子毕业后的回访让教师内心充满幸福。

T2:听到家长对你的评价,你内心还是很欣慰的。孩子带了三年,你和很多家长都会成为朋友,有些友谊会维持很多年。很多孩子上了小学,其家长还会打电话来,讲述遇到的困惑,问你能不能出点主意。有的孩子毕业了,都上大学了,他还会到幼儿园来找你。可能你都不认识他了,他说我是哪年毕业的孩子,你都不记得我了。你会慢慢记起来的。此时此刻你内心的幸福感是难以表达的,有时候会激动得想流泪。

（二）提升意识

随着时代的变迁,信息化、数字化的普及带来了教育方式的革新,各种教育理念、方式方法不断兴起。幼儿园教师不能故步自封,"如果停滞不前,不去充电和补充,会阻碍自身的发展、自己事业的成长(T2)"。幼儿园教师的提升意识是一种主观能动性,是对自身不断发展的要求,是积极进取的上进心,是拼搏向前的事业心。

1. 自我要求意识:参加继续教育,不断提升学历

大部分幼儿园教师的学历起点较低,停留在大专水平。因而,年轻教师在工作初期大多希望能够参加继续教育,提升自身学历。然而,面临工作压力和照顾家庭的责任,很多幼儿园教师很难抽出空余时间进行学历提升。只有基于强烈的自我要求意识,教师才能够克服工作和生活的困难,获得提升。

T2:那时候要参加全国成人高考,当时我的孩子才两岁多,我本来还犹豫考不考,但是想着不行,形势所逼,后面肯定是需要的。这不仅是学历的要求,还关乎自己的脸面和自身的提升,于是我把孩子交给老公,自己去参加成人高考。通过后,我拿了川师大的大专文凭。2004年调来后,园长也在说,大家要提升学历,说大家还是要达到本科学历,我报的是江苏教育学院,入学前还是要参加成人高考。和我们单位的几个二十出头的小年轻一起,和他们一块学。结果考了以后通过了,三年后拿到了本科文凭。

当教师自身已经达到一定发展阶段后,有自我要求意识的教师会寻求机会,进行"自我充电"。例如访谈中的一位教师提到,自己在工作几年后,已经对平时的教育教学工作"游刃有余",但是她并不满足当前状态,仍然在寻求自身的发展空间,思考新理论、新理念,愿意接受挑战,希望通过"回炉重造"夯实自身的理论基础,获取最新的教育理念。

T8:还有就是"自我充电",接受继续教育。我为什么要考研究生?也是因为我觉得职业突然遇到一个瓶颈,本科学的这些东西,是我在对孩子、对幼儿教育完全不了解的一种状态下学的,那么我到底吸收了多少?那个时候都是死记硬背,真的是套理论,但是我真正存到脑海里的知识其实还都是非常模糊的。而我现在已经做到游刃有余了,平时无论哪个方面都做得很好了,但是我自己还不满足,我在想,我这样做真的就是最正确的吗?现在有哪些新的理念、新的理论、新的概念是我不了解的呢?这是我对自己的再次挑战。我觉得我对正确的理念学得还不够扎实,希望能够再"回

炉",重新接受教育。因为自己毕竟有了一线的经验,你再去上课,再去倾听老师的这种授课,你会觉得有醍醐灌顶的感觉。确实我后来去上课时,觉得老师讲的每句话都对,太好了。

2. 自我努力意识:勇于拼搏奋斗,不断磨炼自我

自我努力也是一种主观的提升意识。自我努力是不安于现状,不断拼搏奋进;是自我鞭策,不断磨砺自身。具有自我努力意识的教师通常具有前瞻意识,"现在这个大环境,你如果不去提升,不去做的话,是跟不上的,是不行的(T1)",愿意尝试迈出自我的舒适区,认为"年轻就要去奋斗、体验一下(T1)"。

自我努力加速专业成长。访谈中一位年轻教师谈到自己的专业成长离不开自身的努力意识,在工作中不断磨炼自己,从每句话、每件事、每次开课活动着手,一点点地记录、准备,不断打磨自身。这种自我努力的意识也使该年轻教师在短时间内既获得了很大的专业提升,也获得了园长和同事的肯定。她不但担任班组长,还经常负责幼儿园的开课与展示活动。

T13:因为每件事情、每句话我都会记下来,比如看成熟教师处理家长问题时候,觉得她的想法挺好的,可以学学她的经验,观察她的形态动作,看她是怎么对待孩子的,自己学,总结她们的经验。我就是觉得要么就不做,要做就要做好。我一般接到一个活,一定会做好,不管是上课还是什么。我每次上课都对着视频,老师讲的内容没听清楚会返回去,一个字一个字记下来,包括问题,用了什么策略,怎么问的,怎么组织语言的,因为我一开始上课比较啰唆,不知道怎么问孩子,还有孩子突然举手,不知道怎么回应,会很尴尬啊。视频上有,我会一句一句记下来,通过老师的回答,总结出自己的经验,从中找灵感,每次开课前都会看一遍类似的,看人家怎么上,然后去学习。包括开课前一天,还要自己在家里演练一遍,自问自答,假装有小朋友,怕流程忘了,设想无数个孩子会怎么回答你。

二、个人状态是专业发展之船的操作台

(一) 身心素质

幼儿园教师的身心健康是工作的重要保证。幼儿园工作的复杂性和特殊性要求教师保持健康的体魄、积极的心态。一方面,幼儿园的工作繁杂细碎,需要教师能够合理

兼顾到各个层面；另一方面，幼儿园教师的主要工作对象是幼儿，教师身心状态不佳很容易对幼儿的身心健康产生不良的影响。

良好的身体素质是幼儿园教师专业成长的前提保障。身体素质影响幼儿园教师的工作职位和职责，例如有教师说"这两年自己身体没有以前好，现在就是辅助班上的老师(T5)"。身体素质影响幼儿园教师的工作状态。在幼儿园教师工作、科研压力不断增加的现实情况下，教师的个人身体素质是一切工作的基础。幼儿园教师的身体出现状况，往往会影响教师的整体状态，进而影响教师的工作和成长。

T8：有一个因素对每一位老师的影响都大，就是身体状况。我在考上在职研究生之后，身体非常不好，我的嗓子坏到让我一度怀疑我还能不能当老师。那时候我的声带基本上处于无力的状态，说不出话来。后来还被查出疑似癌症——鼻咽癌。所以那时的我非常痛苦。因为我好像掌握不了身体，可能一吹风，马上就要生病，一个什么不注意又要发烧了、头疼了，嗓子说不出话了。这样一种状态持续了两年，今年在慢慢调整，应该说从今年开始，整个状态好起来了。只能靠自己调整，所以我现在也不敢熬夜。我去年就为了拼开题，每天一两点钟才睡觉，后来我又倒下了，会有一种整个人被掏空的感觉，整个人就支撑不下去了，所以我现在尽量不让自己熬夜，身体还是最重要的。

良好的心态是幼儿园教师专业成长的持续动力。一方面，良好的心态是保持工作热情的助燃剂。幼儿园教师的"心情很重要，你不喜欢，就会觉得什么都不好(T13)"。没有良好的心态，会影响教师的工作热情，例如有的教师提到，"像我也有同事，做什么都不愿意、不开心(T13)"。另一方面，良好的心态需要幼儿园教师主动调控。由于"幼儿园老师干的是带孩子这个行业，需要爱心和耐心(T2)"，"随着工龄的增长，热情会消磨掉(T13)"，因此"要调控好自己的情绪，把控好自己的状态，尤其是我们女老师(T2)"。教师只有积极调整好自己的心态，才能以良好的状态面对工作、面对孩子。能够调控和把握自己心态的教师"一直保持积极向上、精力充沛、饱满的状态，在单位看到她都是比较亢奋的(T2)"。因此，"良好的心态，健康的体魄，与专业的成长是有直接关系的(T2)"。

（二）性格特点

性格是一种稳定的个性心理特征，是个性的核心部分，表现了人们对现实和周围世界的态度，主要体现为对人、对事的态度和行为方式上所表现出来的心理特点。已有研究认为,教师性格和教学之间存在关系。①② 了解自身的个性类型可以帮助教师根据个人优势来调整教学。③④⑤ 有幼儿园教师在访谈中提出自己关于幼儿园教师性格的看法,认为"拥有开朗活泼的性格、喜欢与别人接触和交流的个性,比较适合当幼儿园教师(T12)"。事实上,不同的幼儿园教师性格具有较大的差异,而不同的性格特质也会对教师的专业发展产生不同方面的影响。

性格特点影响幼儿园教师的职业选择。有的教师认为,"小时候就有长大当老师的想法,我的性格也比较适合,就想得比较单纯,我觉得可能幼儿园老师都有这样一种特质吧(T22)"。教师因自身性格特点更加坚信自己的职业选择。

性格特点影响幼儿园教师的职业认同,"本身的个性,我觉得是一个有点消极的因素,可能具有更外向热情的一种个性的人,更适合这样一份工作吧(T25)"。该教师认为自身较为内向的性格是其专业发展的消极因素。

性格特点影响幼儿园教师对职业发展机会的把握,有的教师谈到自己"不是那么愿意在很多人面前展现自己,比如说我可以有四次机会,但我可能只是争取两次。有这种感觉,就是不会像人家那样每次都去争取(T25)"。

性格特点影响幼儿园教师为人处事的方式、对待工作的状态,进而影响到教师的专业成长。"我可能不是那种特别爱计较的人,我比较粗线条,对很多事情不计较,有的时候别的老师跟我说一个什么事情我会忘记,但是他们会提醒我,因为他们也知道我是乐呵呵的。然后被提醒我也不会生气,我跟他们搭班心情很好,搭配得也很好。我就觉得这个对于班级的管理是有帮助的,对于孩子的成长其实也很重要(T30)。"该教师性格开朗,与其他教师相处十分愉快,因而其搭班合作与班级管理方面的工作都进行得较为顺畅。

---

① Murray H G, Rushton J P, Paunonen S V. Teacher Personality Traits and Student Instructional Ratings in Six Types of University Courses[J]. Journal of Educational Psychology, 1990(2): 250-261.

② Teachout D J. Preservice and Experienced Teachers' Opinions of Skills and Behaviors Important to Successful Music Teaching[J]. Journal of Research in Music Education, 1997(1): 41-50.

③ Murray H G, Rushton J P, Paunonen S V. Teacher Personality Traits and Student Instructional Ratings in Six Types of University Courses[J]. Journal of Educational Psychology, 1990(2): 250-261.

④ Schmidt C P, Lewis B E, Kurpius-Brock M J. Relationships between Teacher Personality and Ratings of Applied Music Teaching Behavior[J]. Contributions to Music Education, 1991: 20-35.

⑤ Wubbenhorst T M. Music Educators' Personality Types as Measured by the Myers-Briggs Type Indicator[J]. Contributions to Music Education, 1991: 7-19.

三、个人能力是专业发展之船的推助器

(一) 学习能力

学习能力是幼儿园教师不断发展的基本能力,教师专业发展的本质就是教师学习。许多研究强调,教师专业发展是教师学习如何学习,并将知识转化为实践,从而有利于学生成长的过程。[1][2][3] 教师的持续学习是提高学校质量的关键因素之一,[4]也是影响教师政策有效性、教学实践[5][6]以及提高学生成绩[7]的重要中介因素之一。访谈中,一位年近50岁的骨干教师认为,"不断地学习是永恒不变的道理"。

T2:一个老师能够成为一个成熟的、合格的,甚至优秀的老师,是在成长生涯中通过不断学习和"充电"建立起来的。通过学习,我们能够找到不足和差距,能够及时发现并解决自己在教学中出现的问题,提高教育教学水平。我快50岁了,一句话,还是要学习。一天不学习,你的理念就会落后,你的思维就会跟不上时代的发展。我们学前的教育理念更新得太快了,如果停滞不前,我们很快就跟不上节奏。所以我们还是要不断地通过各种渠道,自己主动地去学习。这真的很重要。

教师的学习方式有多种,有研究区分了教师学习和发展的五种不同方式:① 教师从自己的实践中学习;② 教师通过与其他教师的互动学习;③ 教师向学校的教师学习,

---

[1] Bruce C D, Esmonde I, Ross J, et al. The Effects of Sustained Classroom-embedded Teacher Professional Learning on Teacher Efficacy and Related Student Achievement[J]. Teaching and Teacher Education,2010(8):1598-1608.

[2] Hofman R H, Dijkstra B J. Effective Teacher Professionalization in Networks? [J]. Teaching and Teacher Education,2010(4):1031-1040.

[3] Avalos B. Teacher Professional Development in Teaching and Teacher Education over Ten Years[J]. Teaching and Teacher Education,2011(1):10-20.

[4] Thompson C L, Zeuli J S. The Frame and the Tapestry: Standards-based Reform and Professional Development[J]. Teaching as the Learning Profession: Handbook of Policy and Practice,1999,464.

[5] Desimone L M, Smith T, Frisvold D. Is NCLB Increasing Teacher Quality for Students in Poverty[J]. Standards-based and the Poverty Gap: Lessons from No Child Left Behind,2007:89-119.

[6] Smith T M, Desimone L M, Ueno K. "Highly qualified" to Do What? The Relationship Between NCLB Teacher Quality Mandates and the Use of Reform-oriented Instruction in Middle School Mathematics[J]. Educational Evaluation and Policy Analysis,2005(1):75-109.

[7] Desimone L M, Smith T M, Hayes S, et al. Beyond Accountability and Average Math Scores: Relating Multiple State Education Policy Attributes to Changes in Student Achievement in Procedural Knowledge, Conceptual Understanding and Problem Solving in Mathematics[J]. Educational Measurement: Issues and Practice,2005(4):5-18.

并在特定的教师培训项目中学习;④ 教师自主报名参加研究生课程;⑤ 教师在正式的专业工作之外学习教学。[①] 对于幼儿园教师来说,影响其专业发展的学习能力主要是自主学习能力和团体学习能力。

1. 自主学习能力

教师自主学习能力是指教师通过个人的实践活动不断学习的能力。自主学习能力是教师自主要求的体现,即"要求自己必须去学习(T19)";自主学习能力是教师自主意识的体现,"觉得哪一方面自己比较感兴趣,或者哪一方面最近比较薄弱,或者最近比较流行的一些东西,我就会下意识地去了解(T19)"。

访谈中,幼儿园教师认为对其专业发展有帮助的自主学习方式主要是"多看",例如观摩他人的开课和案例,"多看优秀的讲座和案例(T3)","多看开课内容(T11)","看一看别人的成功的案例(T21)";阅读书籍资料,"我们会去看看杂志,阅读一些书籍,关注一些跟教育有关的信息(T8)","会比较有针对性地读一些书籍(T19)";浏览互联网平台的学习内容,"比如说'幼师口袋'啊,这样的公众号有时候也会看一下(T15)"。

2. 团体学习能力

团体学习能力指的是幼儿园教师在团体的氛围中,通过与同事交流,参加教研组、共同体活动等方式进行学习。

(1) 在与同事交流中学习的能力

与同事互动和交流是幼儿园教师学习的重要方式。幼儿园教师与同事构成了团体,如何在团体中获得发展取决于教师的团体学习能力。一方面,具有团体学习能力的幼儿园教师,特别是刚入职的新手教师会主动向团体中有经验的教师请教、学习。例如,一位教师说,"一开始不知道要做什么,观察记录都不会写,就去找最有经验的老师,去看她的观察记录(T6)"。通过主动请教,该教师逐渐掌握教师的基本技能,顺利度过了新手期。另一方面,具有团体学习能力的幼儿园教师善于在班级的教师团体中相互学习,提升自己。访谈中,一位教师谈到自己担任主班教师兼任配班教师的师傅时期,与配班教师之间相互学习的经历。这种相互交流不但让徒弟在深入的交流中获得了成长,也促使该教师在互动中获得了学习与提升。

T19:我对徒弟说,我们俩相互学习,我说你肯定有东西值得我学习,那么我这边也肯定有东西值得你学习。比如处理一些事情时,我会让徒弟先思考这个事情可以怎么

[①] Bransford J D, Brown A L, Cocking R R. How People Learn: Brain, Mind, Experience, and School, Expanded Edition[M]. Washington, D.C: National Academy Press, 2000.

做,我也会思考,然后我们俩再沟通讨论到底应该怎么处理。我也会告诉他,我为什么这样处理,然后他也可以告诉我,他为什么这样处理。我们相互沟通一下,这个事情怎样处理更好。大家说一说,就是相互学习,其实对自己也是有帮助的。

(2) 在教研共同体中学习的能力

教研共同体活动包括园内教研组活动、区域研讨活动等形式。教研共同体活动的开展是为了在团体中促进教师的专业发展。已有研究发现,教师在专业发展活动中共同学习,专业发展能够得到加强。[1] 然而,不同的幼儿园教师在教研共同体中获得的提升存在较大的差异。差异产生的一个重要原因就是教师在教研共同体中学习能力的差异。有的教师每次参加教研共同体活动都有丰厚的收获,而有的教师却如走马观花一般,热闹过后并没有产生实质的变化。具有在教研共同体中学习能力的教师善于在团体教研活动中记录、总结和运用自己的收获。访谈中,一位教师描述了自己通过积极参加教研共同体活动,主动在团体中学习,从而不断发展和提升的经过。

T30:我觉得对我影响比较大的就是参加一些教研组活动,专家的话语,对我教育理念的影响蛮大。他们说的很多东西是我没有想到的,但是一旦他们说了,我就会去记住它们。就像 Z 老师刚开课的时候,她说你要记住孩子是不一样的,多元这个事情很重要,所以尊重他们的意愿很重要,没有标准答案。然后我就记下来了,此后会想得更多,会去接纳孩子不一样的想法。总之,我觉得老师们说得有道理,我就一定要记下来,然后将这些知识内化,这就是我的成长呀,不能白来参加活动,一定要学点东西回去。

(二) 反思能力

杜威将反思定义为"积极的、持续的和仔细的思考"[2]。温彻等认为反思是指教师对自己在过去所做的事情进行全面、系统的回顾,以期在今后的实践中保持或改进。[3] 关于教师反思有三种看法:强调行动中的反思,将反思描述为学术能力的运用,将教师系统探究的价值视为教师反思实践的基础。反思是专业学习中不可或缺的元素,[4] 已

---

[1] Thurlings M, den Brok P. Learning Outcomes of Teacher Professional Development Activities: A Meta-study[J]. Educational Review, 2017(5): 554–576.

[2] Dewey, J. How We Think[M]. Boston, MA: Heath, 1933.

[3] Winch C, Oancea A, Orchard J. The Contribution of Educational Research to Teachers' Professional Learning: Philosophical Understandings[J]. Oxford Review of Education, 2015(2): 202–216.

[4] Vermunt J D, Endedijk M D. Patterns in Teacher Learning in Different Phases of the Professional Career[J]. Learning and Individual Differences, 2011(3): 294–302.

成为教师教育和其他专业的一个关键词。范·沃尔科姆（Van Woerkom）在对多个行业从业人员的实证分析中发现，优秀的专业人士可以通过定期反思自己的经验，有意识地、系统地从他们的经验中学习，以改善日后的行为。[①]

对于幼儿园教师来说，反思能力是教师不断进步的源泉。只工作而不反思则难以获得专业的发展。缺乏反思能力的教师，往往会在专业发展的某个阶段停滞不前。"我觉得就是要不断思考，每天对你的活动，对一些事情有思考才会有提升。如果你只是把一天班带下来，你的发展就会很有限（T25）。"幼儿园教师的反思能力是在实践中不断发展的，并受自身积累的知识经验影响。"一开始这种反思会少，也没有多少意识去做这种反思，后来就会慢慢地反思了，因为知道的多了，听别人说的也多了，会想别人为什么会这样想，慢慢地会多思考一些东西（T19）。"

幼儿园教师的反思具有多种形式。不同的反思方式都能在一定程度上促使幼儿园教师思考、审视和修正自身的教育理念、教学策略、教育行为等方面。

第一，以系统的理论为参照标准进行反思。教师通过阅读进行理论学习，以此来检验自身的教学策略、教学方法是否合适。这种反思方式能够促使幼儿园教师在抽离的教育情境中思考现实的教育境况，在客观地思考后再回溯和引领实践。"看书后会想，班上孩子是否有这些情况，会反思，想能否用这些方法进行实践，去验证一下，然后写一些案例（T4）。""我比较喜欢去看一些比较实际的例子，然后从旁观者的角度思考（T19）。"

第二，以实践过程反馈为参照标准进行反思。这类反思是指教师以自身的实践过程为反思对象，在教育教学的过程中进行的反思，主要体现为对班级活动和幼儿表现进行反思。例如教师在公开课后对本次教学活动进行反思，"当时开展了一个语言活动，因为我自己对语言这一块比较有把握，其实上完之后自己也觉得有很多可以再改进的地方，有很多的策略可以再提供给孩子，包括对时间的把握。如果我改变某一个策略，可能会更节省时间，可能教育目标达成率也会更高（T27）"。

第三，以自身不同时期教育效果的差异为参照标准进行反思。这类反思是指幼儿园教师在一段时间后，对自己之前和当下的教育行为、教育策略的调整和思考进行的整体对比和反思。例如一位幼儿园教师反思了自己在两次带小班的过程中，对同一件事情"如何教孩子折叠裤子"的不同做法带来的变化。该幼儿园教师当前的做法是基于对

---

① Korthagen F. Inconvenient Truths about Teacher Learning：Towards Professional Development 3.0[J]. Teachers and Teaching，2017(4)：387-405.

第一次做法的反思和调整,通过对两次具体教育策略和调整方法的整体对比和反思,该教师更加明晰了幼儿的特点和需求,也提升了自身对幼儿和课程的理解能力。

T22:如今又带这一届小班,我在工作的过程中会想,之前那个班的孩子小班刚入园的时候,生病的人数比现在的多,但是那个时候我也非常用心地带班,原因是什么?是不是有很多被我忽略的地方?比如,我没有及时地在孩子一入园的时候去教他们怎么折叠裤子。然后这学期开始,我从第一天就开始慢慢地教,专门设计了教折叠裤子的课程。因为我已经观察到,如果教孩子把一条腿翻过来,再去翻另一条腿,他是弄不清的,所以现在我教的方法就是两只手,一只手伸进去"嗨"打招呼,再把一只手伸进去"嗨"打招呼,一定要伸出来,伸出来他才能够知道伸到什么位置,然后再抓住裤腿,两只手同时往外拉,裤腿就出来了。如果你把一只手伸进去拉出来,他就找不到另外一只腿的洞,他分不清正和反。所以我就进行了一个课程上的调整,专门用一些活动来引导小朋友,小朋友很开心,因为感觉像钻山洞一样钻过去,然后一拉就出来了,学得也很快。差不多一周时间,80%的小朋友学会了。我就反思上次的做法,第一,我没有在一开始的时候就进入,而是在小朋友基本稳定以后才进入这个训练,首先时间上就晚了,因为天气马上就凉下来了。第二,那时我教的是一条裤腿一条裤腿地翻,那个时候就会急,教了多少遍孩子还不会。现在因为这样的调整,孩子开心,我也很轻松,孩子学得很快。现在入冬了,他们的速度快了,快速整理好脱下的衣物,就会减小生病的概率。

第二节 曲径通幽——微观影响因素

一、角色转变是专业发展之路的通行证

角色原指演员在舞台上依据剧本要求而扮演的人物,后逐渐被推广到社会生活的不同领域。社会学家米德(Mead)和林顿(Linton)最先运用"角色"的概念进行研究,戈夫曼则将角色作为研究社会行为的方法。[1]

角色具有丰富的内涵,包括应用于单个角色的概念和角色系统概念。一般意义上的单个角色包含两个维度:第一个是情境化维度,情境角色指的是行为受到一定情境规

---

[1] 俞国良.社会心理学[M].北京:北京师范大学出版社,2006.

则限制的角色;第二个维度是个性化维度,个性化角色是指其表现仅限于一个人的角色。广度、难度和连贯性是影响角色扮演者的重要变量。一些角色概念并不适用于个别角色,而是角色系统,这些角色系统概念包括角色分化、角色群、角色分工等。①

角色的产生是社会历史文化积淀的产物,角色具有职能性、扮演性、多重性和固定性的特点。幼儿园教师是一种社会角色,教师在工作的过程中应发挥教师角色的职能特点。幼儿园教师是一个广泛的概念,对于处于不同阶段和职位的幼儿园教师来说,其所扮演的角色具有差异。幼儿园教师除了"教师"这一职业角色之外,还承担父母、子女、妻子、丈夫等方面的角色,这些角色都会对幼儿园教师的专业发展阶段及路径产生影响。

(一) 社会角色变化

社会角色指的是在社会系统中与一定社会位置相关联的、符合社会要求的一套个人行为模式,也可以理解为个体在社会群体中被赋予的身份及该身份应发挥的功能。② 从幼儿园教师自身发展来看,对其职业发展有重要影响的主要是两次社会角色的转变。第一次是从学生到教师的转变,从校园的象牙塔迈入社会的大熔炉;第二次是做父母,由于幼儿园教师大多为女教师,因而,"当妈妈"被认为是重要的角色转换。

幼儿园教师在刚入职时,面临从准教师到教师身份的社会角色转变。芭芭拉认为社会角色是一个人在社会中的位置,还有与之相伴的预期行为和态度。③ 角色的变化给幼儿园教师的心理和行为都带来了冲击和改变。在心理感受上,许多幼儿园教师在访谈中认为,"刚工作时其实真的很迷茫(T15)","刚毕业的时候感觉还是有一点不适应(T25)";在行为表现上,幼儿园教师感到"束手无策"和"不知所措","刚到的前三个月,就是束手无策,觉得自己怎么做都不对,一个小朋友也搞不定(T17)","第一次家访,我那个时候都不知道我该讲什么(T15)"。随着幼儿园教师工作的深入,教师逐渐熟悉和适应本职工作,"渐渐得心应手了"。

幼儿园教师认为"当妈妈"是一个"转折点(T26)"。成为父母的过程涉及一种意义重大的角色转换,与此相伴的是先前生活的诸多方面发生了难以估量的改变。④ 一方面,幼儿园教师能够站在家长的角度,"更理解孩子家长的心情(T11)","会换位思考

---

① Biddle B J. Role Theory: Expectations, Identities, and Behaviors[M]. New York: Academic Press, 2013.
② 俞国良.社会心理学[M].北京:北京师范大学出版社,2006.
③ 芭芭拉·R.比约克伦.成人期之旅[M].窦刚,译.北京:北京师范大学出版社,2016.
④ 芭芭拉·R.比约克伦.成人期之旅[M].窦刚,译.北京:北京师范大学出版社,2016.

(T26)",理解家长的某些做法"虽然过激,但是也在情理之中(T26)"。另一方面,幼儿园教师对幼儿的态度也会发生变化,"当妈妈后,对孩子的感觉不一样了,看孩子时都是充满母爱的(T11)"。

(二) 职业角色变化

职业角色指的是根据相关的职业规范和职位要求,对从事相关职业活动的人所形成的期望行为模式。幼儿园教师在访谈中认为"不同职位考虑的事情不同(T20)",新入职的教师需要"慢慢学",班组长"考虑的东西更全面一些",年级组长"要全盘考虑"。职位的变化给幼儿园教师带来多重的影响。职业角色的变化要求幼儿园教师重新学习,"在这个岗位上了,觉得自己理论还是很欠缺的,有些东西还是要重新去学的(T1)";职业角色的变化促使幼儿园教师思考的层面发生变化,"毕竟是管理层,考虑问题的角度不一样了(T1)";职业角色的变化影响幼儿园教师对自身的要求,"这个职位对于我来说也是一个促进(T20)","岗位不同了,对自己的要求不一样了(T1)"。对于幼儿园教师来说,从一名普通的教师开始,教师的职业生涯中主要会面临以下几个重要的职业角色变化。

1. 担任班组长

班级是幼儿园的基层组织,班组长是班级的主要负责人,应在班级教育教学和管理方面发挥积极组织与协调的作用。幼儿园教师认为担任班组长后,"各方面还是有一些变化的(T29)",这些变化一方面体现在工作职责的变化,"主班跟配班的工作还是有区别的,因为所有的事情都会找你(T29)";另一方面体现在工作压力与责任感的增强,更加感受到"有责任把人家的孩子带好(T22)"。

班组长被赋予更多的期望,是幼儿园教师不断学习的动力。担任班组长后,这一职业角色无形中会带给幼儿园教师更多的社会期望。来自家长、配班教师、园领导等各方面关于班级事务和幼儿发展的问题都会在班组长这里汇合,因而这一角色也促使幼儿园教师不断提升自我能力,应对来自各方的挑战。"既然能当班组长,还是比较有能力的,对吧?你要是就那么点东西,人家家长来跟你提一个问题,你好像都不能够给人家一些很好的建议,或者说对这个问题都没有什么认识。所以这个其实也是不断学习的一个动力(T19)。"

班组长需处理班级重要事务,提升家园沟通能力。与家长的沟通与交流能力是幼儿园教师必备的重要的专业能力。担任班组长之前,教师在处理班级事务和家园沟通方面的工作时会"往后坐一点(T19)",而担任班组长后,职业角色的转变推动教师"必须得去想(T19)","不能再像以前一样躲到后面去不管,必须冲到前面去,主动和家长沟通(T29)",从而逐渐摸索出家园沟通与关系处理方面的策略。"之前不担任班组长的时候,有一些事情可能不太管,而担任班组长后会比较主动。那时跟家长的交流不是特别多、特别深入。当班组长之后,对于班上的一些事情,你必须得去想,慢慢地也摸索出了跟家长之间的沟通方法,慢慢积累下来,会觉得有些事情也就顺手了(T19)。"

班组长需要管理班级事务,提升统筹分配能力。班组长与班级其他教师的工作区别在于"很多事情你要来分配,来统筹一下(T19)"。例如,班级的事务规划,幼儿活动安排,教育教学的周计划、月计划安排等。

2. 担任教研组长

教研组长是教研工作的设计者、组织者,在教研活动中起组织和调控作用,在科研活动中起模范带头作用。由于教研组长侧重的是科研任务,因而教研组长被赋予的职业角色期待是负责科研活动的组织和引领,调动幼儿园教师的科研积极性,保障幼儿园的教研工作质量。担任教研组长会给幼儿园教师的职业发展带去不同的体验,有的幼儿园教师感到"当教研组长压力大(T23)",有的幼儿园甚至"没人愿意当(T23)",而有的教师则能够从担任教研组长的经历中获得专业知识、专业能力的提升。

担任教研组长能够促进幼儿园教师的理论知识学习。教师在担任教研组长的过程中,因职业角色需要,常常需要阅读学习相关专业知识,"这时看书和以前看书的感觉是不一样的。以前看书只是记住它是什么,但是不理解。现在看书会把它和实践结合起来,能更好地理解内容,会觉得书上说得特别对(T23)"。作为教研组长的幼儿园教师在阅读的过程中,有了更深刻的阅读体验。

担任教研组长能够提升幼儿园教师对课程的理解和规划能力。教研组长在带领教师摸索、实践课程的过程中,对幼儿园课程的规划和实施能力都获得了提升。

T25:还有当教研组长的一段经历。当时我们是做自己幼儿园的课程,其实教研组长的工作我自己也不知道应该怎么做,也在摸索中,就是这样慢慢前进的。但通过这样一段经历,我对课程的架构、脉络会更清楚。不像当新老师时,只知道上好一节课。当教研组长后,我才更明白整个课程规划,比如说一个主题应该怎么做。就是关注的点从以前的比较小的一个点,慢慢地扩大了。

3. 担任年级组长

年级组长是整个年级的负责人,既是管理者,也是基层工作者。这一职业角色要求教师发挥引领、组织、沟通和统筹作用,一方面规划、检查和评价本年级的工作,另一方面负责年级组与各个班级、年级组与年级组之间、年级组与园部之间的沟通协调工作。由于年级组长"全盘考虑的要更多(T20)",因而这对幼儿园教师的管理能力、沟通交流能力都提出了更高的要求。

T20:当了年级组长以后,可能全盘考虑的要更多。比如说年级组这个学期准备怎么安排活动,什么时候安排什么样的活动。小到每个活动可能都需要和园部做一些沟通,都是需要我们去传达的。现在幼儿园一些大活动都是由年级组来承担,比如说运动会、元旦和六一的庆祝会,都是由年级组策划,年级组长更多的是承担协调的工作,这种沟通交流,上传下达,我觉得还是蛮考验人的。还有这种统筹规划,比我那时候当班组长的时候感觉更深刻一些,班级只是个小盘子,我就把我自己班级里面搞好就行了,这个还要顾及其他的班,很不一样的。

4. 担任园长

《幼儿园管理条例》和《幼儿园工作规程》中明确指出,"幼儿园实行园长责任制",负责幼儿园的全面工作。园长是幼儿园组织领导的核心,负责幼儿的整体组织、运行工作。除园长之外,幼儿园一般会设置业务园长和后勤园长辅助园长工作。业务园长是全园保教工作的管理者,协助园长规划实施全园的活动计划。后勤园长主要负责幼儿园的后勤总务工作。

从园长的职业角色要求来看,幼儿园园长是幼儿园的领导者,发挥领导主体作用,实现领导职能。幼儿园园长的领导工作主要包括幼儿园管理体系建立、保教工作开展、教职工队伍建设、家园及社区的联系等方面。当幼儿园教师从基层教师逐渐成长为管理层的园长后,教师需要全面提升业务能力,面临更多管理、统筹方面的挑战。

T1:现在做了业务园长,就是真正的管理层了,因为是面对全园,所以要去了解每个老师的能力、兴趣爱好、需求,再去安排工作和统筹。作为业务园长,我应该在业务上高于他们,但是我还是欠缺的,还要去学习,要站在不同层面上考虑事情。有些事情,特别是统筹安排方面的,今天这样安排,突然出现一个问题,就要重新调整。

综上所述,角色的变化会给幼儿园教师的专业发展带来重要的影响。社会角色的变化帮助幼儿园教师更好地理解不同群体的要求,促使教师在工作中的态度和行为发生改变,而职业角色的变化则带来了工作压力和责任的变化,为幼儿园教师的职业发展增添了机遇和挑战。

二、"重要他人"是专业发展之路的引导者

幼儿园教师的"重要他人"指的教师专业成长历程中,对其专业发展产生重要影响的人。对于幼儿园教师来说,教师在专业成长的历程中有许多"重要他人",这些"重要他人"在其专业成长的不同时期、不同方面都对教师产生了影响。

(一)家长是支持者

家长是幼儿园教师日常需要面对的重要群体。家长对幼儿园教师专业发展的影响主要体现在家长对教师工作的理解和支持。

家长的不支持、不理解、不信任会让幼儿园教师感到失落,从而产生工作倦怠。一方面,家长的不理解和不支持让幼儿园教师感到没有成就感,"家长不理解,本身工作又烦琐,就感觉特别没有成就感。家长也不支持,你就感觉特别没有成就感,所以会想这个工作是不是适合自己(T26)"。另一方面,家长对幼儿园教师的不信任影响教师的工作积极性。有些家长对年轻教师不够信任,"会认为,你才多大,还没孩子呢,怎么知道我这样带孩子不对(T20)"。这种态度可能会对年轻教师产生消极影响,"老师有时候会想不开,会消极(T20)"。

家长的理解和配合能够促进幼儿园教师的专业发展,特别是对年轻教师来说。首先,家长的理解与支持让幼儿园教师感到温暖。幼儿园教师的工作十分琐碎,当工作中出现问题时,家长的理解和包容能够让教师感到被理解和被尊重,从而保持对工作热忱。例如"工作中间出了一些失误,小朋友受伤了,如果一些家长特别理解你,就是特别宽容,我觉得这对一个老师的成长也是有帮助的,有时候觉得特别温暖(T20)"。其次,有些家长本身的学历层次和素质较高,在与教师的交流中能够让教师获得启发,从而间接促进教师的学习和进步。"有些家长他的专业知识比你还丰富,促进你不停地去学习,以免跟他对答时你都答不上来(T20)。"

(二)儿童是启示者

儿童是幼儿园教师主要的接触对象。对于教师来说,儿童对他们的影响主要有两个方面:第一是班级幼儿带给他们的影响,第二是自己的孩子带给他们的影响。

班级幼儿的特点及发展变化促使教师不断思考和学习,"是促进我们发展的一个重要原因(T20)",对班级孩子的喜爱也是很多教师积极工作的动力。例如,教师在对有

问题幼儿的关注中也逐渐获得自身的成长,学习如何引导问题儿童,"老师也是在这个过程中去成长的,去了解他到底是怎么回事,然后想办法去解决他的问题(T21)"。

对于已经生育的幼儿园教师来说,自己的孩子对其专业发展带来了多方面的影响。首先,自己孩子带给自身的触动是教师不断发展和前进的重要因素。一方面,幼儿园教师更加关注孩子,"有了女儿后,让我对于教育的眼界更宽了,对孩子的这种关注更加不一样了(T30)";另一方面,幼儿园教师对孩子生活的照顾能力也有所提升,"有了孩子以后,对孩子生活上的照顾还是会不一样的(T22)"。其次,养育孩子占据的精力也让部分幼儿园教师的重心发生偏移,减少了对个人工作时间和精力的倾注。"有了孩子之后,更多的精力在孩子、家庭这边(T5)。"

(三) 领导是引航者

幼儿园教师在成长过程中的另一个"重要他人"是领导。领导是幼儿园及教师发展的引领者、规划者,能够在幼儿园教师的成长过程中发挥导航的作用。领导对幼儿园教师的影响主要体现在以下几个方面。

领导的安排和要求为幼儿园教师的发展提供前进动力。幼儿园领导根据幼儿园教师的特点和发展潜力,对其发展提出一定的要求,这些来自领导的"期待""鞭策""任务安排"都是幼儿园教师发展的动力,能够起到督促作用。

T19:领导会有期待,也会有硬性的任务,督促你去成长。因为有时候人确实是有一定惰性。后面有一个人鞭策着,你得往前去,其实在一定程度上也促进了我们的一些专业成长。

T20:另一方面就是领导要求你,比如说会要求你有几年规划,这几年你要成为一个什么样子,就会督促你,每年比如说该交论文的时候交论文,虽然是被要求写的,但是我觉得逼一逼东西也出来了,然后确实是能得到一些成果。

领导提供的机会和平台为幼儿园教师的发展提供潜在可能。一方面,机会的创造和平台的搭建能够帮助幼儿园教师不断积累专业经验,"园领导会让你去参加各类活动,给你机会去参加比赛,不断去积累经验,也会让自己蛮有成就感的,感觉自己慢慢学到了(T4)"。另一方面,各种锻炼机会和平台的提供也激发了幼儿园教师的自我提升意识,"如果不给我这么多的锻炼机会,我可能也就得过且过了(T30)"。

领导的关心和指导为幼儿园教师的发展提供直接帮助。幼儿园的领导一般是专家型教师,具有丰富的专业经验和指导能力,能够为幼儿园教师提供日常的业务指导,"业务园长会经常来指导,帮助我调整策略方法(T23)"。一位教师回忆了自己第一次在区里开公开课,领导对自己的全力帮助和指导,"领导基本上就是一字一句地帮我修改指导语,包括从教案的设计目标上怎样去制定更合理,策略环节怎样和目标扣在一起,和孩子应该怎样互动(T23)"。领导的关心和指导不但帮助该教师顺利完成了公开课,也使得该教师的教育教学能力得到了大幅度提升。

领导的眼界和思维为幼儿园教师的发展提供成长基础。领导的观念、思维方式能够深刻影响幼儿园教师的专业成长方向,"不同领导的观念,对一个人的影响也蛮重要的(T6)"。具有长远规划眼光和前瞻意识的领导能够在推动幼儿园整体前进的同时,为幼儿园教师的成长提供机会,促进幼儿园教师的学习和发展。"之前我们的大领导,是一个思维比较活络的人,会做一些幼儿园的规划,她做幼儿园的一些发展和活动时,就会推进你去学。这种领导的眼界和思维方式,对老师是非常有影响力的(T6)。"

(四) 同事是助长者

同事是幼儿园教师在日常工作中密切接触的群体。对于幼儿园教师来说,同事主要分为搭班教师、师傅和普通同事三类。社会心理学家认为,当有他人在场时,人们可能会比独自一个人的情况表现更好,这种现象被称为"社会助长"。[①] 同事作为幼儿园教师专业成长中的"重要他人",在教师专业成长的过程中发挥了"助长"的作用。

1. 搭班教师

搭班教师是教师在工作中的密切合作者。在幼儿园的每个班级中一般会有主班教师、配班教师和保育教师三位教师,共同承担班级幼儿的保教工作。

幼儿园教师与搭班教师关系融洽,不仅能够让教师在工作中保持愉快的心情,还有利于班级幼儿的成长。班级内的搭班教师,不管是主班教师还是保育教师,都是教师在入职初期的学习对象。例如一位教师谈到,保育教师在家长工作方面给予自己引导和启发,"做家长工作方面,我还不能像她一样想得全面,因为她年长一点,我觉得也是应该向她学习的(T29)";主班教师在教学方法、教学策略、教育理念方面都能够给予自身引导,"主班老师平时在我上课的时候会提一些建议(T17)","也会教一些方法(T17)"。

2. 师傅

幼儿园教师在入职初期,一般会有一位师傅。师傅可能是本班的主班教师,也可能是园内其他班级的教师。师傅一般是经验丰富且已工作多年的教师,"是很有经验的成

---

① 泰勒,佩普劳,希尔斯.社会心理学[M].谢晓非,等译.北京:北京大学出版社,2004.

熟教师,已经评上职称的老师才能当师傅(T15)"。师傅与徒弟之间大多通过"一对一结对"的方式,保持定期的互动和联系。师傅对幼儿园教师的个人发展具有重要作用,能够加速幼儿园教师的专业成长,"会吸收得多一点,成长得更快一点(T23)"。幼儿园教师认为"师傅真的很重要(T19)",具体表现在两个方面。

第一,师傅通过直接的工作经验给予教师专业方面的引领。幼儿园教师普遍认为"跟着师傅可以学到很多东西(T21)",例如关于幼儿的发展特点和常规习惯培养方面,"什么阶段该重点发展哪些能力,哪些地方的常规需要培养(T21)";班级管理方面,"班级的装饰风格,班级的整个规划,班级的发展方向,也都可以跟师傅学到(T21)";家园沟通方面,"我现在跟家长沟通时就会想到她以前是怎样沟通的,会学到很多(T18)";教育教学方面,"比如说语言课该怎么上,她会把经验告诉我,拿以前的教案给我看(T18)"。

第二,师傅的专业精神和态度感染幼儿园教师。师傅对幼儿园教师的影响不仅仅是专业能力的引领,更重要的是对教师专业精神与态度的建立和完善。"一个师傅重要到什么程度,不仅重要在你从他身上学会了我上课该怎么上,我带班该怎么带,其实更重要的,我觉得是对你个人的工作态度的影响,与人相处的态度,你整体的一种状态,甚至说是你工作之后的一种价值观。其实对这些方面有很大的意义(T19)。"师傅的敬业精神、爱生意识、价值观念都能深刻感染幼儿园教师。例如,一位教师谈到自己师傅对待幼儿的积极态度,不仅让其钦佩不已,"我觉得这个特别了不起(T18)",也对该教师自身的工作态度产生了巨大的影响。

T18:她每次对待孩子,都让我觉得她是一个刚毕业的老师,特别充满活力,很有正能量。她虽然有时候自己也累,但是她对孩子还是很有活力。可能有的时候情绪也会有低潮期,但是她面对孩子的时候就不会有这样的变化,就是努力把自己的状态调整到最好。

3. 普通同事

普通同事指的是幼儿园教师在幼儿园内除本班教师和与自己联系较为密切的师傅之外的教师。普通同事也能给幼儿园教师的专业成长带来影响。一方面,幼儿园的同事个体是教师学习和前进的动力。例如园内年轻教师的加入"给我们带来冲击(T20)","新的力量来了,他们身上有一些我没有的东西,值得学习(T29)";另一方面,同事群体之间的理解、合作与相互学习共同构建了和谐的园内人际关系。和谐融洽的人际关系网络是幼儿园教师工作顺利开展的保障。

（五）专家是引领者

专家是幼儿园教师专业成长的外部推手。近年来，随着高校、地区教研机构和幼儿园的合作意识在不断提升，许多幼儿园每学期都有固定的专家来园指导，还有的幼儿园会定期组织幼儿园教师参加专家讲座和培训等活动，聆听专家的思想。

专家的引领帮助幼儿园教师把握最新专业发展动向。幼儿园教师的工作是面向实践的活动，对相关专业理论方面的了解较为欠缺，"我们就是实际的东西多了一点，其实我们已经很多年没学过这些理论。我们自己会看一些相关的书，但是看的书也很有限(T20)"。专家的指导帮助教师紧跟专业理论、热点的动向，"通过这些专家到幼儿园来，你能听到很多新的东西，专家的这种引领也很重要(T20)"。

专家的引领促使幼儿园教师明确改善路径。一方面，专家的引领是幼儿园教师在实践长河中的指明灯，"最好要有专业人士的指导，不要老让自己感觉蒙着眼睛过河(T6)"。另一方面，专家的引领能够帮助幼儿园教师找到发展的不足，明确前进方向，"每次专家来都会给你意见，告诉你缺什么，孩子发展到什么程度，这也是一个很大的收获，让我在接下来会更好(T13)"。

专家的引领影响幼儿园教师专业理念的变化。专家在指导幼儿园教师发展的过程中，其所强调的理念会直接影响教师的理念发展。例如一位教师谈到自己所在城区的教研员对自身专业理念关注重点的影响："基于我们区教研员强调的发展方面，比方说我们现在是'核心经验'，那我们一系列的学习和活动会去支持、理解和内化核心经验(T10)。"

（六）家人是后援者

家人是幼儿园教师密切联系的对象。来自家人的理解与支持、压力与期待都会对幼儿园教师的专业发展阶段及路径产生影响。"比较稳定的一个家庭对工作也有很大帮助。因为后方安稳了，你在前面才能比较安稳地工作(T19)。"

家人的理解与支持是幼儿园教师顺利工作的保障。家人的理解与支持让幼儿园教师坚守初心，选择幼师行业，"家里也比较支持，选专业时，家里面人就是说，你既然喜欢这一行，你还是选这一行吧(T17)"。家人的理解与支持让幼儿园教师心情愉快，抛却工作的烦恼，"老公一如既往的陪伴，让我可以不在意工作上的烦心事(T22)"。家人的理解与支持让幼儿园教师放心工作，无后顾之忧，"所以他就那个时候也给了我很多帮助。现在因为有小孩，我要是加班了，他就能解除我的后顾之忧，回去带孩子了(T27)"。

家人的压力与期待影响幼儿园教师工作的热情。除了日常工作外,幼儿园教师还需要付出时间照顾家庭。"因为我老公就是一个工作忙、天天出差的人,如果我也全身心地投入工作,那家庭谁顾?这是个很现实的问题(T28)。"子女的养育和照顾任务,家庭角色的分工传统,让幼儿园教师在工作中感到"精力完全分配不开,就是你想要好的时候,你没有精神,心有余而力不足(T28)"。

家人的状况和家庭的变故影响幼儿园教师的发展阶段。家人经历较大的变故,会影响教师的工作心情,分散教师的工作投入,从而造成其发展阶段上的阻碍。一位教师谈到自己因家人生病、离世带来的家庭变故而出现了专业发展上的瓶颈期,"其实我那个瓶颈期,可能跟我的家庭有关系,因为我们家接二连三地有人生病、离世,这对我的心情有影响(T20)"。家人的状况和家庭的变故让该教师产生了工作倦怠,失去了工作的积极性,"就是很懈怠,不知道该怎么样,回想起来处于瓶颈期时我确实很难过,做什么事情都没什么劲,就是在一味地完成任务(T20)"。

三、关键事件是专业发展之路的指向牌

许多研究者已经注意到关键事件在人们生活中的重要性。[1][2] 有研究者观察了教师职业生涯中的关键事件,发现教师在经历这些关键事件的时期是高度紧张的,这对个人的改变和发展有巨大的影响。[3] 在一些关键时期,例如教师入职的前几年,这类事件的比例可能会更高。[4]

关键事件涵盖了多种不同种类的活动,[5]其持续时间不同,可能数周至一年以上。幼儿园每日进行的活动是幼儿园教师专业成长的重要载体。关键事件包含积极和消极事件,积极事件能够促进教师的专业发展,而消极事件类似塞克斯等人所描述的"反事件"[6],会导致个人或教育方面的倒退。在幼儿园教师的专业发展历程中,关键事件主

---

[1] Measor L. Critical Incidents in the Classroom: Identities, Choices and Careers[J]. Teachers' lives and Careers, 1985: 61-77.
[2] Sparkes A C. Strands of Commitment within the Process of Teacher Initiated Innovation[J]. Educational Review, 1988(3): 301-317.
[3] Sikes P, Measor L, Woods P. Teacher Careers: Crises and Continuities[M]. Lewes, Falmer Press, 1985.
[4] Woods P. Critical Events in Teaching & Learning[M]. New York: Routledge, 2012.
[5] Stewart J. The Making of the Primary School[M]. Milton Keynes: Open University Press, 1986.
[6] Sikes P, Measor L, Woods P. Teacher Careers: Crises and Continuities[M]. Lewes, Falmer Press, 1985.

要包括教研事件、开课事件和生育事件,这些种类不同的关键事件都会对幼儿园教师的专业发展阶段及路径产生影响。

(一) 教研事件

教研活动包括参加园内外的教研和区域的共同体活动。教研活动不仅能够增强教师的科研能力、反思能力,还能提升教师的教育理念,"促进儿童观、课程观更新(T25)"。

参加教研活动能拓宽幼儿园教师的专业视野。幼儿园教师在参加教研组活动之前,对课程、儿童、领域教学等各方面的理解深度还停留在自我探究阶段。随着教研组活动的开展,在学习共同体中,教师对专业认识的深度和广度都在拓展。

T12:课题组、教研组的活动可以让我更深度地了解专业知识。我感觉有好多要学习的,学无止境。学习对自己有很大帮助,和跟着教案走是不同的,深入进去才知道。

参加教研活动能提升幼儿园教师的专业反思能力。教研活动是对教育教学活动进行研究和反思的活动。幼儿园教师在长期的教研历练中,从一开始的"不知道怎么评,不会分析",到逐渐学会从各个层面对课程进行评价,其中发生的转变就是幼儿园教师反思能力的提升。

T13:像一开始我们评课说课,新老师嘛,不知道怎么评,不会分析,渐渐地到第二年,看到人家怎么评,自己也会从上课的策略、流程、孩子的反应等方面着手。一开始真的不太知道。

(二) 开课事件

开课是磨炼教师的重要活动,特别是面向全园或者园外的公开课。教师往往在开课前感到"很紧张""有压力",但是开课前的准备和磨炼,开课中的历练和开课后的反思,让教师感到"自己是真的有所收获的(T15)","每次开课的时候是成长最快的时候(T18)","作用最大的就是自己去开课(T18)"。

开课能够磨炼幼儿园教师的心态。开课往往是面向团体的公开展示活动,与幼儿园教师日常的教育教学活动的场景不同,其所带来的外在压力常常让教师感到紧张、焦急,特别是对第一次开课的新手教师来说。"经过一次开课,真的后面再开课就很淡定了,就没有那么束手无策了。之前会想我该怎么做呀,现在没有。在我工作的第三年,再说开课,就都行。心态好很多。所以人一定要经受磨炼,不磨炼是不会成长的(T13)。"经过开课事件的锻炼,幼儿园教师的心态更加"平稳""淡定",能够胜任更多的公开活动。

开课能够提升幼儿园教师的能力。开课往往是幼儿园的重要活动,不管是面向园内还是园外的公开课,都会邀请专家或专家型、骨干型的有经验教师进行观摩指导。开课往往和教研活动相结合,因而开课后的研讨、反思、总结是教师专业成长的"关键时刻"。

T18:开课会有专业的教师在旁边指导你,然后在总结的时候,我就觉得那是我成长最快的时候。比如我之前上了一节关于牙齿的公开课,可能上之前我都是迷糊的,我只知道跟着我的教案走,跟着我的设计环节走。但是当我上完了,包括我们组长,我们的成熟教师会给我指出:我觉得你这个方面应该这样操作,你会不会觉得更好一点?他可以一针见血地给我指出来。每次这个时候我觉得是成长特别快的,就是我又学到了新的知识,教育教学能力得到了提升。

开课能够检验幼儿园教师的不足。开课是幼儿园教师综合专业能力、专业知识与专业理念集中展示的时刻。通过开课的展示体验和他人的观摩评价,教师既能够发现自身的不足,也能够从他人的评价中获取改善的触发点。"开课肯定是有必要的,是检验我的最好方式,让我认识到自己哪些方面还有缺失,还需要去加把劲儿弥补(T18)。"

(三) 生育事件

幼儿园教师大多为女性。"生育事件"是指幼儿园教师经历的从怀孕到生子的一系列过程。对于女性来说,生育不仅是人生中的一个重要转折点,也是工作生涯中的重要事件。许多幼儿园教师在访谈中认为"生宝宝的影响非常大(T8)"。生育事件犹如一把双刃剑,既对幼儿园教师的专业发展阶段及路径有促进作用,也有阻碍作用。

1. 积极影响

首先,生育事件促使幼儿园教师更加理解家长,提升家园互动的质量。一方面,经历生育事件后的幼儿园教师更加理解家长的心情,具有同理心,"我更理解家长的一些感受,因为我现在也做妈妈了,所以更能够感同身受,以前可能就觉得,我能理解你,其实根本就不理解真正当妈妈是什么样的心情。现在是真的能理解(T29)"。教师能够从家长的角度考虑事情,在班级工作上更加得心应手。"以前我从教师的角度来看待这个事情,现在我也是一个家长,我知道要从他的角度来和他沟通(T19)。"另一方面,幼儿园教师与家长的互动内容更加丰富,教师能为家长提供切实可行的方法,提高了家园沟通的质量。"你再去跟家长沟通的时候,你也有更多的、可说的、可具体操作的、实践性的方法。以前我在跟家长沟通时,只是把书本上的这种理论搬出来,也许家长听了之后,当时觉得正确,回去还是不知道该怎么做。你提供的这些方法有可能只是跟有经验的老师学来的,并不是你真正操作过的,但有了宝宝之后,因为你每天跟孩子生活在一起,所以你会有很多好的方法(T8)。"

其次,生育事件促进幼儿园教师教学水平的提升。幼儿园教师在与自己孩子互动的过程中,会把经验延伸到自己班级的孩子身上,从而提高互动质量。例如一位教师说自己在生育前后与孩子的互动方式发生了变化,更加清楚如何进行阅读活动教学。"比如说我以前给孩子讲故事的时候,有可能就不好意思,不会那样手舞足蹈,讲话时也抑扬顿挫的,但是有了自己的孩子之后,我会将姿态完全放低,知道要怎么样向孩子表达,孩子会喜欢我什么样的表情,一个什么样的动作能让这个故事更有趣(T8)。"

最后,生育事件影响幼儿园教师对于幼儿的态度和认知。有的教师在生育后对幼儿的情感发生了变化,感到"对孩子的情感是不一样的,更有责任感(T3)",并且这种情感在生孩子后会发生明显的变化,"你没有生过孩子的时候,可能那种感觉不是很明显,但是生过孩子,感觉会很明显(T19)"。有的教师在生育后对幼儿的认知发生了变化,认识了孩子发展的过程和个体差异性,"更加意识到每个孩子的发展不一样(T21)";有的教师在生育后意识到幼儿保育的重要性,更加会照顾孩子,"知道怎么去照顾他,以前就是理论上知道,但实际上并不知道这个多么重要(T22)"。有的教师在生育后更加理解幼儿,愿意倾听幼儿的声音,"因为自己当妈妈了,所以能更多地理解孩子,然后会静下心来,真的去观察,听孩子的声音,听听孩子的想法(T29)"。一位有时对孩子不够有耐心的教师在生育后深化了对幼儿的理解,"突然之间感觉小孩就是这样,就一下子理解,他就是这么小啊,你就是要教啊,他这样子是正常的,有什么好生气的?就是瞬间发现之前对他的态度是不合适的(T30)"。

2. 消极影响

社会学中有一个专有名词"母职惩罚",意指女性在成为母亲后,在职场会遭遇系统性的困境。访谈发现,生育事件确实会给部分幼儿园教师的专业发展带来消极影响。

生育事件影响幼儿园教师的工作积极性。由于怀孕和养育子女带来了身体和精力的变化,幼儿园教师在经历生育事件后会逐渐降低自己的工作积极性。"刚开始工作的时候,精神饱满,像打了鸡血一样,那个时候我还主动要求加班。但是怀孕之后,因为身体不方便了,就不会加班了,有小孩之后就觉得很想做好,但是精力真的是有限的(T29)。"尽管幼儿园教师在生育后有努力做好工作的期待,然而现实的情况往往让其难以达到,工作积极性随之逐渐降低。

生育事件影响幼儿园教师的工作时间投入。幼儿园教师在生育后需要将自己的部分精力和心思转移到自己孩子身上,"产后因为很多心思都是在小孩子身上,我的精力不是很够,因为有小孩的时候睡眠是很奢侈的(T29)",投入在工作中的时间和精力便会相应地减少,"我感觉不会像以前一样那么花心思去想,很多东西买个半成品,或者是布置出来让班上的老师去做,然后自己做的可能就没有以前做得多了,就怎么节省时间怎么来(T29)"。

生育事件影响幼儿园教师的工作节奏。幼儿园教师在经历生育事件后,整个生活方式和社会角色都发生了变化,"家里不像以前那样后顾无忧的,是需要你照顾的(T25)",幼儿园教师需要花费时间重新适应和调整变化。"刚回来带孩子的时候,要有一段时间稍微适应一下,毕竟节奏也不一样(T19)。"

第三节 砥砺前行——中观影响因素

一、环境与氛围是专业发展之林的行进条件

氛围是在一定的环境中,在人们相互影响与作用中形成的。幼儿园的氛围是幼儿园环境系统中长久以来逐渐形成的,这种氛围会对幼儿园教师的工作观念、工作方式、工作状态产生潜移默化的影响。幼儿教育的社会和文化背景可能在许多层面上影响教师专业发展的结构和过程。[①] 良好的环境与氛围能够为教师提供富有挑战性的工作机遇,激发教师不断成长。

环境与氛围影响幼儿园教师的工作状态。幼儿园教师处于不同的环境和氛围中,会表现出不同的心理状态和行为特点,从而呈现出不同的工作状态。访谈中,一位教师谈了自己在不同氛围的幼儿园中完全不同的发展轨迹。该教师刚毕业后回到家乡的幼儿园,"是在一个小的县级市乡镇上的幼儿园,可能对教师的要求不高。我也想做一些事情,但是周围的工作环境和生活环境没有那么多的东西。如果没有做什么事情的话,

---

① Sheridan S M, Edwards C P, Marvin C A, et al. Professional Development in Early Childhood Programs: Process Issues and Research Needs[J]. Early Education and Development, 2009(3): 377-401.

有些意识、状态就会淡化(T1)"。该教师在家乡的幼儿园工作了七年,由于幼儿园环境与氛围的影响,让该教师感到"前七年是平平的",并没有获得专业上的飞跃成长。后来,该教师来到了N市的幼儿园工作,"我觉得一下子到了这种环境,理论和实践都脱节了。当时来的时候压力蛮大的"。在这种氛围和环境的影响下,该教师不断学习、积极争取各种锻炼机会,而这段时间成为该教师在专业方面成长很快的时期,该教师也从一名普通教师逐渐成长为副园长。

环境与氛围影响幼儿园教师的工作选择。相比于社会上的其他行业,许多幼儿园教师认为幼儿园的环境与氛围较为单纯。因而,在职业选择上,尽管幼儿园教师存在收入低、地位低等不利因素,但还是有很多年轻人愿意进入此行业。"因为你面对是孩子跟家长,工作性质还是比较单纯的。我觉得我们幼儿园的氛围还是比较积极的(T15)。"

环境与氛围影响幼儿园教师的工作方式。不同幼儿园所处的地区不同,所秉持的教育理念和传统不同,长久以来形成的工作氛围也就不同。因而幼儿园教师在不同的幼儿园,所面临的工作方式也会随之发生变化。有的教师需要重新学习,以适应新环境的要求,"然后换了一个新的环境,就感觉又变成一张白纸了。很多东西要从零开始学(T17)"。有的教师需要迅速转变自身的角色,适应新的工作节奏,"2004年调过来后,办学模式和教育理念一切都不一样,当时的生活作息,包括教学模式,所有的都不一样。需要你很快地转变自己的角色,包括教育理念的提升和更新,要适应本幼儿园的教学节奏,需要认真地揣摩(T2)"。有的教师需要调整工作方式,接受新事物,"然后我也在努力地去适应,所以我可能会有这样一段适应期和空窗期(T27)"。

二、机会与平台是专业发展之林的畅通捷径

幼儿园教师的成长离不开园部和所在地区的平台支持。园部的历练机会、所在地区的各种活动,都是幼儿园教师磨炼、展示、提升自身专业素养的良好时机。这些平台的搭建和历练的机会,往往成为教师专业发展历程中的关键事件或节点。幼儿园教师的专业发展机会主要包括各种学习、培训和展示的机遇等。幼儿园搭建的平台包括师徒结对、公开课、教研平台等,而地区教育管理部门搭建的平台一般包括地区性的培训活动、会议讲座、论文评比、公开课交流、参观学习活动等等。对于幼儿园教师来说,机会与平台是相辅相成的。良好的机会与平台能够搭建教师专业发展的最近发展区,为教师的专业发展提供支架。只有平台而无机遇或只有机会而缺乏平台都会对幼儿园教

师的专业成长造成阻碍。

幼儿园教师往往因机会不足而限制了自身的专业发展。访谈中,许多幼儿园教师认为外出学习的机会少,需要争取。"能出去听课或者出去的机会都比较少(T17)","平时出去的机会不是特别多(T16)"。即使有相关的外出机会,也需要园内教师轮流,"感觉我们幼儿园出去的机会还挺少的,大家轮流出去,一个学期可能就只轮到一两次(T16)"。

幼儿园的现实因素也限制了幼儿园教师的发展平台。幼儿园的单位性质是"一个萝卜一个坑",教师外出学习需要有人顶班,工作需要及名额限制导致许多幼儿园只能采取轮流的限额学习方式。"一个原因是你工作的要求,还有一个原因是幼儿园的名额有限,如果幼儿园一下子走掉一批人,幼儿园无法运转,一个萝卜一个坑,这里和其他的单位不太一样。我们这一次参加年会,老师去四五天,那这将近一个星期就班上老师自己顶。上午下午连续上一个星期,相当累的,强度超大的(T20)。"

因此,如何搭建教师专业成长的交流和激励平台,努力创造幼儿园教师的发展机会是幼儿园提升教师专业发展水平时需要重点思考和改善的方面。

三、理念与管理是专业发展之林的方位导航

幼儿园的理念是指幼儿园所秉持的关于办园、教育教学、教师发展等各方面的观念导向。幼儿园的管理是指幼儿园管理人员和有关幼教行政人员遵照一定的教育方针和保教工作的客观规律,采用科学的工作方式和管理手段,将人、财、物等各因素合理组织起来,调动各方面的积极性,优质高效地实现国家所规定的培养目标和幼儿园工作任务所进行的各种一般职能活动。[1] 幼儿园管理是一个立体、开放的系统。良好的管理不仅能让系统有效运转,还能够在此过程中挖掘幼儿园教师的潜能,调动教师的工作积极性和主动性;既能够达到组织管理的目标,也能够给予个人发展空间和机遇,实现个人发展与组织管理双赢的局面。"整体老师的素质都在不断地提高,其实是跟着大队伍在前进,也不是你个人,你的成长肯定是离不开整片土壤的。一个单位都在成长,一个幼儿园都在成长,个人跟着团体在成长(T2)。"

幼儿园的理念和管理影响教师的工作积极性。学校管理方式的不同对激发教师积极性有不同的作用。[2] 民主管理方式可以充分吸收教师参与学校的管理和决策,激发

---

[1] 王学聪.成功幼儿园管理制度全书[M].长春:吉林摄影出版社,2002.
[2] 郭平,熊艳.教师专业发展概论[M].成都:西南交通大学出版社,2017.

教师的工作积极性,提高教师的工作满意度,让教师的智慧得到充分发挥,极大地促进教师的专业发展。[1] 塞尔乔瓦尼的研究认为,在民主参与的管理方式中,教师能参与决策,领导与教师之间有广泛的、友好的相互交往;信息能够横向、纵向沟通;有高度的信任和委托;对控制过程普遍负责,因此学校效率是较高的。[2]

幼儿园的理念和管理能够引领教师专业发展的方向。幼儿园的整体理念和管理方式,尤其是园部领导的理念和地区性教育部门负责人、教研员的理念对教师的专业引领有重要的影响。"幼儿园的整体管理,管理层的理念,我觉得是非常非常重要的(T8)。"

幼儿园的理念和管理能够促进教师专业能力的提升。积极的理念和管理是幼儿园教师专业发展的推动器,理念的引领和管理的助推促使幼儿园教师不断提升专业能力。"我们幼儿园整体的一个管理,还是很重视老师的各方面的素质。我们的教育科研活动非常多,像我们的园本课程,我们所有的课程全部都是老师开发的,而且可能一直需要去调整,旧的要继续调整,然后再有很多新的继续创新(T8)。"

第四节 披荆斩棘——宏观影响因素

一、社会期待与社会地位的悬殊

社会期待是社会对每一个处于一定社会地位的人的要求。访谈中,幼儿园教师认为社会对幼儿园教师的期待越来越高,"每年对老师的要求都在增加,包括社会、家庭、各个方面、各个阶层的人,对老师的关注度都很大,要求老师做到这样做到那样(T18)"。

社会对幼儿园教师的期待过高,教师职业被过度"神圣化"。"老师也是一个人,大家把老师这个职业想象得太神圣了。其实说白了,老师跟其他阶层都是一样的,它就是一份职业。只是大家对教师这个职业有点道德绑架,把它定位得太高了,对它的期许太大了(T18)。"

社会对幼儿园教师的期待重结果,轻付出。"可是从来没有人为老师考虑过,老师

---

[1] 赵昌木.教师专业发展[M].济南:山东人民出版社,2011.
[2] Sergiovanni T J, ed. Professional Supervision for Professional Teachers[M]. Washington, DC: Association for Supervision and Curriculum Development, 1975.

在工作中她承受了什么,她的心理的变化,她一天上班下来累不累,有的时候会不会受到委屈,她的工资有多少,更多的就是关心老师好不好,主要去评价你做到哪些,但是从来没有去想过你付出了哪些(T18)。"面对社会高期望,幼儿园教师却没有获得相应的尊重和社会地位,她们心理上有些不平衡。

社会的高期望和关注,令幼儿园教师感到有压力,特别是当幼儿园教师群体中出现不良事件时。"会有压力,就比如说去年曝出来很多事情,虐童的那些。然后我们幼儿园就是一个会接着一个会地开。虽然是开会,但我觉得老师心里是有负担的。以后在教学的过程中,我不敢跟孩子有肢体的接触,我害怕。因为有些家长认为,我家小孩,你是不能碰的。就是我摸摸孩子的头,你就是碰我家小孩了,他觉得你是有肢体的接触,就是社会上这些事情造成了一种恐慌感,让老师都不敢跟孩子去亲近(T18)。"

德国著名社会学家马克斯·韦伯认为,经济、社会文化地位和权力是影响地位的主要因素。[①] 教师的经济收入、职业声望和社会权利是评价其社会地位的基本点。[②] 从以上三个维度来分析幼儿园教师的社会地位,幼儿园教师工资水平低、职业声望不高、社会权利未得到相应保障,因而社会地位处于教师群体中的下层水平。

幼儿园教师工资待遇普遍偏低。即使是有编制的公办幼儿园教师,工资水平也很难达到所在地区的教师工资平均水平,大量的民办园、无事业编制的幼儿园教师收入和福利更低。访谈中,多位幼儿园教师对自己的工资水平表达了无奈。"我们正常拿到手就是3 000多一点,对于现在的消费水平,还是挺低的。我就觉得自己的付出跟收入不成正比。有的时候想想自己为什么要干这个呢,就可能随随便便干一个工作,都会比这个好。就是好无奈(T18)。"工资与付出的不对等让幼儿园教师感到心理上的不平衡。"所以作为老师,我承受了我该承受的,不该承受的我也承受了,包括家长的不理解、开课的压力,但是我的工资却没有得到我预期的这种想象,我该得到的这种,其实心里还是会有很多不平衡的感觉(T18)。"

幼儿园教师职业声望低。与其他教育阶段的教师相比,幼儿园教师似乎被贴上了"学历不高""准入门槛低"等标签,因而并没有像其他阶段教师一样得到社会广泛的尊重和认可。"就每次看到那种新闻爆出来的时候,会有人说,老师的素质水平太低了,专科毕业的压根就不应该去当老师,如果他的学历再高点,肯定不会做出这种事,幼儿园教师的门槛太低了。可能这些事情爆出来了,但这不是所有老师都会干的(T18)。"

---

① 谢维和.教育活动的社会学分析:一种教育社会学的研究[M].北京:教育科学出版社,2000.
② 张晓辉.幼儿教师的社会地位[J].学前教育研究,2010(3):55-57.

幼儿园教师缺少专业话语权。一方面,许多幼儿园尤其是民办幼儿园一味迎合家长的应试需求,而忽视幼儿园教师应有的专业自主性。另一方面,家长也没有意识到教师角色的专业性,将幼儿园教师视为照顾孩子的"保姆"。"家长就觉得,老师就是家长没有空带,你就负责给我们带一下,你就是我们小孩的保姆(T18)。"因此,《中华人民共和国教师法》中的赋予教师的权利在现实中并没有得到完全落实。①

近年来,我国相继出台了相关的政策,要求提高幼儿园教师的社会地位和待遇。2010年颁布的《国家中长期教育改革和发展规划纲要(2010—2020年)》提出,"依法落实幼儿教师地位和待遇";2010年颁布的《国务院关于当前发展学前教育的若干意见》指出,"依法落实幼儿教师地位和待遇,切实维护幼儿教师权益";2012年出台的《关于加强幼儿园教师队伍建设的意见》提出,"建立幼儿园教师待遇保障机制";2014年出台的《关于实施第二期学前教育三年行动计划的意见》指出,"完善幼儿园教师工资待遇保障机制""支持解决好公办园非在编教师、农村集体办幼儿园教师工资待遇问题,逐步实现同工同酬";2017年出台的《关于实施第三期学前教育行动计划的意见》提出,"采取多种方式切实解决公办幼儿园非在编教师工资待遇偏低问题,逐步实现同工同酬。引导和监督民办幼儿园依法配足配齐教职工并保障其工资待遇";2018年颁布的《中共中央国务院关于全面深化新时代教师队伍建设改革的意见》指出,"提升教师社会地位。加大教师表彰力度"。相关政策的出台是一种制度层面的倡导,逐渐提高幼儿园教师的社会地位。

二、社会轻视与大众认知的困扰

社会对幼儿教育的重视程度远不如中小学。第一,对幼儿早期教育和发展重要性的认识不够,没有认识到幼儿园教育在儿童发展历程中的重要意义。第二,对幼儿园教师有偏见,认为幼儿园教师就是"带孩子",没有认识到幼儿园教师的专业性。"现在小学跟幼儿园好像就是一个脱节的状态,像教育理念、教学风格、教学形式都是脱节的,包括家长对孩子在幼儿园和在小学的态度,都是不一样的,还是挺明显的。然后我觉得大环境对幼教这一块的重视也不够,包括家长和社会上的人,对幼儿园老师的工作和孩子在幼儿园发展的认识都有一些偏见,可能家长更多的就是往那个应试教育方面去走,然后就只关注成绩,而我觉得我们幼儿园的关注点是怎么让孩子成为一个人,而不只是将

---

① 何楠,卢清.幼儿教师社会地位研究综述[J].幼儿教育研究,2018(2):52-56.

来为考试或者是为什么(T21)。"社会大环境的轻视、家长的应试取向与幼儿教育的重要价值、发展理念背道而驰,这种现实和观念的撕扯让幼儿园教师感到困扰。具体表现在以下几个方面。

一是对幼儿园教师工作的专业性存在误解。"有一次,一个以前的朋友,也不是师范类的,问我现在干什么。我说在幼儿园啊。他说就是带小孩的那种啊。我当时就很生气。什么叫带小孩的那种?我觉得他们对我们老师其实真的不了解(T18)。"即使是幼儿园教师身边熟悉的朋友,也不了解幼儿园教师职业的专业性,将其等同于"带小孩"。

二是对幼儿园教师在儿童发展中的重要作用存在误解。"没有意识到幼儿园老师的重要性。就是给幼儿老师摆的不是正确的位置(T18)。""没有意识到老师在孩子这几年的生活中承担的是一个什么样的角色,会给孩子起到一个什么样的作用(T18)。"

三是对幼儿园教师的工作状态理解不够,没有意识到幼儿园教师的工作性质和工作负荷。"常人对幼师的理解不够。他们都觉得不就是带小孩玩吗?他们不知道,其实这个真的是很大的责任,主要是心累啊,因为你的精神都处于紧绷的状态。每次感觉我们班小孩要摔跤的时候,我的心头都揪一下,没事就好,没事就好(T29)。"大众常常认为幼儿园教师的工作内容就是陪孩子玩耍、照顾孩子,工作轻松,并没有认识到幼儿园教师职业的辛苦和压力。

四是对幼儿园教师工作关注点的扭曲。"就是他们的关注点都不在于这个老师是否把小孩教得好,而是你这个老师做出了什么不当的行为。他们的预设就是这样。他们看待老师这个职业,是有警惕的,不是以一种正常的眼光去看待(T18)。"

社会的轻视和大众的认知给幼儿园教师的专业发展笼罩了一层迷雾,使部分幼儿园教师在专业发展的前行道路中迷失方向。为顺应我国当代学前教育的发展需求,我国亟须以法律的形式明确学前教育的地位与性质,保障幼儿园教师的专业发展权益。2018年,十三届全国人大常委会将学前教育法列入一类立法规划,学前教育立法呼之欲出。相信学前教育法律法规的出台能够在全社会引起对学前教育的重视,改善社会轻视与大众认知的现状。

三、实际付出与媒体形象的偏差

幼儿园工作多而繁杂,"事情太琐碎啊,安排不过来(T25)",幼儿园教师时间和精力严重不足,"时间都被很多事务性的工作给占了(T27)"。幼儿园教师普遍感到"忙""累""压力大","压力也是蛮大的。没有想象中那么轻松(T5)"。整体而言,幼儿教师任务重、压力大。幼儿园教师工作细碎繁忙,需要"眼观八方,耳听四路",既要完成自己的一日工作,还要时刻关注班级幼儿的活动,确保其安全。

一方面,各种文案撰写、烦琐小事需要教师不断沟通和处理,事务压力大。"现在幼儿园老师的压力我觉得真的是超负荷了。真的是太累了,可能没有人能够想象得到我们每天要撰写多少东西,每天要面对多少纷繁复杂的小事情。每天我不去想一下哪些事情没做,就会特别焦虑,因为要处理的事情真的太多了,跟家长、园部、同事之间有太多的事情要去交流,要去衔接,要去交代,我一直没有办法定下心来去做我的研究(T8)。"

另一方面,为照看和保证全体幼儿的安全,幼儿园教师在幼儿园时刻处于紧绷状态,精神压力大。"忙的点不一样。当幼儿园老师,你可能觉得一天什么都没做,哪怕是那天你很闲,可能只是带孩子,也会觉得很累,因为就是很伤神。孩子在吵啊,要想很多事情,又得注意安全,你整个人都不能松懈下来的(T16)。"

近年来,随着网络媒体的兴起以及各种不良事件的发酵影响,关于幼儿园教师的负面新闻不断被媒体爆出,引发社会关注,造成恶劣影响。"现在幼儿园老师的负面新闻好多,真是'好事不出门,坏事传千里',为什么平时我们的辛苦没有人看见,但是别的幼儿园发生一些坏的事情全都被知道了(T29)。"社会心理学认为,当一个群体的成员对另一个群体的成员表现出消极的态度和行为时,偏见就产生了。偏见的产生常常伴随"刻板印象"的形成,大众传媒对强化群体"刻板印象"有重要作用。[①] 媒体的报道渲染促使大众对幼儿园教师形成偏见,而不良事件的叠加则加重了"刻板印象"的形成。

首先,部分关于幼儿园教师虐童的事件被媒体宣传放大,导致家长对幼儿园教师的不信任情绪加深。"我觉得家长其实从内心并不是相信老师的,他有一颗质疑的种子在心里,其实那个水就是小孩每天回家说多少而已,然后这个种子就要发芽。这是我个人的感受(T18)。"家长对幼儿园教师的不信任让幼儿园教师的工作更加困难。

其次,媒体对部分不良事件的曝光和渲染,让幼儿园教师的形象遭受了前所未有的危机。访谈中,一位幼儿园教师谈到了自己朋友在媒体事件曝光后对她的询问,反映出社会大众对幼儿园教师认识的偏差。"他们的所有了解来自各大媒体的曝光,指责老师的各种不好。然后甚至那段时间,有视频爆出来的时候,真的有朋友来问我,你打小孩吗?我说我什么时候干过这种事情啊,我说我们认识这么多年还不了解我。怎么可能呢?我当时也在想,这么多年的朋友他都会来问你,更何况原来你不认识的,都不知道

---

① 泰勒,佩普劳,希尔斯.社会心理学[M].谢晓非,等译.北京:北京大学出版社,2004.

会想成什么样(T18)。"

幼儿园教师的实际付出和媒体形象的偏差让幼儿园教师群体的境遇更加举步维艰,幼儿园教师群体中普遍存在"待遇不高要求高,地位不高责任大,家长误解委屈多"的现象。在此社会背景下,2018年第七个全国学前教育宣传月的活动主题为"我是幼儿园教师",各省市在宣传月期间,通过真实的情境和具体案例,多视角、多形式地宣传呈现幼儿园教师的工作与学习,加强社会对幼儿园教师责任与付出的理解,让全社会认识到幼儿园教师的工作是具有专业性的,是应该得到尊重的,塑造新时期幼儿园教师爱岗敬业的良好形象。

四、编制制度与职称体系的失衡

(一)编制制度

幼儿园教师编制是指在各级教育部门的统筹安排下,对幼儿园人员数量和职务的分配,并由财政部门据此拨款。2019年8月,《国务院关于学前教育事业改革和发展情况的报告》中指出:"目前全国幼儿园专任教师人数为258万人……截至2018年底,全国公办幼儿园专任教师总数为97.2万,事业编制总量55.6万名,实有在编人数44.8万人。"由此可见,全国超过200万的教师没有编制,公办园中半数以上教师没有编制。有编制的幼儿园教师在工资福利待遇方面能够得到体制的长期保障。然而公办园编制数量有限,编制考试门槛高、竞争大,既有学历要求,也有年龄要求,部分地区还有户籍的限制。各地区幼儿园教师编制名额"僧多粥少"现象屡见不鲜。编制制度对幼儿园教师的职业选择、职业稳定性、职业信心、职业待遇都会产生影响。

各地编制考试时间不同,影响幼儿园教师职业选择。"毕业之后就去考编制,但我家乡的考编通知出得特别晚,我6月份就毕业了,我们那边参编通知8月份才出,我就很难过,毕业就相当于失业了,所以我就想赶紧找个工作(T14)。"

编制考试名额少,教师缺乏职业信心。"我去年关注了考编制这件事情,但我看了一下,整个区只有一个考编的名额。整个N市也没有多少,加起来20个都不到。这有的时候会让老师失去信心(T18)。"

编制考试要求多,难度高。"现在考编真的好难,要求越来越多,好像有年龄的规定吧。不是所有人都能考的。我们幼儿园有编制的都是快退休的老师,像我们基本都是没有编制的(T18)。"

编制影响幼儿园教师待遇,是否有编差别大,"其实我们也很无奈,也没有办法。你看有编的,他们的工资待遇跟我们不一样。可能这也是一部分人转行的原因(T18)"。编制问题导致同一幼儿园教师同工不同酬,无编制的幼儿园教师需要付出更多努力。

大量民办园缺少编制名额,加之工资待遇低,造成幼儿园教师流动性大。有研究表明,当前民办幼儿园中具有离职倾向的教师高达86.4%。[①] 卢长娥和王勇在研究中发现,56.8%的幼儿园教师具有离职倾向,其中无正式编制和年龄小于25岁的教师离职倾向率最高,分别达到教师群体的63.0%和70.6%。由此可见,大量无编制的年轻教师在入职初期具有很高的离职倾向,往往刚度过新手期便选择离职,长此以往,这会造成幼儿园师资结构的不平衡。[②]

(二)职称制度

幼儿园职称制度在名称上参照小学教师,但在具体的评价方式上却与小学不同。由于幼儿园教育与中小学不同,不强调对幼儿发展成果的考核,因而幼儿园教师的职称评价往往需要通过公开课、论文数量来裁定。对于幼儿园教师来说,职称不仅是对其职业发展的认可,也是其职业持续发展的动力。然而,幼儿园现行的职称评定体系让很多幼儿园教师感到困惑与不满。

第一,幼儿园教师难以考核,"好教师"难以界定。"很难考核,真的很难考核。因为在幼儿园,现在每个班都那么多人,在我看来,孩子不出事、安全,然后把他们带带好,就已经很不错了(T28)。"幼儿园教师的工作性质具有特殊性,既难以用学生的成就进行量化评价,也难以用观察讨论进行质性判断。即使是工作在一线的幼儿园教师,也对考核标准感到难以界定。

第二,部分教师对目前职称评定标准的合理性持有疑惑。"其实我觉得很奇怪,用一节课来评判一个老师的好和不好,很奇怪,你能写出来一些东西就代表你行,我觉得不应该这样,它的评价标准是有问题的(T28)。"目前国内各省市对幼儿园教师的职称评定标准不一,但是公开课和论文数量基本都是幼儿园教师迈向高级别职称的"敲门砖"。部分幼儿园教师认为公开课或论文只是幼儿园教师专业素养的体现,并不能完全反映出幼儿园教师的水平。

第三,评职称机会少、竞争大。"那样的机会又那么少,那么多人打破头去争,我平

---

① 孔养涛.民办幼儿园教师离职倾向的影响因素及应对策略探析[J].陕西学前师范学院学报,2013(4):19-22.

② 卢长娥,王勇.幼儿教师离职倾向及成因探析[J].早期教育,2006(7):12-13.

时在认认真真带班,我根本没有时间搞这些东西(T28)。"幼儿园教师的职称评定需要论文、开课、获奖证明等各种"硬件"的支撑,而这些"硬件"的获得大多需要幼儿园教师在日常的带班工作之外付出时间。即使有了这些评职称的"硬件",幼儿园也要根据各地区的名额分配选择上报人数,因而竞争压力较大。

幼儿园教师的编制与职称问题由来已久,相关政策的出台在制度层面寻求破解之道。2010年颁布的《国务院关于当前发展学前教育的若干意见》指出,"核定公办幼儿园教职工编制";2012年出台的《关于加强幼儿园教师队伍建设的意见》提出,"各地结合实际合理确定公办幼儿园教职工编制","完善幼儿园教师职务(职称)评聘制度";2014年出台的《关于实施第二期学前教育三年行动计划的意见》指出,"有条件的地方出台公办幼儿园教职工编制标准"。这些政策的出台为核定幼儿园教师编制、改革职称评聘制度指明了方向,然而具体如何因地制宜,还需不断探索。

第五章
幼儿园教师专业发展阶段及路径的改善策略

本章重点探讨促进幼儿园教师专业发展阶段及路径的策略,以帮助幼儿园教师在已有的发展阶段中探寻最佳的发展方式,实现个人的专业发展。本章所总结的改善策略来自两个方面。第一为幼儿园教师的声音,依据扎根访谈资料,倾听来自一线幼儿园教师的需求和期望,呈现一线教师真实的呼声。第二为问卷的分析结果,在对问卷数据整合分析的基础上,汇集来自大数据的实证研究结果。研究者在综合以上两方面资料后,梳理出了幼儿园教师专业发展阶段及路径的改善策略。

第一节 个人层面的改善策略

一、提升反思实践能力

杜威在《我们怎样思维》中对反思的概念进行了界定,他将反思定义为"积极的、持续的和仔细的思考"[1],并对人的反思性行为与常规行为进行了区分。舍恩在《反映的实践者:专业工作者在行动中如何思考》中提出了"反思性实践""反思性教学"的概念,[2]引起了学者们对教师反思的关注和争论。布鲁巴赫将教学实践反思分为"对实践的反思""实践中的反思"和"为实践的反思"三类。[3] 马克斯·范梅南对行动与反思的关系进行了阐述,并将行动与反思分为"行动前反思""行动中反思""行动后反思"和"全

---

[1] Dewey J. How We Think[M]. Boston, MA: Heath, 1933.
[2] Schon D. The Reflective Practitioner: How Professionals Think in Action[M]. New York, NY: Basic Books, 1983.
[3] 朱旭东.教师专业发展理论研究[M].北京:北京师范大学出版社,2011.

身心的关注"四类。① 苏霍姆林斯基在《给教师的建议》一书中提出,"只有善于分析自己工作的教师,才能成为得力的有经验的教师"。反思探究能力是教师学习的基础,是教师自我完善的重要途径。《幼儿园教师专业标准(试行)》的基本理念中强调"能力为重",要求幼儿园教师"坚持实践、反思、再实践、再反思,不断提高专业能力"。

实践与反思态度是幼儿园教师专业发展特质模型的六个因子之一,与幼儿园教师专业发展阶段及路径的变化密不可分。研究者探究了幼儿园教师专业发展在实践与反思态度因素中的现状特点。首先,研究者采用多因素方差分析,探究在实践与反思态度因子中,教师所在幼儿园地区(城市/农村)和性质(公办/民办/其他)对教师平均分的影响。结果显示,教师所在幼儿园地区的主效应不显著($F=3.334, P=0.068>0.05$),表明教师在实践与反思态度因子中的平均得分在城市和农村幼儿园中差异不显著;幼儿园性质的主效应显著($F=4.025, P=0.018<0.05$),表明教师的平均得分在不同性质的幼儿园中差异显著;教师所在幼儿园地区和幼儿园性质的交互作用不显著($F=1.737, P=0.176>0.05$),表明幼儿园所在地区和幼儿园性质对教师在实践与反思态度因子中没有明显的交互作用。其次,研究者采用独立样本t检验,探究教师在实践与反思态度因子中生育状况和荣誉状况的差异。结果显示,生育过的教师平均得分显著高于未生育过教师的平均得分,$t=-6.032, P=0.000<0.001$,存在显著的生育状况差异;获得过荣誉的教师平均得分显著高于暂未获得荣誉的教师的平均得分,$t=-4.566, P=0.000<0.001$,存在显著的荣誉状况差异。再次,研究者采用单因素方差分析,探究教师在实践与反思态度因子中年龄段、教龄、职称、学历和最高职称的差异。结果显示,在实践与反思态度因子中,教师的平均得分存在显著的年龄段差异,$F=12.673, P=0.000<0.001$,事后分析的多重比较结果显示,18—25 岁显著低于其他四个年龄段($P=0.026<0.05; P=0.000<0.001; P=0.000<0.001; P=0.000<0.001$),26—30 岁显著低于 51—60 岁($P=0.014<0.05$);教师的平均得分存在显著的教龄差异,$F=18.010, P=0.000<0.001$,事后分析的多重比较结果显示,1—3 年显著低于其他四个教龄段($P=0.001<0.01; P=0.000<0.001; P=0.004<0.01; P=0.000<0.001$),4—6 年显著低于 16 年以上的教龄段($P=0.028<0.05$),10—15 年显著低于 16 年及以上的教龄段($P=0.047<0.05$);教师的平均得分不存在显著的职称差异,$F=1.842, P=0.118>0.05$;教师的平均得分存在显著的学历差异,$F=2.973, P=0.031<0.05$,事后分析的多重比较结果显示,本科学历教师的平均得分显著高于高中及以下学历的教师

---

① 马克斯·范梅南.教学机智:教育智慧的意蕴[M].李树英,译.北京:教育科学出版社,2001.

($P=0.004<0.05$),专科学历教师的平均得分显著高于高中及以下学历的教师($P=0.041<0.05$);教师的平均得分不存在显著的最高职务差异,$F=2.089$,$P=0.064>0.05$。

从量化分析结果来看,实践与反思态度具有显著的园所性质差异、年龄段差异、生育差异、教龄差异、学历差异和荣誉状况差异。从实践与反思态度的平均分差异来看,民办幼儿园教师的平均得分较低,18—25岁幼儿园教师的平均得分较低,1—3年教龄的幼儿园教师的平均得分较低,高中及以下学历的幼儿园教师的平均得分较低,未生育的幼儿园教师的平均得分较低,未获得荣誉称号的幼儿园教师的平均得分较低。这部分幼儿园教师往往是新入职的年轻教师,需要重点明确实践与反思态度,提高反思实践能力。因此,对于幼儿园教师来说,尤其是新入职的年轻教师,可以从以下几个方面提升反思实践能力。

(一) 树立反思意识

树立反思意识是幼儿园教师提升反思能力的第一步。研究者在访谈中发现,善于反思的幼儿园教师往往在入职之初便有较为明确的反思意识,能够有意识地结合自身的工作进行相关的思考。"比如说去听一节课,或者说听讲课,或者说在某些事情上面,教育中发生了一些事情,就是更多地会去反思,会去琢磨其中的一些观点啊,一些联系啊,会想得比较多一点,觉得反思其实对个人的发展很有帮助。一开始这种反思会少,也没有多少意识去做这种反思,后来的话就会慢慢地反思了,因为知道的多了,听别人说的也多了,会想别人为什么会这样想。就我个人而言,慢慢地会多思考一些东西(T19)。"

反思不仅是对传统教师教育观的补充,而且是教师学习的基础。教师反思具有实践性、反观性、反省性、自我性、过程性和研究性等特征。[1] 教师作为反思的主体,是一个开放的有机体,是一个主动的思考者和实践者。为促使幼儿园教师树立反思意识,一方面应帮助幼儿园教师充分认识到反思对其专业成长的重要意义,鼓励教师在教育教学实践中积极反思实践;另一方面,强调反思的重要性启示我们应关注个别教师,重视教师的发展主体性,支持他们的特殊学习过程。

(二) 学习反思方法

尽管对反思的界定和理解不断涌现,但是关于如何做到反思的具体指导方针在相

---

[1] 宋明钧.反思:教师专业发展的应有之举[J].课程·教材·教法,2006(7):74-78.

关出版物中并不多见。① 因此,准教师和有经验的教师经常认为反思是模糊的。② 访谈中发现,部分幼儿园教师缺乏反思能力的原因是不知道如何进行反思,没有掌握反思的方法步骤,面对实践中出现的问题不知如何解决。

T21:比如说我做了一个小项目,别人也差不多做了,然后呢,可能别人写出一篇论文,我就写不出来。我就感觉,对我来说,其实我做的跟别人是一样的,但是呢,可能在这过程中,我会缺乏一些对孩子的思考,或者是对这个问题的追问和下一步该怎么办,可能我也做了,但是呢,做完以后如何再把这个项目提升,这样的一种能力还有待提高。

基于幼儿园教师在实践中如何进行反思的现实困境,可以从以下两方面引导幼儿园教师获取有效的反思方法。

第一,引导幼儿园教师学习反思的策略方法。考特根(Korthagen)等人描述了一个简单但有效的"反思五阶段模型",为教师如何进行反思提供了支持。③ 该模型被称为 ALACT 模型,以五个阶段的第一个字母命名(见图 5-1),分别为行动(Action)、回顾(Looking Back on the Action)、本质方面认知(Awareness of Essential Aspects)、创建可选的操作方法(Creating Alternative Methods of Action)、试验(Trial),五个部分形成一个圆形的结构,不断循环反复。因该模型简单有效,并且能够为教师反思提供具体的支持,目前被多个国家使用。幼儿园教师可以借鉴类似的反思步骤模型,逐渐摸索和总结适合自己的反思方式。

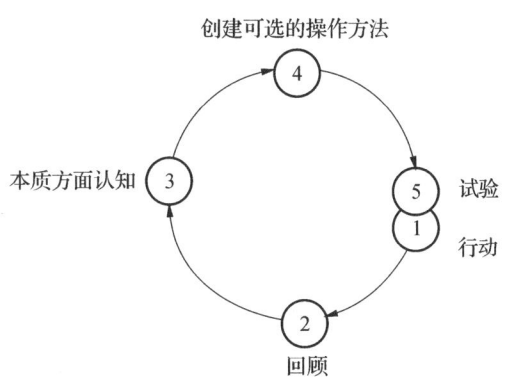

图 5-1 ALACT 反思模型(Korthagen et al.,2001)

---

① Korthagen F. Inconvenient Truths about Teacher Learning: Towards Professional Development 3.0[J]. Teachers and Teaching, 2017(4): 387-405.
② Cole A L. Impediments to Reflective Practice: Toward a New Agenda for Research on Teaching[J]. Teachers and Teaching, 1997(1): 7-27.
③ Korthagen F A J, Kessels J, Koster B, et al. Linking Practice and Theory: The Pedagogy of Realistic Teacher Education[M]. Mahwah, NJ: Lawrence Erlbaum Associates, 2001.

第二,发展幼儿园教师的核心反思能力。核心反思能力是一种深度的反思,是面向意义的反思,对教师的学习和有效教学行为具有重要影响。在核心反思方法中,核心反思与核心素质密不可分,核心素质是教师生产性学习的驱动力,也是核心反思能力发展的基础。① 亚当斯等人研究了核心反思在美国新手教师职业发展中的作用,阐述了核心反思对新手教师核心素质实现的影响,揭示核心反思能力如何帮助新手教师产生新的见解、自我理解和行为。② 在幼儿园教师专业发展阶段和路径的立体网络中,幼儿园教师专业发展的关键特质即核心素质,而核心反思就是触发关键特质发生变化的重要因素。因此,幼儿园教师应着力发展自身的核心反思能力,基于教师专业发展的关键特质进行深度反思。

(三) 拓展反思方式

反思是一种回顾和思考,但是反思的方法并不仅仅限于在头脑中的思考。反思性实践行为包括记日记、写学习日志、教师研究和合作评估等。③ 对于幼儿园教师来说,可以通过多种方式拓展反思。

1. 讨论——在互动中反思

语言是思维的工具。与同事、领导、专家进行讨论和分享,可以帮助幼儿园教师梳理和分析自身的教育理念与教学行为。讨论与对话可以是与搭班教师之间的交流,可以是园部教研组的讨论,还可以是地区性的研讨会。在这种反思对话中,幼儿园教师能够在经验的共享与碰撞中探寻和解决问题。

T19:我特别喜欢大家在一起交流沟通时的那种碰撞,其实很多时候就是感觉脑子里面没有什么东西,但是在你一言我一语当中,我自己就会突然迸发出很多想法。这种学习,我觉得比自己看书,看那些枯燥的文字后再反思,是更有效果的,而且是更生动的,我会更容易记住。

2. 写作——在回顾中反思

反思日记是教师在反思中运用较多的一种方式。对于幼儿园教师来说,反思日记

---

① Korthagen F A J, Kim Y M, Greene W L. (Eds.). Teaching and Learning from Within: A Core Reflection Approach to Quality and Inspiration in Education[M]. New York, NY: Routledge, 2013.

② Adams R, Kim Y M, Greene W L. Actualizing Core Strengths in New Teacher Development[M]// Teaching and Learning from Within. New York: Routledge, 2012.

③ Conkling S W. Uncovering Preservice Music Teachers' Reflective Thinking: Making Sense of Learning to Teach[J]. Bulletin of the Council for Research in Music Education, 2003: 11-23.

可以表现为观察记录、教学反思等形式。通过撰写反思日记,幼儿园教师能够在回顾中不断梳理和思考。一位坚持写班级日记的幼儿园教师认为,写班级日记不但能够高质量地完成园部每周写两篇反思的要求,而且在梳理和回顾的过程中给自己带来了很大的触动,促使其不断思考和成长。

T22:我现在坚持每天写班级日记。这给我带来了非常大的触动,在写的过程中,我会经常翻看之前的记录。以前在写备课本的时候,每一次交完本子,下一周要写反思,就是每周至少要写两篇反思,那个时候都是上完课以后才开始写的,因为我们平时也没有时间写,都要到下班以后,于是就开始编。现在我不用编了,我就把班级日记翻出来,因为我每天都有梳理,从早上一直到晚上,看我手机里的照片,然后想今天的活动,把我想记的记下来,可多可少,少的就一句话,多的我可以长篇大论地写。

3. 实践——在行动中反思

反思实践能力是教师学习的基础,是教师自我完善的重要途径。反思与实践密不可分。只有反思而不实践则空有其想,只有实践而不思考则难以进步。除了在一日活动中根据反思的成果不断改进和尝试,幼儿园教师还可以通过开展微格教学、行动研究等方式更加有针对性地验证、改进自身存在的不足。

二、强化终身学习理念

终身学习是在人的一生中持续进行的学习,包括从出生到死亡的整个生命周期,以及在此期间的所有技能学习。[①] 1972年,联合国教科文组织出版了《学会生存——教育世界的今天和明天》,终身学习的思想逐渐发展起来。1973年,世界经济合作与发展组织发表报告《回流教育:终身学习战略》,并被政府和教育组织广泛接受。[②] 1996年,欧盟委员会将其定为"欧洲终身学习年",同年,世界经济合作与发展组织(OECD)提出"将终身学习成为大众现实"的口号,联合国教科文组织在报告中将"终身学习"确定为基本思想。[③]

终身学习不仅是一种学习方式,也是一种哲学范式和理念。终身学习理念引领"教

[①] Polk J A. Traits of Effective Teachers[J]. Arts Education Policy Review,2006(4):23-29.

[②] 诺曼·朗沃斯.终身学习在行动——21世纪的教育变革[M].沈若慧,等译.北京:中国人民大学出版社,2006.

[③] 克里斯托弗·K.纳普尔,阿瑟·J.克罗普利.高等教育与终身学习:第3版[M].徐辉,陈晓菲,译.上海:华东师范大学出版社,2003.

师教育"向"教师学习"的研究转变,强调教师学习的主动性、情境性,为教师专业发展开启了新视角。兰格的研究发现,在高绩效教师的生活中,一个反复出现的主题是对终身学习的深切尊重。[①] 教育工作者必须在他们的领域保持与时俱进、不断变化的方法、思想和内容知识。

对于幼儿园教师来说,强化终身学习的理念对其专业成长具有重要的意义。第一,幼儿园教师的终身学习促进个人发展。终身学习理念的树立能够帮助教师在专业发展的进程中保持前进的动力。从量化研究数据来看,正式问卷的第9题涉及了幼儿园教师的自我学习意识,研究者采用单因素方差分析,探究了幼儿园教师自我学习意识与其最高职务的关系。结果显示,教师的自我学习意识存在最高职务差异,$F=2.830$,$P=0.015<0.05$,事后分析的多重比较结果显示,配班教师的平均得分显著低于主班教师或班组长($P=0.012<0.05$)、教研主任或保教主任($P=0.008<0.01$)、园长($P=0.009<0.01$)。可见,职务较高的幼儿园教师往往具有较强的自我学习意识,践行终身学习的理念。对于教师个人专业发展来说,只有坚持不断学习才能取长补短,不断提升和完善自身。幼儿园教师的学习是持续不断的,而不是一劳永逸的。在不同的发展阶段,幼儿园教师都有其发展的目标和方向;幼儿园教师的学习是内在主动的,而不是外在强加的。幼儿园教师只有意识到学习对于自身专业发展的重要意义,才能在专业成长的过程中坚守终身学习的理念。正如一位幼儿园教师谈到自身对学习必要性的认识:"就是说,你希望你班上的孩子能够更好,你的工作能够做得更到位,那你肯定是希望自己对各种事情的把握方面有进一步的提升,对吧?这方面的话可能会要求自己必须去学习,我哪个方面薄弱,我肯定要朝那个方面去努力,去进一步完善。这个是最根本的,就是催促自己。然后自身的一个发展,说直白一点,比如要评职称啊,要评什么荣誉啊,自己原地踏步那肯定也是不行的(T19)。"

第二,幼儿园教师的终身学习适应时代及社会的变化。传统的幼儿园教师基本功"弹唱说跳"已不能满足当前社会的需求。在信息化和数据化时代的大背景下,从面对面的交流到跨时空线上交流平台的搭建,从课堂中黑板实物到对多媒体技术的运用,幼儿园的发展模式、教育教学方式、家园互动方式等都发生了巨大的变化。此外,幼儿教育理念的迅速传播和更新,也对当代幼儿园教师提出了更高的要求。幼儿园教师需要不断学习,提升自身的能力,以适应时代和社会变化的需求。例如,一位教师谈到时代

---

① Langer J A. Excellence in English in Middle and High School: How Teachers' Professional Lives Support Student Achievement[J]. American Educational Research Journal, 2000(2): 397-439.

浪潮的冲击对幼儿园教师发展的影响:"我们是在不断学习的,也有很多的困惑。现在还有额外的东西,感觉我们的专业不够用了,'弹唱说跳'已经满足不了我们的工作需求了,这个是最基本的,最原始的东西了。现在大数据的、信息化的东西要会操作。老师真的是全能的,不仅要学习专业上最基础的东西,也要不断学习其他的东西。就像今天下午我们有信息组的老师出去学习,因为有公众号了,有网站了(T1)。"

因此,一方面幼儿园教师应认识到终身学习对自身专业成长和不断发展的重要意义,在工作中结合自身需求主动学习。另一方面,幼儿园教师应顺应时代变化需求,紧跟时代步伐,更新教育观念,不断获取新技能,充实自身,以更好地服务于幼儿教育事业。终身学习是一种"有意学习",具有目的性、目标性、动机性和持续性。[①] 为强化终身学习的理念,幼儿园教师可以从四个方面着手:首先,明确自身专业学习的目的,在工作中意识到自身正在进行的专业学习;其次,明晰自身学习的目标,将学习目标具体化和清晰化,制定阶段性的学习目标;再次,明辨自身专业学习的原因,在自我审视中激发内在学习动机;最后,明了终身学习是自身发展的方式和习惯,能够在长时间内保持和运用所学的知识。

三、完善个人职业素养

职业素养包括职业信念、职业行为规范、职业知识技能等各个方面。职业认识与态度是幼儿园教师专业发展特质模型的六个因子之一,是幼儿园教师职业素养的重要组成部分。研究者探究了幼儿园教师专业发展在职业认识与态度因素中的现状特点。首先,研究者采用多因素方差分析,探究在职业认识与态度因子中,教师所在幼儿园地区(城市/农村)和性质(公办/民办/其他)对教师平均分的影响。结果显示,教师所在幼儿园地区的主效应不显著($F=3.081, P=0.079>0.05$),表明教师在职业认识与态度因子中的平均得分在城市和农村幼儿园中差异不显著;幼儿园性质的主效应显著($F=9.494, P=0.000<0.001$),表明教师的平均得分在不同性质的幼儿园中差异显著;幼儿园所在地区和幼儿园性质的交互作用显著($F=4.140, P=0.016<0.05$),表明幼儿园所在地区和幼儿园性质对教师在职业认识与态度因子中有明显的交互作用。其次,研究者采用独立样本 t 检验,探究教师在职业认识与态度因子中生育状况和荣誉状况的差异。

---

① 克里斯托弗・K.纳普尔,阿瑟・J.克罗普利.高等教育与终身学习:第3版[M].徐辉,陈晓菲,译.上海:华东师范大学出版社,2003.

结果显示,生育过的教师平均得分显著高于未生育过教师的平均得分,$t=-7.527$,$P=0.000<0.001$,存在显著的生育状况差异;获得过荣誉的教师平均得分显著高于暂未获得荣誉的教师的平均得分,$t=-5.370$,$P=0.000<0.001$,存在显著的荣誉状况差异。

再次,研究者采用单因素方差分析,探究教师在职业认识与态度因子中年龄段、教龄、职称、学历和最高职称的差异。结果显示,在职业认识与态度因子中,教师的平均得分存在显著的年龄段差异,$F=32.006$,$P=0.000<0.001$,事后分析的多重比较结果显示,18—25岁显著低于其他四个年龄段($P=0.001<0.01$;$P=0.000<0.001$;$P=0.000<0.001$;$P=0.000<0.001$),26—30岁显著低于31—40岁($P=0.019<0.05$)、41—50岁($P=0.000<0.001$)和51—60岁($P=0.000<0.001$)三个年龄段,31—40岁显著低于51—60岁($P=0.005<0.01$);教师的平均得分存在显著的教龄差异,$F=32.381$,$P=0.000<0.001$,事后分析的多重比较结果显示,1—3年显著低于其他四个教龄段($P=0.002<0.01$;$P=0.000<0.001$;$P=0.000<0.001$;$P=0.000<0.001$),4—6年显著低于7—9年($P=0.019<0.05$)、16年以上两个年龄段($P=0.000<0.001$),10—15年显著低于16年及以上的教龄段($P=0.002<0.01$);教师的平均得分存在显著的职称差异,$F=4.644$,$P=0.001<0.001$,事后分析的多重比较结果显示,二级教师平均得分显著高于暂未评定职称的教师的平均得分($P=0.009<0.01$),正高级教师的平均得分显著高于暂未评定职称的教师($P=0.000<0.001$)、一级教师($P=0.000<0.001$)、二级教师($P=0.000<0.001$)和高级教师($P=0.000<0.001$)的平均得分;教师的平均得分存在显著的学历差异,$F=2.907$,$P=0.034<0.05$,事后分析的多重比较结果显示,本科学历教师的平均得分显著高于高中及以下学历的教师($P=0.008<0.01$);教师的平均得分存在显著的最高职务差异,$F=5.494$,$P=0.000<0.001$,事后分析的多重比较结果显示,配班教师的平均得分显著低于主班教师或班组长($P=0.020<0.05$)、年级组长($P=0.035<0.05$)、教研主任或保教主任($P=0.000<0.001$)和园长($P=0.007<0.01$)的平均得分。

从量化分析结果来看,职业认识与态度具有显著的园所性质差异、年龄段差异、生育差异、教龄差异、职称差异、学历差异、最高职务差异和荣誉状况差异。从职业认识与态度的平均分差异来看,民办幼儿园教师的平均得分较低,18—25岁和26—30岁幼儿园教师的平均得分较低,1—3年教龄的幼儿园教师的平均得分较低,高中及以下学历幼儿园教师的平均得分较低,配班教师的平均得分较低,暂未评定职称的幼儿园教师平均得分较低,未生育的幼儿园教师的平均得分较低,未获得荣誉称号的幼儿园教师的平均得分较低。这部分幼儿园教师往往是新入职的年轻教师,需要重点明确职业认识,树立职业态度。因此,为提升和完善自身的职业素养,幼儿园教师,尤其是年轻的新入职教师可以从以下几个方面努力。

(一) 树立职业信念

"信念"的概念最早出现在柏拉图的《理想国》中,在哲学、心理学领域具有丰富的意涵。在哲学层面,信念多指人对某种观念或事物的精神状态,而在心理学层面,信念是个人对某种观点的坚信不疑,是个人知、情、意的统一体。教师职业信念指的是教师在对自身价值方面所产生的坚信不疑的态度。[1]

教师的职业信念是教师做好本职工作的基础。一方面,教师职业信念与教师职业道德息息相关。具备良好职业信念的教师能够在工作中将职业道德逐渐内化,帮助教师形成职业道德;而职业道德能够对教师的言行起到规范和约束作用,从而促使教师更加坚定个人的职业信念。另一方面,教师职业信念与教师实践密切相关。研究表明,幼儿园教师的实践与他们的信念密切相关。[2] 幼儿园教师的职业信念能够影响教师的工作态度和教学行为。例如,如何组织和开展幼儿的一日生活活动,怎样在活动中与班级幼儿互动等教育教学实践都需要教师的职业信念作为支持。

幼儿园教师可以从以下几方面逐渐树立职业信念。第一,认识与理解幼儿园教师工作的意义。幼儿园教师首先需要发现自身工作的价值。当幼儿园教师感到工作没有意义时,便会对工作失去信心。"当你觉得你做的工作是无用功,或者没有那么大价值的时候,你自己就会没有那个劲头去做了(T28)。"第二,热爱幼儿园教师的工作。只有对工作充满热情,教师才能在工作中积极投入,认真工作,并收获职业的快乐。正如访谈中一位教师说:"我觉得一个人选择了一份职业,沉下心去干,你会慢慢寻找到从事该职业的快乐和你在该职业中的成就感(T2)。"第三,明确幼儿园教师的工作职责。幼儿园教师在工作中明确认识与主动承担自身的职业责任是对自身职业信念的践行。例如一位幼儿园教师在谈到影响自身发展的种种因素时,认为不论发生什么事都不能影响对班级孩子的教育:"总体而言,不管什么事情,就是不能够影响对班上孩子的教育,我要对孩子负责的(T19)。"该教师的想法和做法正是出于对孩子负责的职业信念。

---

[1] 王卫东.教师职业信念问题初探[J].华东师范大学学报(教育科学版),2000(4):8-13.
[2] Stipek D, Daniels D, Galluzzo D, et al. Characterizing Early Childhood Education Programs for Poor and Middle-class Children[J]. Early Childhood Research Quarterly, 1992(1): 1-19.

(二)规划职业生涯

职业心理学家萨帕(Super)认为职业生涯包括人的一生中所经历的职业及非职业活动,而霍尔(Hall)认为职业生涯只包括人一生中与其职业相关的获得和经验。① 施恩认为职业分为外职业和内职业。② 因此职业生涯包括"外职业生涯"和"内职业生涯",只有不断锻炼自身的"内职业生涯",才能更好地提升自身的"外职业生涯"。职业生涯规划能够帮助幼儿园教师发现自我,促进教师自我实现。

访谈中,许多幼儿园教师对自己的职业发展提出了期待和规划。有的幼儿园教师对自身的职称和能力有所期待,"希望自己更好,在职称上面,还有能力得到肯定";有的幼儿园教师希望在学历方面获得提升,"学历上我希望自己还能再提升";还有的幼儿园教师希望在理论知识方面更加精进,"想要把专业知识、那些理论的知识结合到实际去(T12)"。为更好地对职业生涯进行规划,幼儿园教师可以从以下两个方面进行尝试。

其一,借助"职业锚",加深自我认识。"职业锚"的概念是施恩在《职业的有效管理》一书中首次提出的。"职业锚"是人内心深处的自我认知,是个人在面临职业选择时不会轻易改变和放弃的深层的意识。他通过大量的实证研究总结出了不同职业锚类型,包括技术/职能型、管理型、自主/独立型、安全/稳定型、创造/创业型、服务/奉献型、挑战型、生活型八种类别。③ 幼儿园教师可以根据自身的特点和需求,对自身的职业认识和需求进行分析,从而促进自我探索和管理。

其二,掌握职业生涯规划方法。职业生涯规划方法可以帮助幼儿园教师积极主动地对自身的职业生涯进行管理和规划。职业生涯规划的方法一般包括对自我进行了解和评估;对社会环境、职业环境和就业环境进行分析;明确自身的职业发展目标;根据目标实施,不断反馈和调整自身的行为。在此过程中,幼儿园教师可以借助SWOT分析法的分析框架学习认识自我,分析目前的工作。SWOT分析法又被称为态度分析法,SWOT是四个单词首字母的缩写,分别代表优势(Strength)、劣势(Weakness)、机会(Opportunity)和威胁(Threat)。幼儿园教师可以从这四个方面进行回顾和分析。

---

① 卜欣欣,陆爱平.个人职业生涯规划[M].北京:中国时代经济出版社,2004.
② 施恩.职业的有效管理[M].仇海清,译.北京:生活·读书·新知三联书店,1992.
③ 施恩.职业锚:发现你的真正价值[M].北森测评网,译.北京:中国财政经济出版社,2004.

第二节 组织层面的改善策略

一、信息化辐射——互联网平台促学习

当今的信息化与大数据时代带来了生活方式、工作方式和思维方式的大变革。迈尔-舍恩伯格和库克耶认为大数据时代带来了三大思维方式的变化:第一个转变是分析与某事物相关的所有数据,而不是依靠分析少量的数据样本;第二个转变是乐于接受数据的纷繁复杂,而不再追求精确性;第三个转变是不再探求难以捉摸的因果关系,转而关注事物的相关关系。① 在数字化和信息化环境中,网络环境为教师专业发展提供了一个额外的支持系统,而思维方式的转变则为教师专业发展领域带来了互联、多样、整合的新思路。

2015年7月,国务院颁布《国务院关于积极推进"互联网+"行动的指导意见》,文件指出"鼓励学校利用数字教育资源及教育服务平台,逐步探索网络化教育新模式","推动开展学历教育在线课程资源共享,推广大规模在线开放课程等网络学习模式"。随着"互联网+教育"模式的提出,教师专业发展方式也打开了新局面。

(一) 发展线上专业学习模式

随着信息网络技术的迅速发展,慕课(Massive Open Online Courses,MOOC)教学模式获得了广泛传播。通过参加本地和远程组织提供的教师专业发展课程,幼儿园教师能够在网络信息化平台中参加专业学习。线上课程的建设和发展对于拓展幼儿园教师专业发展模式,特别是促进农村及教育资源短缺的偏远地区的幼儿园教师专业发展具有重要意义。

从线上课程本身的特点来看,在线开放课程具有规模性大、开放程度高、在线互动性强等特点。线上学习具有开放性,可以克服时空的限制,弥补线下学习的不足;线上

---

① 维克托·迈尔-舍恩伯格,肯尼思·库克耶.大数据时代:生活、工作与思维的大变革[M].盛杨燕,周涛,译.杭州:浙江人民出版社,2013.

学习具有可重复性,可以多次播放回顾;线上学习具有便捷性,可以方便教师自行选择空余时间学习;线上学习具有广辐射性,可以涵盖更多的学习者。

从实证研究的证据来看,教育研究人员对线上教师专业发展成效进行了测试和评估。最近的实证研究发现,在课程实施的情境下,线上与面对面的教师专业发展并没有显著的差异。①②③ 线上教师专业发展增加了深入反思的时间,消除了传统职业发展的社会和物理边界。④埃里克森等人对农村和非农村特殊教育教师的线上专业发展进行了研究。在五次为期四周的在线研讨会之后,参与研究的149位教师报告说,他们获得了知识,提高了在课堂上应用和实施基于研究的实践的能力。教师们还表示,线上学习帮助他们在更广泛的学习社区内建立了合作关系。⑤ 利特尔等人的研究发现,资优教育资源教师也可以从线上教师专业发展中受益,因为这些教师小组彼此之间相隔很远,但可以通过在线环境进行专业联系。⑥

线上专业学习模式为幼儿园教师专业发展提供了机遇和挑战。对于幼儿园教师来说,首先应深度参与和积极体验在线开放课程的学习,提升自身专业素养,夯实专业知识内容与方法策略。其次,幼儿园教师应学会运用慕课等在线学习平台开展线上研讨,围绕相关案例和资料相互分享和交流心得,与不同地区的同行和专家开展专业对话。对于相关教育部门来说,首先应综合多方力量,联合中国大学MOOC(慕课)等专业平台,打造幼儿教育精品在线开放课程,为拓展幼儿园教师线上专业发展模式提供便捷。然后应探索和研究针对不同阶段幼儿园教师的线上发展模式,发展多元化的线上培训课程。

---

① Fisher J B, Schumaker J B, Culbertson J, et al. Effects of a Computerized Professional Development Program on Teacher and Student Outcomes[J]. Journal of Teacher Education, 2010(4): 302-312.

② Fishman B, Konstantopoulos S, Kubitskey B W, et al. Comparing the Impact of Online and Face-to-face Professional Development in the Context of Curriculum Implementation[J]. Journal of Teacher Education, 2013(5): 426-438.

③ Powell D R, Diamond K E, Burchinal M R, et al. Effects of an Early Literacy Professional Development Intervention on Head Start Teachers and Children[J]. Journal of Educational Psychology, 2010(2): 299-312.

④ Magidin de Kramer R, Masters J, O'Dwyer L M, et al. Relationship of Online Teacher Professional Development to Seventh-grade Teachers' and Students' Knowledge and Practices in English Language Arts[J]. The Teacher Educator, 2012(3): 236-259.

⑤ Erickson A S G, Noonan P M, McCall Z. Effectiveness of Online Professional Development for Rural Special educators[J]. Rural Special Education Quarterly, 2012(1): 22-32.

⑥ Little C A, Housand B C. Avenues to Professional Learning Online: Technology Tips and Tools for Professional Development in Gifted Education[J]. Gifted Child Today, 2011(4): 18-27.

(二) 优化网络平台学习功效

除了线上开放课程,随着网络化、信息化的发展,基于信息网络和数据处理的各种学习平台层出不穷,例如手机学习 APP、公众号推送、网络课堂、线上学习小组等等。如何整合和优化线上学习资源,为幼儿园教师专业发展助力是当下我们亟待考虑的问题。

其一,引导教师合理利用网络 APP 辅助教育教学活动。随着信息化的发展,教师的工作方式也发生了变化,例如观察记录发生了从传统的纸笔记录到电子化图文并茂的变化。幼儿园教师合理利用网络 APP 能够为工作提供便利。访谈中,一位坚持每天写班级日记的幼儿园教师谈到自己用的记录软件对其做好班级工作产生了重要的影响:"我是用 M 软件记录的,我觉得这个特别好,对我各方面的工作都有帮助。我也找了好几个可以记录的软件,我喜欢这种一张照片配一段文字的记录方式,它正好符合我的要求(T22)。"该教师通过 M 软件及时记录和编辑,每晚将内容在线上分享给班级幼儿的家长,不但形成了班级幼儿活动观察记录的素材库,也促进了班级家长工作和家园共育的开展,"现在家长给我的反馈,就是他们每天晚上就等着看这个,像甜蜜的约会一样,像等小说更新一样(T22)"。

其二,积极探索微格教学模式。微格教学是指教师在利用现代信息技术搭建的微型的、模拟的课堂中进行教学技能实践。微格教学在促进教师专业发展方面有多重的积极作用。第一,微格教学可以作为师资培训的方法,通过数字化和网络技术的支持,构建简单实用的微格教学系统,帮助教师进行科学而系统的教学技能训练,还可以根据教师教学技能的薄弱点进行重点培训。第二,微格教学能够帮助教师进行自我反思和提升。教师通过对自身教学过程的回看和分析,对教学语言、教态、教学组织方式等方面进行反思。

其三,建立区域教师教育教学共享资源库。幼儿园教师教育教学共享资源库可以包括课程资源素材、教育教学设计素材、课程示范展示视频、图书资源等。教师教育共享资源库的建设可以在区域内整合区域资源,形成资源合力,借助数字化发展平台将丰富的教育资源进行资源共享,从而为幼儿园教师专业发展提供信息和资源支持。

二、社群化帮扶——共同体模式促发展

1887 年,滕尼斯(Fernand Tonnies)在《共同体与社会》中提出"共同体"的概念,用以强

调人与人之间的密切联系以及对集体的认同感和归属感。滕尼斯认为共同体的基本形式包括亲属、邻里和友谊,分别对应血缘、地缘和精神共同体。[①] 赛吉欧维尼在《建立学校共同体》一书中提出了教育领域共同体建立的重要意义,[②]博耶提出了"学习共同体"的概念,[③]佐藤学倡导把 21 世纪学校作为"学习共同体"来重建的愿景。[④] 随着"共同体"概念在教育领域的应用和实践,加里森等人发展了"探究共同体"(Communities of Inquiry)的框架,[⑤]威戈介绍了"实践共同体"(Communities of Practice)的概念,霍德利探究了支持"知识建构共同体"(Knowledge-Building Community)的工具。[⑥]

幼儿园教师处于社会的有机体中。教师专业发展不仅是个体发展的过程,也是团体发展的过程。共同体能够为幼儿园教师专业发展提供资源支持和精神激励。因此,研究者认为可以从以下几方面借助"共同体"理念,探索和发展教师专业共同体模式,从而促进幼儿园教师的专业发展。

(一)建构教师专业网络小组

教师网络小组是基于其成员的需求和兴趣组织的,能够根据教师的专业需求改变和创建活动。[⑦] 教师网络小组中的教师有着共同的兴趣或目标,并在日常实践中交流经验。教师网络小组源自社会资本理论,社会资本理论揭示了个体如何利用组织或群体中的成员来获得专业知识。[⑧] 盖莫兰等人的研究认为专业发展能够加强教师之间的社会联系,而强大的社会联系能鼓励进一步的合作和专业发展。[⑨] 因此,教师网络小组也可以被定义为具有社会资本活力的网络。

---

① 斐迪南·滕尼斯.共同体与社会:纯粹社会学的基本概念[M].林荣远,译.北京:商务印书馆,1999.
② Sergiovanni T J. Building Community in Schools[M]. San Fransisco, CA: Jossey-Bass, 1994.
③ Roberts D C. Community Development[J]. Student Services: A Handbook for the Profession, 2011(5):448-467.
④ 佐藤学.学校的挑战:创建学习共同体[M]. 钟启泉,译.上海:华东师范大学出版社,2010.
⑤ Garrison D R, Anderson T, Archer W. Critical Inquiry in a Text-based Environment: Computer Conferencing in Higher Education[J]. The Internet and Higher Education, 1999(2-3):87-105.
⑥ Hoadley C, Pea R D. Finding the Ties That Bind: Tools in Support of a Knowledge-building Community[M]// Renninger K A, Shumar W. Building Virtual Communities: Learning and Change in Cyberspace New York: Cambridge University Press, 2010:321-354.
⑦ Lieberman A. Networks as Learning Communities: Shaping the Future of Teacher Development[J]. Journal of Teacher Education, 2000(3):221-227.
⑧ Frank K A, Zhao Y, Borman K. Social Capital and the Diffusion of Innovations within Organizations: The Case of Computer Technology in Schools[J]. Sociology of Education, 2004(2):148-171.
⑨ Gamoran A, Gunter R, Williams T. Professional Community by Design: Building Social Capital Through Teacher Professional Development[J]. The Social Organization of Schooling, 2005:111-126.

教师网络小组在促进教师专业发展方面有重要意义。从模式优势来看，大多数的教师专业发展方式是"自上而下"的，由政府部门或学校领导决定，教师负责实施。而教师网络小组采取的是"自下而上"的发展模式，由教师决定他们专业发展的目标、实现目标的有效方法和策略。从实施效果来看，教师网络小组是教师专业发展和实施创新的有效途径。盖莫兰指出教师网络为提高教师相互参与的能力提供了机会。[①] 霍夫曼探讨了教师网络与专业成长的关系，认为教师网络是教师专业发展的更有效的载体。[②] 研究发现，能够聚焦自我反思、内容扎实、激发热情和有指导性的、能够建立教师共同体的教师网络是专业发展的最有前途的方法和工作动力。

幼儿园和地方教育部门可以在调研幼儿园教师发展需求和兴趣的基础上，推进幼儿园教师自主建立专业网络小组。网络小组有四个重要特质：自组织，形式、时间、结构多样化，相互学习，非正式组织结构。成功的网络小组离不开结构性、文化性和多条件视角。[③] 因此，在自主建立教师网络小组的过程中，首先，注重结构合理化，一方面考虑组织结构，如地域范围、参与者数量、任务的分配、资金支持，另一方面考虑参与者的构成，从性别、教龄、所在年龄班、幼儿园类型等方面综合；其次，关注网络小组文化认同，引导小组成员树立共同的目标、规范和信念，明确参与的动机，重视教师之间的关系；再次，强调网络小组的条件性质。教师专业化发生在广泛的条件背景之中，而不仅仅是课堂上。因此，教师网络小组的外部环境与协调应被重视。

（二）发挥实践共同体作用

实践共同体是指基于共同的专业兴趣和分享交流知识、见解愿望的个体聚集在一起而形成的群体。[④] 拉夫和威戈首次使用这个术语来描述发生在学徒阶段的情境学习。[⑤] 实践共同体是一种持续的专业发展模式，在早期教育领域受到越来越多的关注，[⑥] 被用

[①] Gamoran A, Gunter R, Williams T. Professional Community by Design: Building Social Capital Through Teacher Professional Development[J]. The Social Organization of Schooling, 2005: 111-126.

[②] Hofman R H, Dijkstra B J. Effective Teacher Professionalization in Networks? [J]. Teaching and Teacher Education, 2010(4): 1031-1040.

[③] Hofman R H, Dijkstra B J. Effective Teacher Professionalization in Networks? [J]. Teaching and Teacher Education, 2010(4): 1031-1040.

[④] Wenger E, McDermott R A, Snyder W. Cultivating Communities of Practice: A Guide to Managing Knowledge[M]. Boston, MA: Harvard Business Press, 2002.

[⑤] Lave J, Wenger E. Situated Learning: Legitimate Peripheral Participation [M]. New York: Cambridge University Press, 1991.

[⑥] Helm J H. Energize Your Professional Development by Connecting with a Purpose: Building Communities of Practice[J]. YC Young Children, 2007(4): 12-17.

来支持学校、幼儿教育机构的专业发展。[1]

实践共同体在支持教师实践持续变化方面有重要影响。[2] 访谈中,一位幼儿园教师谈到,以园内教研组活动形成的实践共同体对教师成长发挥了重要作用。

T13:幼儿园有音乐、语言和健康三个教研组,教研组是每周开展一次组内活动,每个月一到两次专家组指导。组内就是先磨炼你一段时间,让老师初步接触一下,等你待了一段时间后,再让你开专家组。组内的要求没有专家组那么高。组内就是所有组员一起看,给意见,老师也会成长起来。

威戈描述了实践共同体的三个关键维度:① 通过共同工作和发展归属感形成的相互参与;② 共同的目标和分享的共同体价值观而形成的合作事业;③ 通过协商达成共同的目标、责任来共享技能库。[3] 因此,为发挥共同体的优势,优化实践共同体的建设,可以从以下几个方面重点推进。

其一,建立共同体归属感。有研究认为,在学习共同体中建立一种归属感文化非常重要,能够促进参与者的归属感和社会联系。[4] 当地教育部门、幼儿园在共同体的建设中应加强幼儿园教师共同体意识的建设,重视和肯定不同的观点,培养共同体成员之间的信任与合作意识。

其二,专家引领推进实践共同体深度发展。实践共同体可以包括特定组织的成员,也可以是受雇于机构的教师和外部推动者的混合体。实践共同体会议需要一位具有相关经验和实践智慧的专家,能够帮助小组提出问题、联系和建立想法、扩大重点、提供历史和有用的资源。[5] 因此,地方教育部门可以联合高校教师、幼儿园骨干教师等形成专家资源,为实践共同体的建设保驾护航。

其三,发展共同体共享技能库。技能库是共同体在协商沟通的基础上形成的共享资源。实践共同体的组织者应以共建、共享技能库搭建幼儿园教师学习发展平台,满足幼儿园教师内在的成长需求。

---

[1] Bray J N, Lee J, Smith L L, et al. Collaborative Inquiry in Practice: Action, Reflection, and Making Meaning[M]. Thousand Oaks, CA: Sage, 2000.

[2] Wesley P W, Buysse V. Building the Evidence Base Through Communities of Practice[J]. Evidence-based Practice in the Early Childhood Field, 2006: 161-194.

[3] Wenger E. Communities of Practice: Learning, Meaning, and Identity[M]. Cambridge: Cambridge University Press, 1999.

[4] Johnson B, Down B, Le Cornu R, et al. Early Career Teachers: Stories of Resilience[M]. Singapore: Springer, 2015.

[5] Kennedy D. The Role of a Facilitator in a Community of Philosophical Inquiry[J]. Metaphilosophy, 2004(5): 744-765.

(三) 探索教师交流访学制度

除了园内和区域的共同体,还可以通过教师交流和访学的方式,进行跨时空的共同体建设。近年来,教师访问和交流制度已经在各国尝试开展。例如,澳大利亚组织和进行了针对教师和教育雇员的"学徒项目",教师可以利用其任务期限的三个月时间在目标国家的学院任教。其中一个旨在促进教师知识的项目是与外国的教师交流,或与澳大利亚的其他州的教师交流。[①] 我国《国家中长期教育改革和发展规划纲要(2010—2020年)》中指出:"实行县(区)域内教师和校长交流制度。"

探索幼儿园教师交流访学制度具有必要性。从幼儿园教师需求上来看,由于幼儿园人事制度的限制,幼儿园教师跨园区的学习和听课的名额与时间有限。访谈中,许多幼儿园教师表示想有更多外出学习和听课的机会:"想更多地去看看其他地方和其他单位是什么样的形式,希望出去学习的机会更多。就像去年去了重庆,真的学到了很多。希望学习的机会再多一点(T13)。"从现实情况来看,目前我国义务教育阶段的教师交流机制正在初步尝试和完善,各级地方政府相继出台了相关政策保障实施,促进了地区教育资源均衡化和公平化,然而幼儿园教师的交流访学还处于待发展状态。从实践效果来看,研究者了解到N市一所幼儿园近年来尝试开展教师访学制度,既将本园新教师输送到N市的其他幼儿园进行"跟岗学习",也接收全国各地其他幼儿园教师的访学申请;既发挥了N市幼儿园的辐射引领作用,也促进了该园新教师队伍的快速成长和教师发展梯队的完善。

因此,各级教育部门可以联合区域内的幼儿园,探索规模化、系统化和科学化的幼儿园教师交流访学制度,为教师专业发展注入新鲜血液。互换教师和长期访学交流等形式,可以促使幼儿园教师深度体验和学习不同幼儿园的教育理念、课程模式和管理方式,交流探索科研心得,锻炼自身的教育教学技能。

三、精细化引领——针对式辅导促提升

调研发现,幼儿园教师的专业发展培训和引领存在以下不足:第一,专业培训和引领方式的针对性不够;第二,专业发展和培训的机会及平台不足。基于以上问题,研究

[①] Laei S. Teachers' Development in Educational Systems[J]. Procedia-Social and Behavioral Sciences, 2012, 47: 250-255.

者认为可以从以下几个方面对幼儿园教师进行精细化引领。

（一）提供有针对性的发展课程培训

课程培训根据幼儿园教师的工作需求开展。随着幼教理念的快速发展和传播，幼儿园教师的工作往往会出现理念和实践相脱节。面对纷繁的教育理念，幼儿园教师往往在实践的"迷雾"中感到茫然，正如有教师在访谈中说："有一个很大的感觉，就是现在各种理念也比较多，比较乱，老师其实也没有一个头绪(T28)"，"其实每一个领域活动不管是科学还是艺术，或者其他，从孩子3岁开始到6岁，他的学习都应有一个系统的过程，不是吗？所以作为一线老师很需要一个抓手，就是各个领域有一个线索，你可以循序渐进(T28)"。因此，相关培训应该密切联系幼儿园教师的现实工作需求，协助教师理清领域的内在线索，帮助幼儿园教师寻找工作的"抓手"。

课程培训根据幼儿园教师的个体需求开展。幼儿园教师群体存在较大的个体差异，体现在学历层次、工作经验、专业技能等多个方面。不同幼儿园教师的专业特质具有差异性，因此相关培训应该针对不同教师群体的特点分别开展。例如访谈中，有幼儿园教师认为幼儿园中的专科学历教师和本科学历教师各有优势，希望幼儿园开展专门针对不同学历教师的培训。"希望有更加好的一种师资培训，比如专门针对本科学历教师的，能够发挥本科学历教师的一些优势，因为我觉得本科老师的优势激发出来，将很利于一个幼儿园的长远发展(T8)。"

（二）搭建多层次的学习提升平台

幼儿园教师普遍认为，学习和提升的机会平台不足，"我觉得幼儿园没有给我们安排太多出去学习的机会。我就记得我工作的第一年，幼儿园安排我们出去过一次，去看一下区域观摩，然后其他就很少。特别想出去，我觉得自己在那想还不如多出去寻找灵感。我个人作为新老师，是希望多一点这样的学习机会(T15)"。有的教师认为学习机会有待增加，"观摩学习的机会，我觉得可以增加一些(T19)"，"我们学习的机会，不算太多(T9)"；有的幼儿园教师表达出期待外出学习交流的愿望，"想跟同层次的或者是更高层次的老师去多交流(T27)"；还有的幼儿园教师想通过听课和讲座获得提升，"现在最想去外面多听课(T16)"，"想多听听专家的讲座(T30)"。研究者认为可以通过以下三个方面，切实搭建多层次、多元化的学习提升平台。

其一，打造园内学习平台"局域网"。幼儿园教师所在的幼儿园是教师专业学习和提升的基本平台。幼儿园中工作经验丰富的教师、幼儿园的办园历史和理念、幼儿园的园本课程体系等都是幼儿园教师需要学习和提升的载体。因此,幼儿园在组织层面上应通过"师带徒""定期教研"等形式将园内学习资源合理串联,最大限度地发挥幼儿园平台的功效。

其二,整合区域资源形成共享"学习资源包"。幼儿园教师对学习和提升的诉求大多集中于外出观摩和学习,而现实中幼儿园教师外出学习的机会并不多。因此,为满足幼儿园教师园外学习的要求,地方教育部门可以发挥协调和组织作用:一方面,将区域内的学习资源,例如专家讲座、区域观摩、公开课等形成共享"学习资源包",借助多媒体网络,系统地、定期地向所在地区的幼儿园教师进行分享和讲解;另一方面,整合小片区的资源,形成更大区域范围的地区性师资培养资源共享,帮助各地区的幼儿园能够及时接触和了解自身熟悉区域以外的幼儿园内容。

其三,联合高校开展幼儿园教师"回炉方案"。访谈中,一位幼儿园教师谈到希望自己毕业的母校能为已经毕业的学生提供帮助,"跟其他所有已经毕业的老师们想法一样,希望母校能够提供一些支持(T8)"。除了为一线教师提供实践的观摩学习机会,教育部门还可以联合高校培养机构,开展在职教师"回炉方案",帮助幼儿园教师梳理和提升实践经验。

(三)发展焦点式专家指导模式

研究者在访谈中发现,幼儿园教师对专家引领和指导的需求往往聚焦于比较小的关键点,并且希望这种指导是具体的、实践的、情境的、以问题解决为导向的。例如一位教师谈到希望得到的帮助是"有针对性的,一对一的那种,最好有实例的、直接的,根据我的需求来帮我解决我的问题(T4)"。结合访谈中一线幼儿园教师的需求,研究者认为可以尝试从以下几方面探索专家指导的焦点模式。

1. 关键事件的重点辅导——"开课焦虑,希望有人带"

幼儿园教师在面对公开课、区域开放观摩等重要事件时,往往比较紧张和焦虑,特别是缺乏经验的新手教师。例如,一位工作两年的年轻教师坦言自己对即将到来的公开课的焦虑,希望能够获得相关的辅导。"我12月份的时候要开一次课,园外的,我真的很紧张,大家都会来看的,我焦虑极了,只有一个半月了。但是我现在还没有什么头绪。我也在看书啊,也在找啊,我在这个组还是希望有一个人能够再带带我(T15)。"因此,幼儿园可以结合教师的实际需求,选择有经验的"专家"教师在幼儿园教师成长的"关键事件"中给予帮助和指导。

2. 具体情境的深入指导——"需要深入到工作中的专家指导"

幼儿园教师在访谈中谈到希望专家指导能够深入到幼儿园的工作中，而不是与实践工作脱节的理论说教，"比较能够深入到我们工作当中来的，不仅限于学术研究，要多多进入我们幼儿园日常的生活当中(T27)"。在活动形式上，可以是根据幼儿园的活动现场进行具体的引领："比如说专家的这种引领啊，每次看一个现场，专家针对这个现场来扩散，说一些理论的东西，希望多提供这样的机会，我还蛮喜欢这种形式的，觉得蛮受用的(T30)。"在活动效果上，可以帮助教师解决问题，引领教研方向："因为我们这种专家引领的教研，可以帮助我们去找问题，给我们继续研究的方向，帮我们把握好大方向，让我们知道往哪里去研究(T27)。"幼儿园教师的每日工作都发生在具体的活动情境中，因此基于具体情境的深入指导能够帮助教师解决实际问题，切实提升理论素养。

3. 实践工作的详细引导——"需要系统的梳理和方向指引"

幼儿园教师面对的工作是纷繁复杂的，因而在工作中亟需专家系统的梳理和方向的指引。相关教育部门可以安排教研员对幼儿园教师进行定期的详细引导，可以从以下几个方面着手：第一，系统归纳幼儿教育教学方法，"有老师系统地帮忙梳理一下这些教学方式之类的就更好(T14)"；第二，详细梳理幼儿在各领域的不同年龄阶段的发展特点，"孩子这些系统的发展呀，比如音乐处于什么阶段，发展到什么程度，什么年龄阶段可以做什么样的事情，可能要更多的指导吧(T21)"；第三，具体规划幼儿园教师专业发展的学习和提升方向，"希望有个人给我们指一个方向，我其实想学，但我不知道怎么下手，就指个方向的那种(T14)"。

第三节 社会层面的改善策略

一、完善制度建设

"社会"是以一系列其他系统性关系为背景，从中"凸显"而出的社会系统。[①] 制度包括为社会生活提供稳定性和意义的规制性、规范性和文化—认知性要素，以及相关的

---

① 安东尼·吉登斯. 社会的构成：结构化理论大纲[M]. 李康，李猛，译. 北京：生活·读书·新知三联书店，1998.

活动与资源。① 社会制度是被社会所有成员同意的,在特定的反复出现的情况下规范行为的行为准则。② 制度建设在教师专业发展方面起到了举足轻重的作用。一方面,制度以其结构性起到了规范和制约的作用。正如诺斯在《制度、制度变迁与经济绩效》中提出,"制度是为决定人们的相互关系而人为设定的一些制约。制度构造了人们在政治、社会或经济方面发生交换的激励结构","制度确定和限制了人们的选择集合","制度通过向人们提供一个日常生活的结构来减少不确定性"。③ 制度能够对教师专业发展的方式、路径进行顶层设计和规划。另一方面,制度以其博弈性起到了协调和调整的作用。青木昌彦指出,制度作为共有信念的自我维系系统,其实质是博弈均衡的概要表征,它作为许多可能的表征形式之一,起着协调参与人信念的作用。④ 制度能够协调平衡社会多方面的需求,为教师专业发展提供保障。

为改善幼儿园教师专业发展阶段及路径,全面提升幼儿园教师专业素养,可以从教师教育制度、教师发展制度和教师福利保障制度三个方面着手,共同建构和完善幼儿园教师专业发展的制度。

(一) 教师教育制度

教师教育制度是保障教师教育水平、提升教师教育质量的重要措施。教育制度包括职前培养、职后教育、资格认证等一系列制度。近年来,国家出台了一系列的文件,以提升教师教育质量。2018年1月,《中共中央国务院关于全面深化新时代教师队伍建设改革的意见》明确提出:"到2035年,教师综合素质、专业化水平和创新能力大幅提升,培养造就数以百万计的骨干教师、数以十万计的卓越教师、数以万计的教育家型教师","全面提高幼儿园教师质量,建设一支高素质善保教的教师队伍"。2018年2月,教育部颁布《教师教育振兴行动计划(2018—2022年)》,指出:"教师教育是教育事业的工作母机,是提升教育质量的动力源泉。"2018年9月,《教育部关于实施卓越教师培养计划2.0的意见》出台,提出了培养造就骨干教师、卓越教师和教育家型教师的具体举措和保障机制。这些文件的出台为幼儿园教师教育制度的制定指明了方向。

---

① 斯科特.制度与组织——思想观念与物质利益:第3版[M].姚伟,王黎芳,译.北京:中国人民大学出版社,2010.
② 安德鲁·肖特.社会制度的经济理论[M].陆铭,陈钊,译.上海:上海财经大学出版社,2003.
③ 道格拉斯·C.诺斯.制度、制度变迁与经济绩效[M].刘守英,译.上海:生活·读书·新知三联书店上海分店,1994.
④ 青木昌彦.比较制度分析[M].周黎安,译.上海:上海远东出版社,2016.

其一,发展高质量的职前教育,培养卓越幼儿园教师。费曼-奈姆瑟的研究认为,教师自身的学校教育对他们作为教师的发展有着强大的影响,在他们的教师教育项目中扮演着过滤器的角色,并对他们的学习内容产生影响。[①] 尼米认为专业发展需要高质量的职前教育,其中批判性反思和研究取向尤为重要。[②] 利文斯顿等人也强调,在最初的教师教育中,探究和反思方法的发展应该是一个持续过程的一部分。[③] 他们认识到,在职前阶段,采用质疑和批判性的探究方法,对于让教师对自己专业学习的进展承担更多责任,以及在整个职业生涯中重新评估自己的学习和教学是至关重要的。因此,高质量的职前教育应着重培养一批善于反思、乐于探究的卓越幼儿园教师。

其二,完善职后教育体系,铺就幼儿园教师成长之路。教师专业发展是一个连续的过程,从职前教育阶段开始,并贯穿于教师的整个职业生涯。[④] 1999年,教育部颁布《中小学教师继续教育规定》,明确提出参加继续教育是中小学教师的权利和义务。现实中,幼儿园教师培训往往与考核和职称相联系,使得部分教师忙于应付,疲于学习,并没有发挥实际作用。为完善职后教育体系,一方面应为教师参加职后继续教育提供上升通道和待遇保证,鼓励有提升意愿的教师参加职后教育,提升教师整体水平;另一方面,探索创新培训模式,根据教师的需求和兴趣,激发教师内在的学习动力,真正做到让教师积极参与其中,获得实质提升专业素养的培训。

(二) 教师发展制度

教师发展制度包括教师职称制度、编制管理制度和教师资格认证制度。2010年,国务院颁布《关于当前发展学前教育的若干意见》,要求各地"核定公办幼儿园教职工编制,逐步配齐幼儿园教职工。健全幼儿园教师资格准入制度,严把入口关"。2012年,教育部、中央编办、财政部以及人力资源社会保障部联合发布《关于加强幼儿园教师队伍建设的意见》,提出"完善幼儿园教师职务(职称)评聘制度","各地结合实际合理确定公办幼儿园教职工编制,具备条件的省(区、市)可制定公办幼儿园教职工编制标准,严

---

① Feiman-Nemser S. From Preparation to Practice: Designing a Continuum to Strengthen and Sustain Teaching[J]. Teachers College Record,2001(6):1013 - 1055.

② Niemi H. Teacher Professional Development in Finland: Towards a More Holistic Approach[J]. Psychology Society & Education,2015(3),279 - 294.

③ Livingston K, Shiach L. A New Model of Teacher Education[M]//Campbell A, Groundwater-Smith S. (Eds.), Connecting Inquiry and Professional Learning. Routledge: London, 2010.

④ Niemi H. Teacher Professional Development in Finland: Towards a More Holistic Approach[J]. Psychology Society & Education,2015(3),279 - 294.

禁挤占、挪用幼儿园教职工编制"。为进一步促进幼儿园教师专业发展,可以从以下几个方面完善教师发展制度。

其一,改革职称制度,优化评价指标。目前幼儿园教师的职称体系主要参照的是小学教师的职称体系,幼儿园教师并没有自身独立的职称认证体系。例如,部分地区幼儿园教师的职称层级为"小学一级""小学二级"等。在职称评价方式上,由于幼儿园并无学生成绩,因而教师的技能技巧、论文发表数量等成为职称评定的硬性标准。这些指标大多是外化的行为或成果,幼儿园教师内在的"软性"实力并没有获得展示和评价的机会。许多优秀的幼儿园教师因为论文数量不足等原因无法评上职称。因此,在改革职称制度时,一方面应探索建立具有独立性、科学性的幼儿园教师职称评价体系。根据幼儿园教师专业发展的阶段和路径,建立符合幼儿园教师专业特点的职称评价体系。另一方面应优化职称评价方法,凸显幼儿园教师"软实力"。例如对孩子的爱心、耐心、责任心,对待工作尽职尽责的态度,对班级日常活动的良好组织和管理等,而不局限于外在的硬件指标。在评价方式上,可以采取实地观察、第三方评价、个人展示相结合的方式,全面考察幼儿园教师的综合专业素质。

其二,改革编制管理制度,化解供需矛盾。幼儿园教师编制体系的主要矛盾表现在逐年增加的编制需求与有限的编制名额之间的矛盾,是否有编制和待遇差距之间的矛盾。近年来,学前教育专业的毕业生数量持续上涨。由于是否有编制与教师的工资待遇挂钩,因而每年大量的新增应届毕业生、在职无编制教师都在为获取编制而努力,往往"一编难求"。大量幼儿园教师处于待遇低、保障差、专业发展受阻的"无编制"状态,这严重影响幼儿园教师师资队伍的稳定和质量。因此,启动幼儿园教师编制改革方案刻不容缓。第一,平衡城乡、地区的编制数量,按照实际需求配置幼儿园教师编制;第二,探索编制流动体系,改革编制终身化,通过定期考核等方式进行筛选和淘汰,拓展有编与无编教师身份的转变空间;第三,提高无编制教师的工资待遇,探索工资绩效制度和同工同酬模式,缩小编制带来的收入差距。

其三,改革资格认证制度,常葆教师活力。2000年,教育部颁布了《〈教师资格条例〉实施办法》,正式实施教师资格制度。2012年,国务院颁布了《关于加强教师队伍建设的意见》,提出"要全面实施教师资格考试和定期注册制度",打破了改革前的教师资格终身制。在实施教师资格注册制度之前,幼儿师范学校的学生在修满相应学分后自动获得幼儿园教师资格证。新的资格认证制度则取消了这一项,所有师范生都需要再参加考试进行认定。注册制度改革是我国教师资格制度改革的尝试,能够在一定程度上促进幼儿园教师的自我更新和提升。未来,相关部门还可以在此基础上探索多元化、分层化的幼儿资格认证制度,以促进幼儿园教师持续的专业发展。

(三) 教师福利保障制度

《中华人民共和国教师法》中提出:"中小学教师包括幼儿园、特殊教师机构、普通中小学、成人初等中等教育机构、职业中学以及其他教育机构的教师。"一方面,幼儿园教师的身份并没有被明确独立出来,其地位和定位模糊。另一方面,现实的状况是幼儿园教师只是在文件层面上属于小学教师,在实际的待遇、社会地位方面和处于义务教育阶段的小学教师无法相比。

幼儿园教师的福利保障主要存在以下几点问题。

其一,幼儿园教师工资收入低、差距大。首先,工资水平整体偏低。我国教师的工资水平普遍偏低,《中共中央国务院关于全面深化新时代教师队伍建设改革的意见》要求"确保中小学教师平均工资收入水平不低于或高于当地公务员平均工资收入水平"。义务教育阶段的教师待遇已有显著提高,然而幼儿园教师的待遇远不如义务教育阶段的教师。整个幼儿教育领域的教师工资水平都处于社会较低水平。其次,幼儿园教师工资差异大。具体表现在公办园、民办园待遇差异大,有无编制待遇差异大,地域性差异大。由于教师工资与地方的财政状况、教育拨款相关,工资水平的差异导致优秀师资更加向发达地区、公办园集中,而民办园、经济水平落后地区的师资水平则难以提升。

其二,政策与现实的差距大。为提高幼儿园教师待遇,《中共中央国务院关于全面深化新时代教师队伍建设改革的意见》指出:"不断提高地位待遇,真正让教师成为令人羡慕的职业。"《国家中长期教育改革和发展规划纲要(2010—2020年)》规定:"依法落实幼儿园教师地位和待遇,加强幼儿园教师队伍建设","制定幼儿园教师编制标准","建立完善民办学校教师社会保险制度"。《关于幼儿教育改革与发展的指导意见》提出,"省级和地(市)级人民政府负责本行政区域幼儿教育工作","劳动保障部门在研究探索农村养老保险制度时,要统筹研究农村幼儿园教师的养老保险问题"。以上各种文件和规划纲要提出了幼儿园教师福利保障的要求和远景,但是和实际实施之间还存在政策支持、现实条件等差距。

教师的各类福利保障制度是保障教师基本工作和生活条件的前提,是有效规范和激励教师专业发展的基石,是维护教师形象和权益的催化剂。因此,为切实保障一线幼儿园教师的福利待遇,一方面应提升一线幼儿园教师的工资水平,缩小不同地区、体制内的工资差距;另一方面,相关法律法规、政策规划需要进一步落实,转化为实际措施,真正保障幼儿园教师的基本权益,解决幼儿园教师的待遇和发展问题。

二、提供资源支持

幼儿园教师的专业发展离不开社会各方面资源的支持。访谈中,有幼儿园教师提出:"希望有更多的资源可以来帮助我们(T21)。"社会资源的支持有利于幼儿园教师解决实际工作中面临的问题,为幼儿园教师专业成长提供帮助。研究者试图借鉴社会支持理论,思考适合幼儿园教师的资源支持策略。社会支持的研究最早可以追溯到迪尔凯姆的社会学研究,并经历了从功能主义取向到结构主义取向、社会互动取向,再到主观评价取向的变化。[1] 社会支持是一个多层面的概念,从功能主义取向上来看,巴雷拉等人通过对支持功能的重要讨论,提出社会支持包括物质援助、行为援助、亲密互动、反馈和积极的社会互动;[2]从社会互动取向上来看,赫普西指出社会支持的概念是模糊的,几乎任何涉及社会互动的事物都可以被认为是社会支持;[3]从主观评价取向上来看,休梅克等人将社会支持定义为两个个体之间的资源交换,提供者或接受者认为这是为了增进接受者的福祉。[4] 总之,社会支持是一个复杂的多维度体系,是社会支持源通过物质或精神方式对被支持者开展的支持行为的总和。以社会支持理论为依据,可以从以下两个方面为幼儿园教师提供资源支持。

(一) 物质资源支持

幼儿教育领域长期面临投入不足的困境。除了在制度层面增加幼儿园教师工资待遇水平之外,结合一线教师的实际需求,在物质资源方面的具体支持主要包括以下两个方面。

其一,增加教师研究补助,促进幼儿园教师科研积极性。为发展研究型教师,提升教师研究能力,各级教育部门和幼儿园积极鼓励幼儿园教师申报课题,开展教育教学研究。然而,幼儿园教师的科研经费往往不足,甚至只有科研要求和任务,而无经费支持。"做研究是需要经费的,但实际情况是没有经费,全靠自己(T20)。"访谈中,一位幼儿园

---

[1] 李宁宁,苗国.社会支持理论视野下的社会管理创新:从刚性管理向柔性支持范式的转变[J].江海学刊,2011(6):111-116.

[2] Barrera J M, Ainlay S L. The Structure of Social Support: A Conceptual and Empirical Analysis[J]. Journal of Community Psychology, 1983(2): 133-143.

[3] Hupcey J E. Clarifying the Social Support Theory-research Linkage[J]. Journal of Advanced Nursing, 1998(6): 1231-1241.

[4] Shumaker S A, Brownell A. Toward a Theory of Social Support: Closing Conceptual Gaps[J]. Journal of Social Issues, 1984(4): 11-36.

教师谈到缺乏科研经费的现实困境:"我们幼儿园也让我们报个人课题,个人课题也是各种各样课题都有,我们是没有研究经费的,像我们报的市个人课题,已经被立项了,然后两年结题,也不会给经费。就是你自己研究,研究了以后,到期你就得交东西,然后结题,什么都没有,就是一张证书。我觉得可能有一些时候,虽然说物质吧,也挺重要的,有的时候能促进人在这方面的积极性,而且积极性是其次了,能解决一些实际的困难。如果有这些困难,就会不敢去做,也不会去申请(T20)。"该教师认为,课题研究经费不仅能够促进教师科研的积极性,还能够解决教师在实际科研中遇到的问题。缺乏科研经费的支持,教师往往会丧失课题研究的兴趣。因此,各级教育部门在鼓励幼儿园教师积极参与科研的同时,应该适当给予教师科研经费支持,满足其开展研究的基本需要。

其二,增加班级活动经费,促进幼儿园教师活动组织和开展。幼儿园的教育教学活动需要大量的材料和物品支持,以帮助幼儿更好地体验和提升学习经验。然而,幼儿园班级活动经费严重不足。访谈中,一位教师谈到,自己所在幼儿园每学期的活动经费最多只有500元,远远达不到支出的需求,且报销手续烦琐。"当你换了新班级的时候,我们每学期有500块钱,到第二学期,就是寒假过来的时候,那学期就给300块钱,因为你没有换班级,但是那个报销也相当的麻烦,就是每项支出都要发票,很复杂,每次报销都很耗精力(T20)。"为保障幼儿活动质量,部分幼儿园设置资源室,并允许教师向家长收取少量的班费,然而班费收取的数额也需要控制,资源室的材料种类也有限,因而难以满足幼儿的活动需求。"班费要控制啊,不能让家长有意见,我们收的也不多,一学期一人100块钱。比如要做生活馆活动,那我必定需要材料。包括我们美工用的材料又多又贵,那这个钱从哪里来?就只有从班费上面出。幼儿园的资源室里往往没有我们需要的个性化材料(T20)。"缺乏班级活动经费,一方面影响幼儿活动质量,"我们都知道做西式的点心会比较费钱,而做中式的就会比较省钱。因此,我们就只能多做做中式的。其实经费不够是会带来很多限制,没办法,这确实是很现实的问题(T20)"。另一方面也限制教师的活动组织和能力发挥,"就是我手上没有这种可以流动的资金,其实我觉得这一点也是蛮限制老师的(T20)"。因此,相关财政部门在促进幼儿园教师专业发展的财政投入应落到实处,加大对幼儿园活动支出的支持,保障幼儿园教师日常活动的顺利开展。

(二)精神资源支持

与物质支持相比,幼儿园教师对精神上的支持需求更高。访谈中,有教师说:"幼儿园老师的工作确实很辛苦,大家对幼儿园老师的认识和了解都处于'只是带小孩'。但其实我觉得哪怕没有很高的待遇、工资,只要有足够的信任和了解就可以(T29)。"幼儿园教师渴望被社会理解和信任,希望社会与公众能够肯定幼儿园教师的工作价值,理解幼儿园教师的工作付出,从而提高幼儿园教师的社会地位。研究者认为可以从以下几方面为幼儿园教师提供精神资源支持。

其一,以政策扶持提升幼儿园教师的社会地位。一方面,通过各种法律法规,明确幼儿园教师职责,保障幼儿园教师权益,为提高幼儿园教师的社会地位提供政策支持;另一方面,政策支持能够以文本的方式,以法律规范的效力确保幼儿园教师的社会地位和工资待遇。

其二,以社会组织增进幼儿园教师的社会认同。社会组织主要包括以幼儿园教师为主而组成的各种学术组织、协会、团体联盟等等。社会组织能够在增进幼儿园教师自身职业认同和社会认同方面发挥重要作用。社会组织的活动,能够增强教师的职业认同度;社会组织的平台,能够促进幼儿园教师的情感交流和倾诉;社会组织的宣传,能够加深公众对幼儿园教师的认识和理解程度。

三、加强文化倡导

幼儿园教师群体的职业形象和社会认可度与其专业发展密切相关。通过积极的文化倡导,不仅能够促使幼儿园教师更好地被社会与大众理解和信任,而且能够帮助幼儿园教师树立专业信心。研究者参考斯图亚特·霍尔(Stuart Hall)的文化传播理论,从文化传播的角度解读在文化语境意义下,树立幼儿园教师良好职业形象、增进社会认可与理解度的可行方式。霍尔的文化传播理论可以分为两个部分:第一是作为文化传播基础的文化表征,第二是作为文化传播过程模式的"编码和解码"。基于霍尔的文化传播理论,文化倡导可以从以下两个方面进行。

(一)在文化表征中构建意义——搭建宣传和理解桥梁

社会大众并不清楚和理解幼儿园教师的真实工作状态,以为幼儿园教师的工作就是"带孩子",意识不到幼儿园教师的专业性,往往误解多于信任,责备多于理解。访谈中,幼儿园教师强烈希望能够得到家长和社会的理解与信任:"真的是要有足够的理解跟信任,不然的话真的是很寒心的,没有人理解我,没有人信任我。我觉得幼儿园老师真的是凭良心干的一个职业,真的是有良心的人才能干这个,真的是累死了。谁愿意干啊?又累,不被理解,还被人质疑","本来干这个工作就很辛苦了,还没人理解你。有更多人理解你,然后知道你这个职业是干吗的,最起码心里面感到舒服一点了,哪怕工资不高,但是最起码有人理解你,你也干得心里稍微舒服一点(T29)"。

霍尔认为,文化表征是通过语言进行意义生产的过程,意义结构和意义世界都是通过表征构建的。表达是文化成员在产生和交换意义的过程中必不可少的一部分,它涉及使用语言、符号和图像来表现或代表事物。[①] 表征具有两套运行系统,一是通过事物转化为概念的方式,二是通过语言符号转化为概念的方式。幼儿园教师群体作为一种意义结构,并没有被社会大众完全认识和理解,甚至被误解,幼儿园教师的真实工作状态需要被展现和意义建构。因此,为促使社会大众真正理解和信任幼儿园教师,一方面需要通过各种实际展示,促使概念形成,例如通过社区公益活动宣传、实地讲座、家长开放日等形式,使社会大众在实际参与中了解和理解幼儿园教师的工作;另一方面需要借助语言宣传、图像等符号表征方式共同建构幼儿园教师的文化意义系统。可以利用大众媒介表征体系为幼儿园教师的工作"发声",通过符号语言建构属于幼儿园教师的意义结构世界,从而加强社会对幼儿园教师的理解,形成尊师重教的良好社会风气。

(二)打破编码和解码固有规则——重塑幼儿园教师形象

文化传播理论中编码和解码的核心内涵是社会和组织结构通过符号产生编码后的信息,并通过受众的解码重新进入社会和组织结构中。[②] 大众媒体的相关报道可以被看作编码加工的过程,对事件的报道方式可以被看作媒体的编码规则,大众对这些信息的获取即解码的过程。近年来,部分媒体为追求媒体曝光率和公众关注度而刻意夸大幼儿园教师群体不良事件的恶劣程度,构成了语境体系中的格式化编码方式,使得大众的解码方式与媒体的编码规则一致性提高,严重影响了幼儿园教师群体的社会形象。有研究指出,网络报道对幼儿园教师的形象呈现是不全面的,存在报道事实有偏颇、负面信息多等特点。[③] 回顾近年来媒体对幼儿园教师相关事件的报道频率和内容,其大多涉及的是负面新闻。这些负面信息不仅影响了幼儿园教师群体的社会形象,也会对教师个体的工作状态产生不良影响。一位年轻教师说:"我们看到这些新闻爆出来就好无奈呀,其实心里很难过,虽然说这个事情不是我干的,但是评论中所有人都在骂老师,说老师各种不好,我们看了之后心情其实是很低落的。只要有这种事情爆出来,我们都

---

① Hall S. The Work of Representation[J]. Representation: Cultural representations and signifying practices, 1997, 2: 13 - 74.
② Hall S. Encoding/Decoding[J]. Media and Cultural Studies: Keyworks, 2001, 2.
③ 王楠.网络媒体中幼儿教师形象的建构[J].科技传播,2019(3):93 - 96.

会紧张好一阵子(T18)。"

因此,为重塑幼儿园教师的社会形象,需要首先破除媒体编码格式化的规则。访谈中,多位幼儿园教师希望社会媒体能够"多宣传老师好的地方,让家长更信任和理解老师(T29)","应该多宣传宣传老师对小孩的好,你真的不要老宣传这个老师打人了,那个老师虐童了,就全都看到不好的(T18)"。媒体在报道内容的选取上,应适当选取正面积极的新闻内容,树立健康的舆论导向;在宣传方式上,不刻意夸大少数不良事件的恶劣程度,多采取正向的宣传方式。通过媒体编码内容和规则的转变,逐渐树立健康的舆论导向,改善大众已有解码体系中的固有印象,引导家长与公众理解和信任幼儿园教师,塑造幼儿园教师良好的社会形象。

第六章
研究反思与展望

第一节 研究反思

一、关于研究视角——特质化的归属与差异

关于教师专业发展的研究始于 20 世纪 60 年代。近年来,国内外关于教师专业发展阶段和路径的研究已积累了大量的研究成果。然而,关于幼儿园教师专业发展阶段和路径的研究,特别是我国幼儿园教师专业发展阶段和路径的研究还处于起步阶段,缺少大规模的实证研究。研究者试图思考和实践如何在追寻前人脚步的基础上另辟蹊径,如何在"教师专业发展阶段和路径"这一广泛而普遍的话题下寻找幼儿园教师专业发展研究的切入点。

幼儿园教师的专业发展具有自身的特点。研究者选择从"特质"的角度切入,以核心特质为节点建构起幼儿园教师专业发展阶段与路径的动态模型框架,以探寻特质、分析特质、解释特质构成了理解幼儿园教师专业发展阶段和路径的线索。研究者将"核心特质"作为幼儿园教师专业发展阶段和路径变化的重要属性和依据,核心特质的归属决定了幼儿园教师专业发展所处的阶段,而核心特质的变化方式和影响因素则决定了幼儿园教师专业发展的路径。通过特质化的归属结合差异分析,勾勒出我国幼儿园教师专业发展阶段和路径的动态图景。研究者希望这一研究视角能够打破以往教师专业发展阶段的静态模型壁垒,在动态化的模型中寻找"动"的主因和抓手,探究"动"的方向和路径,寻找"动"的影响因素,从而帮助一线幼儿园教师明确自身的专业发展定位和方向。

二、关于研究方法——多元化的探究和思考

研究方法是研究的重要工具和手段。研究方法日益多元化与丰富化,方法的选择往往关系到研究的走向和呈现方式。研究者在研究设计之初,便一直在思考研究方法的选择与使用的问题。如何在众多的研究方法中进行选择？选择哪些方法能够保障研究的推进？研究者综合采用了量化和质化相结合的方法探究研究问题,在研究方法选择上遵循能够解决研究问题、达成研究目的、促进研究内容的原则。

在研究方法的选择方向上,本研究采取量化与质化相结合的方式。量化的分析方法能够帮助研究者在纷繁的现象中确立框架和要素,而质化的资料分析为模型的搭建、影响因素的探究提供丰富的内容素材。在研究方法运用方面,研究者尝试使量化和质化的方法相结合、相印证、相诠释,打破量化与质化方法长期以来的话语体系和范式的割裂,在二者的交替运用中寻找共通性,在多元化的尝试中打破窠臼。在本研究中,量化与质化的方法从研究之初便密切结合。问卷题项设置的实践来源是一线教师回答的编码分析结果,问卷的结构和结果的分析与质化的访谈分析结果相印证,而访谈结果的扎根研究又补充和丰富了模型与教师专业发展的核心特质。研究者试图在客观描述与主观理解中、在范式转换和融合中将数据分析呈现与资料理解诠释相结合,发挥量化与质化研究的双重优势。

在研究方法的具体使用上,本研究综合采用多种研究分析方法解决研究问题。如,使用探索性因素分析和验证性因素分析确定问卷结构和模型,采用潜在类别分析方法探究教师专业发展阶段,运用扎根研究印证和补充动态发展模型。研究者通过采用多元化的数据分析方法,试图通过多样化的途径解决研究问题,达成研究目的,获得研究结果。

三、关于研究意义——自主化的尝试与推进

研究本身应是一种文化的发现。研究的价值不仅在于完成书面化的论文报告,还在于研究过程所带来的意义,研究观点所带来的启发。在研究的过程中,研究者常常在伦理的框架和文化的背景中反思研究,在社会的责任和个人的反思中探寻意义。作为一位科研工作者,我的所做、所说和所写是怎样影响他人的？我的研究是否对幼儿园教师群体有益,是否能够帮助幼儿园教师解决发展机会的不均等问题,帮助到具有较高发

展需求的幼儿园教师？

首先，研究者始终关注幼儿园教师的主体地位，将幼儿园教师看作研究的合作者。在研究之初，一方面从幼儿园教师的实际境遇和现实问题出发，充分考虑幼儿园教师的话语和诉求，基于对一线教师的调查形成问卷项目库；另一方面，在问卷的项目形成后，请幼儿园教师阅读问卷，进行语义分析，了解问卷的适切性。在研究过程中，根据幼儿园教师问卷填写状况进行分析，并多次修改问卷；在访谈过程中，充分尊重教师个体化的需求，倾听教师的表达。在研究运用方面，既根据研究结果提出促进幼儿园教师群体专业发展的相关建议，又考虑到个体幼儿园教师的发展需求，搭建自测平台，发挥应用层面的价值。

其次，研究帮助幼儿园教师认识、理解和反思自身。访谈并不是研究者单方面索取资料的过程，而是研究者倾听幼儿园教师抒发、表达、反思自我的过程。在访谈结束后，有被访教师直言，自己以前很少反思自身的发展历程，访谈的过程也是一种自我的反思和发现，使她们对自身的理解更加深刻了。每一场访谈都是一段故事的讲述，是一段对自身的理解和总结。在这个过程中，研究者期望教师的自主化意识不仅在研究过程的推进中，还能够在研究结果的运用中得以体现，希冀研究结果能够引起教师对自身专业发展阶段和路径的认识，帮助更多的一线幼儿园教师认识、理解和把握自身的发展方式与发展方向，促使幼儿园教师真正走向专业自主。

第二节 研究展望

研究往往不是一段旅程的结束，而是另一段探究的开始。本研究尚存在不足和发展空间，后续研究可以在以下几方面持续推进。

一、研究内容的深入和细化

本研究以幼儿园教师专业发展特质为研究切入点，试图描摹和探究我国幼儿园教师专业发展阶段和路径的现状、影响因素和改善策略。幼儿园教师专业发展的历程是复杂而生动的，本研究试图通过"特质"建构一种动态化、立体化的专业发展阶段和路径模型，通过对问卷结构和结果的分析，提取出处于不同专业发展阶段的幼儿园教师专业发展的核心特质。后续研究可以从两个方面深入和细化已有的研究内容。第一，在本研究的基础上深入分析和比较幼儿园教师专业发展的特质。例如比较我国不同地区幼儿园教师专业发展核心特质的异同，比较不同教龄、年龄组教师专业发展核心特质的异同等。第二，后续研究可以采用其他切入视角，建构、修改、验证和完善我国幼儿园教师专业发展阶段和路径模型，进一步丰富和完善我国幼儿园教师专业发展阶段和路径的研究。

二、研究模型的验证和补充

本研究通过问卷编制和对问卷结果的分析，采用探索性因素分析、验证性因素分析初步建构幼儿园教师专业发展特质模型，为探究幼儿园教师专业发展阶段及路径提供了分析框架。首先，这一模型是研究者基于研究收集的数据和资料而建构的，后续研究可以验证模型的有效性，使其能够在更广的范围内推广和使用；其次，后续研究可以继续尝试采用多元的方法探究幼儿园教师专业发展的动态模型，从而更加全面地展现我国幼儿园教师专业发展的现状；再次，模型的构建可以更加丰富。研究者可以根据扎根研究总结出的影响因素，结合文献分析，设计相关的问卷，分析影响幼儿园教师专业发展阶段和路径变化的具体因素，将已有专业发展特质模型中的元素从"决定教师发展阶段和路径的核心特质是什么"拓展为"哪些因素影响了教师发展阶段和路径的变化"。

三、研究结果的应用和完善

本研究揭示了幼儿园教师群体专业发展阶段及路径的概貌。对于每一位幼儿园教师来说，如何基于自身的成长需求，清晰地进行自我定位，明确自身的发展空间，是基于个体层面有效促进专业发展的重要方式。研究者拟在后续研究中尝试运用已有的研究结果作为样本数据，结合神经网络算法开发可以为幼儿园教师提供明确自身专业发展需求的评价系统。一方面，评价系统为幼儿园教师个体进行自我评估提供了便利，让幼儿园教师可以独立在线上平台进行自我评估，真正做到关注教师的主体存在和成长需求；另一方面，评价系统可以根据已有的样本以及教师对自身情况的输入，得到教师属于某个发展阶段的结论，帮助幼儿园教师明确自身现阶段的定位，并根据该幼儿园教师在该阶段的专业发展需求，为幼儿园教师提供相应的发展策略支持。

附 录

附录一 幼儿园教师专业发展特质问卷(正式版)

尊敬的老师:您好!

我们正在开展关于"幼儿园教师专业发展阶段及路径"的研究。为了解不同幼儿园教师的专业发展特质,以帮助老师们在自身的基础上获得更有针对性的专业发展,特请您参与问卷调查。

本调查并非测查,答案没有对错之分,问卷采取完全匿名的填写方式,您所提供的资料仅供研究分析所用,敬请放心填写。您的认真作答将给我们的研究提供很大的帮助,感谢您的积极参与和支持!祝您生活愉快,工作顺利!

第一部分 基本信息

1. 您所在的幼儿园属于( )。

   A. 城市幼儿园　　　　　B. 农村幼儿园(指县城及以下的幼儿园)

2. 您所在幼儿园的性质是( )。

   A. 公办园　　　　　　　B. 民办园　　　　　　　C. 其他

3. 您所处的年龄段是( )。

   A. 18—25 岁　　　　　　B. 26—30 岁　　　　　　C. 31—40 岁

   D. 41—50 岁　　　　　　E. 51—60 岁

4. 您的教龄是( )。

   A. 1—3 年　　　　　　　B. 4—6 年　　　　　　　C. 7—9 年

   D. 10—15 年　　　　　　E. 16 年及以上

5. 您的性别是（　　）。

　　A. 女　　　　　　　　B. 男

6. 您的生育状况是（　　）。

　　A. 未生育　　　　　　B. 已生育

7. 您的职称是（　　）。

　　A. 暂未评定　　　　　B. 二级教师　　　　　C. 一级教师

　　D. 高级教师　　　　　E. 正高级教师

8. 您的学历是（　　）。

　　A. 研究生　　　　　　　　　　　　　　　　B. 本科

　　C. 专科　　　　　　　　　　　　　　　　　D. 高中及以下

9. 您的最高职务是（　　）。

　　A. 配班教师　　　　　B. 主班教师或班组长　　C. 年级组长

　　D. 教研主任或保教主任　E. 副园长　　　　　　F. 园长

10. 您获得过哪些荣誉称号（多选题）（　　）。

　　A. 暂无　　　　　　　B. 区教坛新秀　　　　C. 区骨干教师

　　D. 区优秀青年教师　　E. 区学科带头人　　　F. 市优秀青年教师

　　G. 市学科带头人　　　H. 特级教师　　　　　I. 其他

第二部分　幼儿园教师专业发展特质的调查

1代表"非常符合",2代表"很符合",3代表"比较符合",4代表"不太符合",5代表"很不符合",6代表"非常不符合"。请您根据自己的实际情况选择相应的数字。您的细致区分和耐心填写对本研究至关重要,非常感谢您的真诚合作!

序号	题目	非常符合	很符合	比较符合	不太符合	很不符合	非常不符合
1	我在自己的工作岗位上尽职尽责,爱岗敬业	1	2	3	4	5	6
2	我具有很好的职业道德修养,能够做到为人师表	1	2	3	4	5	6
3	我对待工作非常积极、认真负责	1	2	3	4	5	6
4	我十分具有团队合作精神,积极开展协作与交流	1	2	3	4	5	6
5	我在工作中十分勤奋努力	1	2	3	4	5	6

续表

序号	题目	非常符合	很符合	比较符合	不太符合	很不符合	非常不符合
6	我非常注重保教结合	1	2	3	4	5	6
7	我非常热衷于科研,很喜欢开展研究,乐于参与课题研究及教育科研	1	2	3	4	5	6
8	我在工作中非常善于创新,具有创新意识	1	2	3	4	5	6
9	我非常注重自身的不断更新和提升,勤学好问,勇于探究与实践,乐于参加各种专业培训与学习活动	1	2	3	4	5	6
10	我非常了解幼儿的身心发展特点及个体差异	1	2	3	4	5	6
11	我非常了解幼儿的行为特点及其背后的原因	1	2	3	4	5	6
12	我具有很扎实的教育学、心理学知识,理论素养强	1	2	3	4	5	6
13	我非常熟悉幼儿保育与教育知识	1	2	3	4	5	6
14	我非常熟悉幼儿园各领域教育的学科特点与基本知识	1	2	3	4	5	6
15	我非常熟悉信息技术应用知识	1	2	3	4	5	6
16	我非常了解人文社会科学和自然科学知识	1	2	3	4	5	6
17	我非常善于环境创设,能够为幼儿提供良好的教育环境	1	2	3	4	5	6
18	我总是能够合理利用生活中的教育资源	1	2	3	4	5	6
19	我非常善于制作区域材料及玩教具	1	2	3	4	5	6
20	我总是能够合理投放、运用区域材料与玩教具	1	2	3	4	5	6
21	我能够非常熟练地运用多种教学策略,教学方式灵活,教学精彩	1	2	3	4	5	6
22	我非常喜欢和幼儿交流,与幼儿交流融洽	1	2	3	4	5	6
23	我非常善于处理同事关系,人际关系融洽	1	2	3	4	5	6
24	我非常善于与家长沟通合作,共同促进幼儿发展	1	2	3	4	5	6

续表

序号	题目	非常符合	很符合	比较符合	不太符合	很不符合	非常不符合
25	我非常善于开展家长工作,家园共育做得好	1	2	3	4	5	6
26	我非常善于引领家长,解答家长问题	1	2	3	4	5	6
27	我非常善于班级常规管理	1	2	3	4	5	6
28	我能够很好地平衡家庭和工作的关系	1	2	3	4	5	6
29	我非常擅长教师队伍建设与管理	1	2	3	4	5	6
30	我能够很好地发挥专业引领作用	1	2	3	4	5	6
31	我具有很强的教学管理能力	1	2	3	4	5	6
32	我具有很强的园务管理能力,能够很好地开展幼儿园管理工作	1	2	3	4	5	6
33	我很擅长后勤行政工作	1	2	3	4	5	6
34	我具有很强的幼儿园整体规划能力	1	2	3	4	5	6
35	我很擅长撰写具有一定学术性的小论文	1	2	3	4	5	6

请您再次检查是否有遗漏或错填,您的认真与细心是我们研究有效性的重要保证!

再次感谢您的支持与配合!

附录二 幼儿园教师专业发展访谈提纲

尊敬的老师:您好!

我们正在开展关于"幼儿园教师专业发展阶段及路径"的研究。为了解不同幼儿园教师的专业发展特质,探究幼儿园教师专业发展阶段及路径,以帮助老师们在自身的基础上获得更有针对性的专业发展,特请您参与访谈。

访谈资料将采取完全匿名的方式,您所提供的资料仅供研究分析所用,敬请放心参与。您的参与将给我们的研究提供很大的帮助,感谢您的积极参与和支持!祝您生活愉快,工作顺利!

第一部分 基本信息

1. 您所在的幼儿园属于( )。

   A. 城市幼儿园　　　　　B. 农村幼儿园(指县城及以下的幼儿园)

2. 您所在幼儿园的性质是( )。

   A. 公办园　　　　　B. 民办园　　　　　C. 其他

3. 您所处的年龄段是( )。

   A. 18—25 岁　　　　　B. 26—30 岁　　　　　C. 31—40 岁

   D. 41—50 岁　　　　　E. 51—60 岁

4. 您的教龄是( )。

   A. 1—3 年　　　　　B. 4—6 年　　　　　C. 7—9 年

   D. 10—15 年　　　　　E. 16 年及以上

5. 您的性别是( )。

   A. 女　　　　　B. 男

6. 您的生育状况是( )。

   A. 未生育　　　　　B. 已生育

7. 您的职称是( )。

   A. 暂未评定　　　　　B. 二级教师　　　　　C. 一级教师

   D. 高级教师　　　　　E. 正高级教师

8. 您的学历是（　　）。

A. 研究生　　　　　　　　　　　　B. 本科

C. 专科　　　　　　　　　　　　　D. 高中及以下

9. 您的最高职务是（　　）。

A. 配班教师　　　　B. 主班教师或班组长　　C. 年级组长

D. 教研主任或保教主任　E. 副园长　　　　　　F. 园长

10. 您获得过哪些荣誉称号（多选题）（　　）。

A. 暂无　　　　　　B. 区教坛新秀　　　　C. 区骨干教师

D. 区优秀青年教师　E. 区学科带头人　　　F. 市优秀青年教师

G. 市学科带头人　　H. 特级教师　　　　　I. 其他

第二部分　访谈问题

1. 作为一名幼儿园教师，请您回顾一下自己的职业生涯或从教经历，谈一谈您职业发展的过程。

2. 您觉得自身的专业发展是否有一定的阶段性？大概多长时间为一个阶段，每一阶段可以用什么关键词来描述？

3. 在不同的发展阶段，您在专业理念与态度、专业知识、专业能力方面有明显的变化吗？具体是哪些变化？

4. 您认为哪些因素会影响您的专业发展？

5. 为促进自身更好地发展，您当前最想得到的帮助是什么？

参考文献

[中文专著]

1. 巴尼·G.格拉泽.扎根理论研究概论:自然呈现与生硬促成[M].费小冬,译.北京:社会学出版社,2009.

2. 陈文心,彭征文.教师专业发展[M].北京:北京师范大学出版社,2016.

3. 陈向明.教师如何作质的研究[M].北京:教育科学出版社,2001.

4. 小威廉·E.多尔.后现代课程观[M].王红宇,译.2版.北京:教育科学出版社,2015.

5. 顾荣芳,等.竹节的力量:关键事件与幼儿教师专业成长研究[M].南京:南京师范大学出版社,2011.

6. 侯杰泰,温忠麟,成子娟.结构方程模型及其应用[M].北京:教育科学出版社,2004.

7. 黄瑾.文化本质理论视野下的教师发展[M].上海:华东师范大学出版社,2013.

8. 朱丽叶·M.科宾,安塞尔姆·L.施特劳斯.质性研究的基础:形成扎根理论的程序与方法[M].朱光明,译.重庆:重庆大学出版社,2015.

9. 罗伯特·F.德威利斯.量表编制:理论与应用[M].席仲恩,杜珏,译.重庆:重庆大学出版社,2016.

10. 莫雷,温忠麟,陈彩琦.心理学研究方法[M].广州:广东高等教育出版社,2007.

11. 邱皓政.量化研究与统计分析——SPSS(PASW)数据分析范例解析[M].重庆:重庆大学出版社,2013.

12. 王孟成.潜变量建模与Mplus应用·基础篇[M].重庆:重庆大学出版社,2014.

13. 王孟成,毕向阳.潜变量建模与Mplus应用·进阶篇[M].重庆:重庆大学出版社,2018.

14. 吴明隆.问卷统计分析实务——SPSS操作与应用[M].重庆:重庆大学出版社,2010.

15. 叶澜,白益民,王枬,等.教师角色与教师发展新探[M].北京:教育科学出版社,2001.

16. 张奇.SPSS for Windows:在心理学与教育学中的应用[M].北京:北京大学出版社,2009.

17. 朱旭东.教师专业发展理论研究[M].北京:北京师范大学出版社,2011.

[中文期刊]

1. 白益民.教师的自我更新:背景、机制与建议[J].华东师范大学学报(教育科学版),2002(4):28-38.

2. 陈向明.从教师"专业发展"到教师"专业学习"[J].教育发展研究,2013(8):1-7.

3. 陈向明.教师实践性知识研究的知识论基础[J].教育学报,2009(2):47-55.

4. 邓三英,姚少怀.从教师专业发展的视角看我国教师教育的历史变迁[J].湖南师范大学教育科学学报,2009(4):90-92.

5. 费小冬.扎根理论研究方法论:要素、研究程序和评判标准[J].公共行政评论,2008(3):23-43.

6. 姜勇.论教师的精神成长:批判教育学视野中的教师专业发展[J].中国教育学刊,2011(2):55-57.

7. 姜勇,阎水金.教师发展阶段研究:从"教师关注"到"教师自主"[J].上海教育科研,2006(5):9-11.

8. 李芒,李岩.教师教育者五大角色探析[J].教师教育研究,2016(4):14-19.

9. 李云星,李一杉,穆树航.国际教师教育研究的分布特征、研究前沿与知识基础——基于2000—2015年SSCI教师教育专业期刊的文献计量分析[J].教师教育研究,2016(5):115-127.

10. 卢乃桂,王晓莉.析教师专业发展理论之"专业"维度[J].教师教育研究,2008(6):1-6.

11. 卢乃桂,钟亚妮.国际视野中的教师专业发展[J].比较教育研究,2006(2):71-76.

12. 卢乃桂,钟亚妮.教师专业发展理论基础的探讨[J].教育研究,2007(3):17-22.

13. 彭兵.我国幼儿教师专业发展政策回顾与展望[J].学前教育研究,2012(5):

24-27.

14. 宋明钧.反思:教师专业发展的应有之举[J].课程·教材·教法,2006(7):74-78.

15. 孙冬梅,谷秀琴.我国教师专业发展研究的概况与展望——基于2004—2014年CSSCI期刊的计量及可视化分析[J].教育与教学研究,2017(1):71-76.

16. 王晓莉.教师专业发展的内涵与历史发展[J].教育发展研究,2011(18):38-47.

17. 毋丹丹.论教师专业发展的特质及其实践路径[J].教师教育研究,2017(3):81-86.

18. 张世义,顾荣芳.从问题关注的视角构建幼儿园教师专业发展的阶段[J].学前教育研究,2013(4):57-63.

19. 张晓辉.幼儿教师的社会地位[J].学前教育研究,2010(3):55-57.

20. 张晓蕾,黄丽锷.纵横交错:教师学习与专业发展的三种理论视野[J].全球教育展望,2014(4):59-67.

21. 钟启泉.教师"专业化":理念、制度、课题[J].教育研究,2001(12):12-16.

22. 周坤亮.何为有效的教师专业发展:基于十四份"有效的教师专业发展的特征列表"的分析[J].教师教育研究,2014(1):39-46.

23. 周文叶,崔允漷.何为教师之专业:教师专业标准比较的视角[J].全球教育展望,2012(4):31-37.

24. 朱旭东.论教师专业发展的理论模型建构[J].教育研究,2014(6):81-90.

25. 朱旭东,周钧.教师专业发展研究述评[J].中国教育学刊,2007(1):68-73.

26. 朱敏,高湘萍.教师专业发展的自我心理结构模型研究[J].教师教育研究,2017(1):56-62.

[英文专著]

1. Bloomberg L D, Volpe M. Completing Your Qualitative Dissertation: A Road Map from Beginning to End[M]. Thousand Oaks, CA: Sage Publications, 2018.

2. Brown C P, McMullen M B, File N. (Eds.). The Wiley Handbook of Early Childhood Care and Education[M]. New York: John Wiley & Sons, 2019.

3. Coe R, Aloisi C, Higgins S, et al. What Makes Great Teaching? Review of the Underpinning Research[M]. London: The Sutton Trust, 2014.

4. Day C. Developing Teachers: The Challenges of Lifelong Learning[M]. London: Falmer Press, 2002.

5. Field A. Discovering Statistics Using IBM SPSS Statistics[M]. Thousand Oaks, CA: Sage, 2013.

6. Hargreaves A, Fullan M. Professional Capital: Transforming Teaching in Every School[M]. New York, NY: Teachers College Press, 2012.

7. Korthagen F A J, Kim Y M, Greene W L. (Eds.). Teaching and Learning from Within: A Core Reflection Approach to Quality and Inspiration in Education[M]. New York, NY: Routledge, 2013.

8. Muthén L K, Muthén B O. Mplus User's Guide. Seventh[M]. Los Angeles, CA: Muthén & Muthén, 2012.

9. Reimers F M, Chung C K (Eds.). Teaching and Learning for The 21st Century: Educational Goals, Policies, and Curricula from Six Nations[M]. Cambridge, MA: Harvard Education Press, 2016.

10. Van Veen K, Zwart R C, Meirink J F. What Makes Teacher Professional Development Effective? A Literature Review[M]// Kooy M, Van Veen K(Eds.). Teacher Learning that Matters. London: Routledge, 2012.

11. Grundy S, Robison J. Teacher Professional Development: Themes and Trends in the Recent Australian Experience[M]// Days C, Sachs J. (Eds.) International Handbook on the Continuing Professional Development of Teachers, 2004.

[英文期刊]

1. Avalos B. Teacher Professional Development in Teaching and Teacher Education Over Ten Years[J]. Teaching and Teacher Education, 2011(1): 10-20.

2. Basma B, Savage R. Teacher Professional Development and Student Literacy Growth: A Systematic Review and Meta-Analysis[J]. Educational Psychology Review, 2017(2): 457-481.

3. Brody D, Hadar L. "I Speak Prose and I Now Know It." Personal Development Trajectories Among Teacher Educators in a Professional Development Community[J]. Teaching and Teacher Education, 2011(8): 1223-1234.

4. Clarke D, Hollingsworth H. Elaborating a Model of Teacher Professional Growth[J]. Teaching and Teacher Education, 2002(8): 947-967.

5. Coldwell M. Exploring the Influence of Professional Development on Teacher Careers: A Path Model Approach[J]. Teaching and Teacher Education, 2017, 61: 189-198.

6. Cox M E, Hollingsworth H, Buysse V. Exploring the Professional Development Landscape: Summary from Four States[J]. Early Childhood Research Quarterly, 2015, 32: 116-126.

7. Dall'Alba G, Sandberg J. Unveiling Professional Development: A Critical Review of Stage Models[J]. Review of educational research, 2006(3): 383-412.

8. Desimone L M. Improving Impact Studies of Teachers' Professional Development: Toward Better Conceptualizations and Measures[J]. Educational Researcher, 2009(3): 181-199.

9. Downer J T, Locasale-Crouch J, Hamre B, et al. Teacher Characteristics Associated with Responsiveness and Exposure to Consultation and Online Professional Development Resources[J]. Early Education and Development, 2009(3): 431-455.

10. Early D M, Maxwell K L, Ponder B D, et al. Improving Teacher-Child Interactions: A Randomized Controlled Trial of Making the Most of Classroom Interactions and My Teaching Partner Professional Development Models[J]. Early Childhood Research Quarterly, 2017, 38: 57-70.

11. Erickson A S G, Noonan P M, McCall Z. Effectiveness of Online Professional Development for Rural Special Educators[J]. Rural Special Education Quarterly, 2012(1): 22-32.

12. Evans L. Professionalism, Professionality and the Development of Education Professionals[J]. British Journal of Educational Studies, 2008(1): 20-38.

13. Evans L. The "shape" of Teacher Professionalism in England: Professional Standards, Performance Management, Professional Development and the Changes Proposed in the 2010 White Paper[J]. British Educational Research Journal, 2011(5): 851-870.

14. Evans L. What is Teacher Development?[J]. Oxford Review of Education, 2002(1): 123-137.

15. Fisher J B, Schumaker J B, Culbertson J, et al. Effects of a Computerized Professional Development Program on Teacher and Student Outcomes[J]. Journal of Teacher Education, 2010(4): 302-312.

16. Fishman B, Konstantopoulos S, Kubitskey B W, et al. Comparing the Impact of Online and Face-to-Face Professional Development in the Context of Curriculum Implementation[J]. Journal of Teacher Education, 2013(5): 426-438.

17. Fuller F F. Concerns of Teachers: A Developmental Conceptualization[J]. American Educational Research Journal, 1969(2): 207-226.

18. Gersten R, Dimino J, Jayanthi M, et al. Teacher Study Group: Impact of the Professional Development Model on Reading Instruction and Student Outcomes in First Grade Classrooms[J]. American Educational Research Journal, 2010(3): 694-739.

19. Grau V, Calcagni E, Preiss D D, et al. Teachers' Professional Development Through University-School Partnerships: Theoretical Standpoints and Evidence from Two Pilot Studies in Chile[J]. Cambridge Journal of Education, 2017(1): 19-36.

20. Han H S. Professional Development that Works: Shifting Preschool Teachers' Beliefs and Use of Instructional Strategies to Promote Children's Peer Social Competence[J]. Journal of Early Childhood Teacher Education, 2012(3): 251-268.

21. Hargreaves A. Four Ages of Professionalism and Professional Learning[J]. Teachers and Teaching, 2000(2): 151-182.

22. Hofman R H, Dijkstra B J. Effective Teacher Professionalization in Networks?[J]. Teaching and Teacher Education, 2010(4): 1031-1040.

23. Kennedy A. Models of Continuing Professional Development: A Framework for Analysis[J]. Journal of In-Service Education, 2005(2): 235-250.

24. Koellner K, Jacobs J. Distinguishing Models of Professional Development: The Case of an Adaptive Model's Impact on Teachers' Knowledge, Instruction, and Student Achievement[J]. Journal of Teacher Education, 2015(1): 51-67.

25. Korthagen F. Inconvenient Truths about Teacher Learning: Towards Professional Development 3.0[J]. Teachers and Teaching, 2017(4): 387-405.

26. Nasiopoulou P, Williams P, Sheridan S, et al. Exploring Preschool Teachers' Professional Profiles in Swedish Preschool: A Latent Class Analysis[J]. Early Child Development and Care, 2019(8): 1306-1324.

27. Niemi H. Teacher Professional Development in Finland: Towards a More Holistic Approach[J]. 2015(3), 279-294.

28. Sprott R A. Factors that Foster and Deter Advanced Teachers' Professional

Development[J]. Teaching and Teacher Education, 2019, 77: 321 - 331.

29. Thurlings M, den Brok P. Learning Outcomes of Teacher Professional Development Activities: a Meta-Study[J]. Educational Review, 2017(5): 554 - 576.

30. Vermunt J D, Endedijk M D. Patterns in Teacher Learning in Different Phases of the Professional Career [J]. Learning and Individual Differences, 2011(3): 294 - 302.

31. Wayne A J, Yoon K S, Zhu P, et al. Experimenting with Teacher Professional Development: Motives and Methods [J]. Educational Researcher, 2008(8): 469 - 479.

32. Winch C, Oancea A, Orchard J. The Contribution of Educational Research to Teachers' Professional Learning: Philosophical Understandings[J]. Oxford Review of Education, 2015(2): 202 - 216.

33. Xie K, Kim M K, Cheng S L, et al. Teacher Professional Development Through Digital Content Evaluation[J]. Educational Technology Research and Development, 2017(4): 1067 - 1103.

后　记

本研究是教育部人文社会科学研究一般项目"基于成长需求的幼儿园教师专业发展阶段及路径研究"和教育部国家级新文科项目建设成果。

教师发展是一段奇妙而复杂的旅程,恰如春蚕的蜕变。在与幼儿园教师交流互动的过程中,笔者常常感受到一种也许并未被教师自身意识到的、个体的、内在的成长张力。这种成长需求的差异让幼儿园教师的专业发展具有自身的特点。本研究从幼儿园教师专业发展的核心特质切入,通过多元化的探究方式,试图诠释幼儿园教师专业发展阶段和路径的"蜕变"图景。希冀本研究能够为有发展需求的教师提供支持,帮助教师认识、理解和把握自身的发展方式和发展方向,促进幼儿园教师成长。

文字流淌在指尖,思维跳跃于键盘,从确立研究主题到形成文稿,研究过程的一幕幕还在头脑中闪现。感谢顾荣芳教授对本研究的开展和本书的出版提供的指导和支持,感谢所有为本研究提供帮助的老师们!

臧蓓蕾

2022 年 10 月 11 日